本书得到中国青年政治学院出版基金资助

中/青/文/库

社会主义和谐社会视野下我国中等收入阶层研究

史为磊◎著

中国社会科学出版社

图书在版编目(CIP)数据

社会主义和谐社会视野下我国中等收入阶层研究/史为磊著.
—北京:中国社会科学出版社,2016.12
ISBN 978-7-5161-9316-7

Ⅰ.①社… Ⅱ.①史… Ⅲ.①中等资产阶级—研究—中国 Ⅳ.①D663.6

中国版本图书馆 CIP 数据核字(2016)第 270866 号

出 版 人	赵剑英
责任编辑	刘 芳
责任校对	冯英爽
责任印制	李寡寡

出　版	中国社会科学出版社
社　址	北京鼓楼西大街甲 158 号
邮　编	100720
网　址	http://www.csspw.cn
发 行 部	010-84083685
门 市 部	010-84029450
经　销	新华书店及其他书店
印　刷	北京明恒达印务有限公司
装　订	廊坊市广阳区广增装订厂
版　次	2016 年 12 月第 1 版
印　次	2016 年 12 月第 1 次印刷
开　本	710×1000 1/16
印　张	16.25
插　页	2
字　数	268 千字
定　价	62.00 元

凡购买中国社会科学出版社图书,如有质量问题请与本社营销中心联系调换
电话:010-84083683
版权所有　侵权必究

《中青文库》编辑说明

《中青文库》，是由中国青年政治学院着力打造的学术著作出版品牌。

中国青年政治学院的前身是1948年9月成立的中国共产主义青年团中央团校（简称中央团校）。为加速团干部队伍革命化、年轻化、知识化、专业化建设，提高青少年工作水平，为党培养更多的后备干部和思想政治工作专门人才，在党中央的关怀和支持下，1985年9月，国家批准成立中国青年政治学院，同时继续保留中央团校的校名，承担普通高等教育与共青团干部教育培训的双重职能。学校自成立以来，坚持"实事求是，朝气蓬勃"的优良传统和作风，坚持"质量立校、特色兴校"的办学思想，不断开拓创新，教育质量和办学水平不断提高，为国家经济、社会发展和共青团事业培养了大批高素质人才。目前，学校是由教育部和共青团中央共建的高等学校，也是共青团中央直属的唯一一所普通高等学校。学校还是教育部批准的国家大学生文化素质教育基地、全国高校创业教育实践基地，是首批"青年马克思主义者培养工程"全国研究培训基地、首批全国注册志愿者培训示范基地，是中华全国青年联合会和国际劳工组织命名的大学生KAB创业教育基地，是民政部批准的首批社会工作人才培训基地，与中央编译局共建青年政治人才培养研究基地，与国家图书馆共建国家图书馆团中央分馆，与北京市共建社会工作人才发展研究院和青少年生命教育基地。2006年接受教育部本科教学工作水平评估，评估结论为"优秀"。2012年获批为首批卓越法律人才教育培养基地。2015年中宣部批准的共青团中央中国特色社会主义理论体系研究中心落户学校。学校已建立起包括本科教育、研究生教育、留学生教育、继续教育和团干部培训等在内的多形式、多层次的教育格局。设有中国马克思主义学院、青少年工作系、社会工作学院、法学院、经济管理学院、新闻传播学院、公共管理系、中国语言文学系、外国语言文学系等9个教学院系，文化基础部、外语教学研究中心、计算机教学与应用中心、体育教学中心等4个教学中心（部），中央团校教育培训学院、继续教育学院、国际教育交流学院等3个教育培训机构。

学校现有专业以人文社会科学为主，涵盖哲学、经济学、法学、文学、管理学、教育学6个学科门类，拥有哲学、应用经济学、法学、社会学、马克思主义理论、新闻传播学等6个一级学科硕士学位授权点、1个二级学科授权点和3个类别的专业型硕士学位授权点。设有马克思主义哲学、马克思主义基本原理、外国哲学、思想政治教育、青年与国际政治、少年儿童与思想意识教育、刑法学、经济法学、诉讼法学、民商法学、国际法学、社会学、世界经济、金融学、数量经济学、新闻学、传播学、文化哲学、社会管理等19个学术型硕士学位专业，法律（法学）、法律（非法学）、教育管理、学科教学（思政）、社会工作等5个专业型硕士学位专业。设有思想政治教育、法学、社会工作、劳动与社会保障、社会学、经济学、财务管理、国际经济与贸易、新闻学、广播电视学、政治学与行政学、行政管理、汉语言文学和英语等14个学士学位专业，其中思想政治教育、法学、社会工作、政治学与行政学为教育部特色专业；同时设有中国马克思主义研究中心、青少年研究院、共青团工作理论研究院、新农村发展研究院、中国志愿服务信息资料研究中心、青少年研究信息资料中心等科研机构。

在学校的跨越式发展中，科研工作一直作为体现学校质量和特色的重要内容而被高度重视。2002年，学校制定了教师学术著作出版基金资助条例，旨在鼓励教师的个性化研究与著述，更期之以兼具人文精神与思想智慧的精品的涌现。出版基金创设之初，有学术丛书和学术译丛两个系列，意在开掘本校资源与移译域外菁华。随着年轻教师的增加和学校科研支持力度的加大，2007年又增设了博士学位论文文库系列，用以鼓励新人，成就学术。三个系列共同构成了对教师学术研究成果的多层次支持体系。

十几年来，学校共资助教师出版学术著作百余部，内容涉及哲学、政治学、法学、社会学、经济学、文学艺术、历史学、管理学、新闻与传播等学科。学校资助出版的初具规模,激励了教师的科研热情,活跃了校内的学术气氛,也获得了很好的社会影响。在特色化办学愈益成为当下各高校发展之路的共识中,2010年,校学术委员会将遴选出的一批学术著作,辑为《中青文库》,予以资助出版。《中青文库》第一批(15本)、第二批(6本)、第三批(6本)、第四批(10本)、第五批(13本)陆续出版后,有效展示了学校的科研水平和实力,在学术界和社会上产生了很好的反响。本辑作为第六批共推出9本著作,并希冀通过这项工作的陆续展开而更加突出学校特色,形成自身的学术风格与学术品牌。

在《中青文库》的编辑、审校过程中,中国社会科学出版社的编辑人员认真负责,用力颇勤,在此一并予以感谢!

目　录

导论 ·· (1)
 第一节　选题背景、研究价值和意义 ·· (1)
  一　选题背景 ··· (1)
  二　研究价值 ··· (3)
  三　研究意义 ··· (3)
 第二节　国内外研究现状 ·· (6)
  一　国外关于中产阶级与社会和谐关系的研究 ··························· (6)
  二　国内关于中等收入阶层与构建和谐社会的研究 ··················· (10)
 第三节　研究方法 ·· (17)
  一　实证分析法 ·· (17)
  二　阶级分析与阶层分析相结合 ··· (18)
  三　比较性研究方法 ·· (18)
  四　多学科综合的研究方法 ··· (18)
 第四节　研究思路与研究框架 ··· (19)
  一　研究思路 ·· (19)
  二　研究框架 ·· (20)
 第五节　研究难点与创新之处 ··· (21)
  一　研究难点 ·· (21)
  二　创新之处 ·· (22)
 第六节　若干研究建议 ·· (23)
  一　建议采用"中等收入阶层"的提法 ···································· (23)
  二　"扩中"的路径应该以培养持续收入能力为视域 ················ (24)
  三　"扩中"的对象需要包括中等收入阶层的潜在人群 ············ (24)

第一章　中等收入阶层与和谐社会的内在关系 (25)
第一节　中等收入阶层概念界定及相关辨析 (25)
一　中等收入者及其相关概念 (26)
二　"中等收入者"和"中产阶层"之间的关系 (31)
三　"中等收入阶层"的提法比较适合中国国情 (35)
第二节　和谐社会为中等收入阶层提供可持续的发展平台 (38)
一　和谐社会以形成"橄榄型"的社会结构为重要目标 (38)
二　改革开放催生了我国的中等收入阶层 (40)
三　阶级分析理论的创新解开了中等收入阶层发展的政治羁绊 (41)
四　快速城镇化建设为中等收入阶层的发展提供了契机 (43)
第三节　中等收入阶层在构建和谐社会中的历史作用 (45)
一　经济功能：中等收入阶层是经济建设的推手 (46)
二　社会功能：中等收入阶层是社会稳定和谐的基石 (49)
三　政治功能：中等收入阶层是民主政治建设的推动力量 (51)
四　文化功能：中等收入阶层是先进文化的践行者 (54)
第四节　社会主义和谐社会与中等收入阶层同步共进 (56)
一　两者具有内在的共生性 (56)
二　两者的实现过程具有一致性 (57)

第二章　中等收入阶层推动社会发展的理论探源 (60)
第一节　马克思、恩格斯、列宁、斯大林的"中产阶级"思想述论 (61)
一　马克思、恩格斯"中间阶级"思想述论 (61)
二　列宁、斯大林对马克思、恩格斯"中间阶级"思想的发展 (73)
第二节　西方中产阶级理论概述 (76)
一　新马克思主义中产阶级理论 (76)
二　新韦伯主义中产阶级理论 (85)
第三节　中国共产党对"中间阶级"的认识 (88)
一　毛泽东的中产阶级理论 (88)

二　邓小平的阶级理论 …………………………………… (95)
　　三　江泽民的"新社会阶层"理论 ………………………… (98)
　　四　胡锦涛对社会阶层理论的新发展 …………………… (101)
　　五　习近平有关中等收入阶层的论述 …………………… (105)

第三章　中等收入阶层的历史演变与现状特征 …………… (109)
　第一节　我国中等收入阶层发展变迁的历程 ……………… (110)
　　一　萌生：我国中产阶层的短暂发展 …………………… (110)
　　二　消失：我国中产阶层不复存在 ……………………… (111)
　　三　重生：我国中等收入阶层的崛起 …………………… (112)
　第二节　我国中等收入阶层的现状调查与分析 …………… (117)
　　一　调查的基本情况介绍 ………………………………… (117)
　　二　中等收入阶层基本状况的调查结果分析 …………… (118)
　　三　中等收入阶层主要问题的调查结果分析 …………… (123)
　第三节　我国中等收入阶层的基本特征 …………………… (125)
　　一　数量规模偏小 ………………………………………… (125)
　　二　构成来源广泛 ………………………………………… (127)
　　三　地域分布不均 ………………………………………… (128)
　　四　职业构成多样 ………………………………………… (129)
　　五　文化观念多元 ………………………………………… (131)
　　六　消费上的前卫性和发展性 …………………………… (133)
　　七　政治上的依附性和建设性 …………………………… (135)
　　八　自身发展的不稳定性 ………………………………… (137)

第四章　中等收入阶层发展的瓶颈问题及原因分析 ……… (139)
　第一节　中等收入阶层发展的瓶颈问题 …………………… (139)
　　一　中等收入阶层有进一步萎缩的苗头 ………………… (140)
　　二　中等收入阶层的内部结构差异过大 ………………… (141)
　　三　中等收入阶层的阶层意识难以形成 ………………… (143)
　　四　中等收入阶层的社会功能发挥不足 ………………… (145)
　　五　中等收入阶层认同存在一定的局限 ………………… (147)

  六　中等收入阶层焦虑限制其素质提高…………………………（149）
 第二节　我国中等收入阶层发展瓶颈问题的原因分析…………（150）
  一　收入分配差距拉大趋势仍未根本扭转………………………（151）
  二　贫富分化开始从单纯的量变向阶层分隔的质变
    转化……………………………………………………………（153）
  三　劳资关系矛盾成为我国社会的主要矛盾之一………………（155）
  四　群体性事件处于高位运行的态势……………………………（157）
  五　腐败现象在多个领域蔓延……………………………………（159）
  六　社会组织建设发展比较滞后和混乱…………………………（161）

第五章　和谐社会条件下中等收入阶层的发展和培育…………（164）
 第一节　中等收入阶层的发展理念和原则………………………（164）
  一　中等收入阶层发展的基本理念………………………………（164）
  二　中等收入阶层发展的主要原则………………………………（170）
 第二节　我国中等收入阶层的发展策略和对策…………………（174）
  一　我国中等收入阶层的发展策略分析…………………………（174）
  二　工人阶级主体的发展策略和对策……………………………（175）
  三　小微企业主的发展策略和对策………………………………（177）
  四　大学生就业群体的发展策略和对策…………………………（180）
  五　新生代农民工的发展策略和对策……………………………（182）
  六　农村先富群体的发展策略和对策……………………………（185）
 第三节　国外中产阶级发展的经验及其对中国的启示…………（189）
  一　英国中产阶级的发展经验……………………………………（189）
  二　美国中产阶级的发展经验……………………………………（190）
  三　北欧福利国家中产阶级的发展经验…………………………（194）
  四　社会转型期俄罗斯中产阶级的发展经验……………………（196）
  五　印度中产阶级的发展经验……………………………………（199）
  六　国外中产阶级的发展对中国的启示…………………………（201）
 第四节　和谐社会条件下中等收入阶层的培育机制……………（202）
  一　互动机制：中等收入阶层与和谐社会的互动发展…………（203）
  二　内生动力：市场化改革的动力………………………………（205）

三　制度变迁：所有制变化和收入分配制度改革…………（207）
　　四　结构动因：城镇化建设和产业结构升级……………（211）
　　五　社会力量：现代社会流动机制的健全………………（217）
　　六　教育孵化：中等收入阶层的孵化器…………………（218）

附录　关于中等收入阶层基本问题的调查问卷……………（222）

参考文献………………………………………………………（225）

后记……………………………………………………………（243）

致谢……………………………………………………………（245）

博士在读期间科研成果说明…………………………………（248）

导 论

第一节 选题背景、研究价值和意义

一 选题背景

将社会主义和谐社会视野下我国中等收入阶层研究作为一个重要课题，主要有以下几个方面的背景依据。

（一）现实背景

随着社会经济领域内改革开放的不断深入，我国的社会阶层结构发生了深刻变化，在传统产业工人和农民之外，出现了新的社会阶层，其中，中等收入阶层的兴起尤为引人瞩目。目前，中等收入阶层逐渐发展壮大，已成为经济社会发展中的一支新生力量，并在构建社会主义和谐社会的进程中起着中流砥柱的作用。中等收入阶层的问题已经不仅是收入分配领域的问题，还是中国未来发展面临的重大社会、经济和政治问题。然而，中国中等收入阶层的发育仍然很不成熟，其成长发育的社会生态系统还存在着诸多问题。如何培育和壮大中等收入阶层，使其成为经济社会发展的主体力量，是当前构建社会主义和谐社会的迫切需要。

（二）政策背景

十一届三中全会以后，我国的工作重心从阶级斗争转向了经济建设，阶级概念的政治含义开始淡化，中国共产党适时提出新社会阶层是中国特色社会主义事业的建设者和参与者，允许新社会阶层入党以扩大党的阶级基础和群众基础。在我国，新社会阶层大都是中等收入者。对新社会阶层的认可，实际上为我国中等收入者的研究提供了合法的话语体系。

邓小平坚持以经济建设为中心，提出了共同富裕的奋斗目标。江泽民在"七一"讲话中指出我国社会阶层结构发生了新的变化，高度评价了社会新兴阶层的地位和作用。党的十六届四中全会提出了"构建社会主义和谐社会"的目标，党的十六届六中全会通过《中共中央关于构建社会主义和谐社会若干重大问题的决定》，在谈到深化收入分配制度改革时提出"着力提高低收入者收入水平，逐步扩大中等收入者比重，有效调节过高收入，坚决取缔非法收入，促进共同富裕"。党的十六大提出"以共同富裕为目标，扩大中等收入者比重，提高低收入者收入水平"的战略目标。党的十七大再次强调了构建社会主义和谐社会的重要性，并把"中等收入者占多数"作为社会主义和谐社会建设的重要内容。十八大提出到2020年实现全面建成小康社会的宏伟目标，并将"中等收入群体持续扩大"作为该目标的战略措施，这与党的十六大、十七大一直坚持的"扩大中等收入群体"的重要方针是一脉相承的。这标志着我们党将扩大中等收入群体与社会主义和谐社会建设紧密联系在一起，也说明中等收入阶层对于经济社会发展的重大意义已经引起广泛的重视。因此，"扩中"不仅仅是收入分配问题，还是构建社会主义和谐社会、全面建成小康社会、进而实现中华民族伟大复兴中国梦的至关重要的一步。

（三）学理背景

社会和谐在很大程度上是由社会结构，尤其是社会阶层结构的和谐决定的。和谐的社会阶层结构是和谐社会的核心内容，中等收入阶层则是和谐的社会阶层结构的关键所在。迄今为止，人类社会共出现过四种形状的社会阶层结构，即"矩形""杠铃型""金字塔型""橄榄型"。其中，"矩形""杠铃型""金字塔型"都不是和谐的社会阶层结构，只有"两头小、中间大"的"橄榄型"社会阶层结构才是和谐稳定的社会阶层结构。在这种社会结构中，社会上层和下层人数占少数，中等收入阶层占多数进而成为社会的中流砥柱，这样的社会结构才是一个稳定的、和谐的社会结构。

学界对社会转型期的中国社会阶层结构有着不同的看法，比如陆学艺教授指出中国社会阶层结构是"洋葱头型"的，李强教授认为中国社会阶层结构是"倒丁字型"的，孙立平教授认为中国社会结构出现了"断裂和碎片"。虽然专家们的研究视角和观点不同，但是他们都有一个共同的结论，即中国社会的上层和下层所占比重过大，中等收入阶层非常欠缺，这就成了中国社会阶层结构的最大隐患，将会对社会稳定与和谐发展造成一种潜在的威胁。因此,从学理角度讲,培育和壮大中等收入阶层有必要成为学界深入探讨的重要课题。

二 研究价值

本书主张将中等收入阶层的培育和壮大作为构建社会主义和谐社会的重要战略举措,描述了当前我国中等收入阶层生长发育的社会生态系统,提出了社会主义和谐社会条件下培育和壮大中等收入阶层的政策建议,从而为构建合理的现代社会阶层结构以及社会主义和谐社会提供理论依据和政策参考。

(一)理论价值

从理论价值上来说,本书认为马克思主义阶级分析方法没有过时。本书的"中等收入者"是个阶层的概念,与西方有些学者所说的"中产阶级"有本质区别。马克思从阶级地位入手划分阶级的方法今天仍然适用,但在社会主义初级阶段仅仅采用阶级分析方法已经远远不能适应现实发展的需要,有必要采用"阶级与阶层"相结合的分析方法。我们党提出的"中国特色社会主义事业的依靠力量"理论就是这一研究方法的最新成果。本书的理论价值在于梳理阶级分析方法向阶级阶层分析方法转变的原因、过程及结果,从而捍卫马克思主义阶级分析方法并实现了与时俱进。

(二)实践价值

从实践价值上看,本书认为中国特色社会主义事业建设者理论包括"中等收入者的培育和壮大"的内容,集中体现为江泽民论述了"六个新的社会阶层"的产生及其重要的社会作用。本书将"中等收入者"与西方"中产阶级"的概念划清界限,并且论证了我们党如何运用马克思主义"阶级与阶层"相结合的方法进行理论创新和实践创新。总之,社会主义社会是消灭了阶级对立的社会,这使中等收入者成长为社会的大多数成为可能。本研究对构建社会主义和谐社会具有重要的参考意义。

三 研究意义

(一)为转型国家的政治与社会结构的重塑提供重要的国际参考

本书对我国中等收入阶层的基本特征进行了全面的研究,准确分析了社会转型期中等收入阶层的发展"瓶颈"问题，并对工人阶级、小微企业主、大学生就业群体、新生代农民工、农村先富群体等作为"扩中"的重点人群进行了有说服力的探究，进而提出具有可操作性的对策建议。这一理论分析成果对于转型国家的政治与社会结构的重塑具有重要的国际参考价值。

（二）对探索和谐社会建设的规律、维护社会稳定极其重要

亚里士多德提出的中产阶层有利于政治稳定的判断影响深远。然而我们看到，英法等国的中产阶层推动了王权政治的瓦解和现代国家的诞生，美国中产阶层则成为美国政治改革的主要倡导者和推动者，巴西和韩国的中产阶级造就了总统直选制的产生，匈、波及苏联的中产阶级的扩张及向政治反对派的转化加速了原有制度的变质。2011年发生的西亚、北非大动荡，也与中产阶层的大量参与有关。中国最近出现了一些新的社会现象，比如业主维权、网络民主选举、环保抗争、宗教热等。这些事件或者现象已引起我们对中等收入阶层社会功能的重新认识。很多西方学者对中国中等收入阶层的政治作用寄予期望。2009年奥巴马访华时，美国詹姆斯敦基金会网站刊登了布鲁金斯学会学者的题为《奥巴马的中国之行：与中产阶级结成关系》的文章，认为未来的中国没有任何一支力量会比中产阶级的兴起更重要。关于中国中产阶层政治动向的研究，也已受到美国的国家科学基金的研究资助，而受资助的课题名称是《中产阶层：中国政治变化的推动力量》。因此，研究我国中等收入阶层问题就成为事关社会稳定的战略性与前瞻性问题之一。

（三）明确了中等收入者是构建社会主义和谐社会的中坚力量

中等收入阶层的发育成熟是构建社会主义和谐社会、全面建设小康社会和实现中华民族伟大复兴中国梦的需要。中等收入者是经济社会建设的主体，是创新变革的推动力量，是消费的中坚人群，是先进文化的弘扬者，是优化我国社会阶级阶层结构的关键所在。已经实现了现代化的国家，都有一个人数众多的稳定的中等收入者群体，从而形成一种"两头小、中间大"的所谓"橄榄型"社会结构。中等收入者往往会因为经济利益、生活方式的相似而在政治见解、文化心理、道德意识等方面相互认同，从而形成一个比较稳定的社会阶层，起到稳定社会的作用。这是现代化共性发展的结果。

（四）是丰富和发展中国特色社会主义理论体系的需要

改革开放以来，我们党坚持把马克思主义与中国实际和时代特征相结合，创立了中国特色社会主义理论体系，为马克思主义理论宝库增添了崭新内容。从理论上看，从中国特色社会主义角度研究中等收入者阶层，无疑会完善和发展马克思主义阶级划分理论，丰富和发展科学社会主义理论体系。

从实践上看，目前我国的中等收入者阶层比重偏小，社会结构优化问题解决的好坏与快慢将影响我国社会主义现代化的进程。随着改革开放进程的全面推进和社会主义市场经济的完善，中国的社会阶层分化加速，新社会阶层不断出现。2001年7月，江泽民同志在纪念中国共产党成立80周年大会上指出，改革开放以来，我国的社会阶层构成发生了新的变化，除了原有的工人、农民、知识分子、干部和解放军等阶层外，"出现了民营科技企业的创业人员和技术人员、受聘于外资企业的管理技术人员、个体户、私营企业主、中介组织的从业人员、自由职业人员等社会阶层"①。2002年，党的十六大报告提出要"以共同富裕为目标，扩大中等收入者比重，提高低收入者收入水平"②。在此之前，江泽民同志也多次强调，要形成"高收入人群和低收入人群占少数、中等收入人群占大多数的'两头小，中间大'的分配格局"。2005年10月，十六届五中全会在《中共中央关于制定国民经济和社会发展第十一个五年规划的建议》中明确指出："着力提高低收入者收入水平，逐步扩大中等收入者比重，有效调节过高收入，规范个人收入分配秩序，努力缓解地区之间和部分社会成员收入分配差距扩大的趋势。"③ 2007年，党的十七大又指出，要"创造条件让更多群众拥有财产性收入"，使"中等收入者占多数"④。胡锦涛在2010年2月3日省部级主要领导干部专题研讨班开班式上指出，要"加快调整国民收入分配结构"⑤，建设"纺锤形"社会。同年4月，温家宝在《求是》杂志发表文章，提

---

① 《江泽民文选》（第3卷），人民出版社2006年版，第286页。
② 同上书，第550页。
③ 《十六大以来重要文献选编》（中），中央文献出版社2006年版，第1056页。
④ 《十七大以来重要文献选编》（上），中央文献出版社2009年版，第30、16页。
⑤ 胡锦涛：《胡锦涛在省部级干部落实科学发展观研讨班上讲话》，2010年2月3日，人民网（http://politics.people.com.cn/GB/1024/10923860.html）。

出要"逐步形成中等收入者占多数的'橄榄型'分配格局"①。2012年，党的十八大提出，到2020年实现全面建成小康社会宏伟目标的五条新要求，将"中等收入群体持续扩大"作为第四条新要求即"人民生活水平全面提高"的基本指标。② 这无疑充实和完善了中国特色社会主义理论体系中关于中国特色社会主义依靠力量的基本理论。

第二节　国内外研究现状

一　国外关于中产阶级与社会和谐关系的研究

在西方理论界，"中产阶级"的概念与马克思主义经典作家从所有制关系意义上定义的"中产阶级"有很大不同，西方中产阶级是具有相近属性或特征的社会群体，他们往往在价值观念、生活方式、职业地位上表现得比较一致。随着西方社会阶层结构的日益分化，国外理论界对中间阶层与社会和谐稳定关系的研究也逐渐分为两大对立的观点，一种认为中产阶级是社会和谐的"稳定器"，是维护社会稳定的正面力量，另一种认为中产阶级是社会和谐稳定的"颠覆器"，是影响社会稳定的负面力量。

（一）关于中产阶级是社会和谐的"稳定器"的述评

关于中产阶级是社会和谐"稳定器"的理论，最早提出是在古希腊时期。亚里士多德认为，中产阶级是社会各阶级中最能顺从理性的社会阶级，他们在政治上表现出很强的保守性，同时，还发挥着社会的缓冲层作用。在亚里士多德看来，中产阶级无疑是社会安定的因素。他认为，"惟有以中产阶级为基础才能组成最好的政体"。与其他任何阶级相比，中产阶级都是比较稳定的。因此，以中产阶级为基础的政体是"各政体中最为稳定的类型"③。

德国社会学家埃米尔·莱德勒于1912年出版了《现代经济发展中的私人基础》一书。在这部著作中，莱德勒提出中产阶级"稳定器"的概念，这在西方社会学史上是第一次。他认为，一般而言，中产阶级

---

① 温家宝：《关于发展社会事业和改善民生的几个问题》，《求是》2010年第7期。
② 胡锦涛：《坚定不移沿着中国特色社会主义道路前进　为全面建成小康社会而奋斗——在中国共产党第十八次全国代表大会上的报告》，人民出版社2012年版，第18页。
③ ［古希腊］亚里士多德：《政治学》，吴寿彭译，商务印书馆1996年版，第206、235页。

是比较认同社会主导价值观的,并在推动社会发展维护社会稳定中发挥着不可替代的作用。①

法国学者托克维尔在其名著《论美国的民主》中,将美国中产阶级作为重点描述的案例,阐述了中产阶级在美国社会发展中的"稳定器"功能。托克维尔认为,中产阶级关心私人财产、爱好物质享乐、普遍信仰基督教,所有这些因素都强化了这一阶级的保守性,使其发展成为保持社会和谐稳定的重要力量。②

在意大利学者莫斯卡看来,中产阶级是统治阶级的人才储备库,是对统治者行为进行公共讨论的践行者,奉行相互容忍的进步文化,是联结上层统治阶级与下层大众的中介和桥梁,中产阶级规模和力量越强大,社会就越趋向于稳定。③

德国学者格奥尔格·齐美尔在《社会学——关于社会化形式的研究》中指出,如果一个社会的中间等级占社会总人口的多数,那么,这个社会就是一种比较稳定的社会。在这样的社会中,"中间等级起着缓冲地带或者防震垫的作用,缓冲地带和防震垫不知不觉地接受、缓和和分散在事态迅速发展时不可避免地引起对整体的结构的种种震荡"。另外,中间等级又可以"掩护着软弱的单一个人不受国家政府的毫无法纪的和不公正的侵犯"。他认为,一个社会中,如果有较强的中间等级发挥着缓冲层的作用,那么,这个社会的变革就通常会以某种循序渐进的方式向前推进;如果这个社会的中间等级缺失或者中间等级规模偏小,那么,这个社会的变革通常会以某种程度上的猛烈方式展开,以至于导致暴发性的革命。④

美国社会学家凡勃伦在《有闲阶级论》中指出,"有闲阶级是一个保守的阶级,它的反应在社会各阶层中总是最迟钝的,有闲阶级的作用是对社会的动向从中阻挠,保留腐朽、落后的事物","富裕阶级生来就是保守的,由于阶级利益关系,这个阶级采取多一事不如少一事的态

---

① 参见[德]埃米尔·莱德勒《现代经济发展中的私人基础》,中央编译局1912年版。
② 参见[法]托克维尔《论美国的民主》,董国良译,商务印书馆1997年版,第50—80页。
③ 参见[意]加塔诺·莫斯卡《统治阶级(政治科学原理)》,贾鹤鹏译,译林出版社2002年版,第15—507页。
④ 参见[德]格奥尔格·齐美尔《社会学——关于社会化形式的研究》,林荣远译,华夏出版社2004年版,第133—458页。

度",或者说,这一层利益关系强化了其本能倾向,使它的保守态度牢不可破。这个阶级是"社会结构中保守主义或复归倾向的代表者或媒介物"①。因此,凡勃伦认为,中产阶级作为富裕阶级(有闲阶级)的一部分,生来就是保守阶级,是维持社会稳定的天然力量。

李普赛特在《政治人——政治的社会基础》中指出:"财富的增加,会通过使社会分层结构由以巨大的下层阶级为基础的高大金字塔形,向不断壮大的中产阶级(为主体)的菱形改变,从而影响中产阶级的政治角色。"他认为,中产阶级具有调节和化解矛盾冲突的功能。他们不仅对下层阶级的政治态度带来很大的影响,使下层阶级逐渐接受渐进主义的政治改良道路,而且还会使上层阶级逐步改变对下层阶级的偏见并愿意与其权利共享。②因此,中产阶级在社会分层体系中所占比例越多,其调节功能就越强,社会也就越稳定。

(二)关于中产阶级是社会和谐稳定的"颠覆器"的述评

西方关于中产阶级会颠覆社会稳定的观点几乎与中产阶级概念的产生是同步的。"中产阶级"(middle class)一词最早出现在英国,它最初是近代英国贵族阶级用来指代新兴城市资产阶级的一个贬义词。因为,在当时的英国,贵族阶级往往鄙视新兴的城市资产阶级,并认为他们具有"唯利是图""斤斤计较""市侩""庸俗""脑满肥肠""冷酷"等特性。在这种社会阶层对立的情形下,新兴的中产阶级并不满足于已有的社会经济地位,而总是希望凭借已有的经济实力去谋求相应的政治地位和政治权力。因此,中产阶级对现行社会秩序和社会稳定提出了严峻的挑战。随着社会的发展,这一新兴中产阶级逐渐地壮大起来,成了颠覆现存社会秩序的重要力量。封建贵族阶级的统治终被新兴中产阶级所推翻,于是代表自身利益的资产阶级统治就建立起来了。在现代社会尤其是许多发展中国家,新中产阶级并不是维护社会和谐稳定的社会力量,而是现行社会制度的颠覆性力量,对社会和谐、政治稳定构成严重威胁。关于中产阶级是社会和谐稳定的"颠覆器"理论,有许多学者从不同的角度作出精辟的论述,其中以托克维尔、亨廷顿等人为典

---

① [美]凡勃伦:《有闲阶级论》,蔡受百译,商务印书馆1997年版,第148—165页。
② [美]西莫·马丁·李普赛特:《政治人——政治的社会基础》,张绍宗译,上海译文出版社2008年版,第45—55页。

型代表。

在《旧制度与大革命》中,托克维尔指出,法国中产阶级是一种颠覆性力量,他们对法国旧制度中起到了重大的破坏作用。这是对中产阶级"颠覆器"理论的经典论述。在托克维尔看来,与美国中产阶级不一样,法国的中产阶级并没有充当社会的稳定器,而是成为法国社会的一个极为革命的阶级。自从路易十四推行中央集权改革之后,法国贵族逐渐沦落为一种寄生阶层,他们失去了社会管理的功能,仅仅是享受特权,并逐渐滑入没落腐朽的境地。"18世纪末期,法国贵族只不过徒有虚名。它既丧失了对君主的影响,也丧失了对人民的影响。"在"革命权"的鼓舞下,人民的政治热情逐渐被大规模地煽动起来,并且随着中产阶级力量的崛起,新兴的中产阶级最终成了法国封建政权的"掘墓人"①。

美国学者亨廷顿曾论述道,早期的中产阶级具有强烈的政治参与愿望,而现行政治制度却无法满足其政治需求,这就导致早期中产阶级利用理想的"现代价值观"与完美的"新社会制度方案"笼络社会大众以获得变革支持。对此,亨廷顿引用了大量实际案例进行论证,并多次强调:"在大多数处于现代化进程的社会中,真正的革命阶级当然是中产阶级,此乃城市中反政府的主要力量源泉,正是这个集团的政治态度和价值观支配着城市的政治。"②"第三波民主化运动不是由地主、农民或产业工人(除了在波兰)来领导的,几乎在每一个国家,民主化最积极的支持都者是来自城市中产阶级。"③"在中产阶级的各阶层中最倾向于反抗、暴力和革命的就是知识分子。"④ 另外,他还指出:"此处所说的中产阶级作为一种革命的形象,当然与传统上认定中产阶级是现代政体的稳定基石的一贯看法是冲突的。首批出现的中产阶级分子是最革

---

① 参见[法]托克维尔《旧制度与大革命》,冯棠译,商务印书馆1996年版,第64—128页。

② [美]亨廷顿:《变革社会中的政治秩序》,李盛平、杨玉生译,上海三联书店1988年版,第263页。

③ [美]亨廷顿:《第三波——20世纪后期民主化浪潮》,刘军宁译,上海人民出版社1998年版,第77页。

④ 同上书,第264页。

命的；但随着中产阶级队伍的壮大，他也就变得较为保守。"①

社会学家米尔斯较早关注美国的白领阶层，他指出：美国的中产阶级"既不团结也无机会，他们不可能成为政治性很强的独立的集团或是形成独立的党。仅由于他们在某个集团的上升已成为定局之前缺乏选择的意志，他们也不可能成为政治上的'平衡轮'，他们只会在他们选择的对象已经赢定了之后才去选择"。"他们左右摇摆，犹豫迷惘，观点游离不定，行动无目的性和连续性。他们在政治上也许很不稳定，但是却没有任何政治热情，他们是后卫。"②

总之，由于其特殊的经济和政治利益，中产阶级表现出时而"激进"、时而"保守"的一种摇摆不定的特性。这一阶级还具有自我利益和机会主义的价值取向，这使其在社会上层阶级与下层阶级之间扮演着摇摆不定的角色。从历史发展进程来看，在封建专制集权的年代里，中产阶级往往会发展成为追求政治现代化和民主化的一种新生力量，起到社会发展"推进器"的作用。然而，当政治现代化和民主化实现以后，中产阶级这种追求革新的热情往往会冷却。如果从政治发展的最终目标来看，中产阶级能够起到社会整合、化解分歧的作用，进而使得整个社会因中产阶级的壮大而趋于和谐稳定。

二 国内关于中等收入阶层与构建和谐社会的研究

文献回顾表明，国内中等收入阶层与和谐社会研究处于初步发展阶段，目前研究重心仍然是中等收入阶层的界定标准、成长状况、社会功能、扩大中等收入者比重构建和谐社会的途径。同时，对中产等收入阶层的消费行为、政治态度、道德观念等个体或群体特征的研究也逐渐增多，并且学者们展开了对中等收入阶层发挥社会功能的前提条件等方面的研究。下面将对国内关于中等收入阶层与构建和谐社会研究的几个重要问题进行探讨。

（一）中等收入阶层的界定标准

目前，国内学者对于中等收入者的界定仍没有统一的标准。学者们

---

① [美] 亨廷顿：《第三波——20世纪后期民主化浪潮》，刘军宁译，上海人民出版社1998年版，第282页。

② [美] C. 赖特·米尔斯：《白领——美国的中产阶级》，杨小东译，浙江人民出版社1987年版，第194—195页。

从不同的学术需要出发来界定中等收入者，很少有人只以某个具体指标来界定中等收入阶层，而倾向于将收入、教育和职业等因素综合起来以做较为全面的考察。

李培林、张翼认为，在界定中产阶级时，不用某个具体指标对社会人群进行简单归类，而选择了比较容易操作且对中国目前人们的经济社会地位影响较大的三个指标作为测量的指标，即收入水平、职业类型和教育资本。① 萧灼基认为，即便是一个国家，中等收入的标准也会随着社会经济状况的发展变化而有所变动。各个国家社会经济状况不同，中等收入的标准则不同。同一国家，不同时期消费方式、消费质量、消费结构不同，中等收入标准也有所变化。② 龚志宏指出，中等收入者是指在社会发展的一定阶段，收入水平处于社会成员的中等，生活比较富裕、生活水平相对稳定的居民群体。其中，收入水平成为界定中等收入者的主要标准，但是在不同的发展阶段，应当有不同的界定依据。③ 张滢认为，划分现代中产阶层的标准是综合的、多元的，而不是单一的，通常包括了收入水平、职业归类、教育程度、生活质量、自我认同、社会声望等标准或依据。④ 徐红明、王军认为，大多数人，包括一些经济学家都倾向以收入作为中产阶层划分的唯一标准或主要标准。即便如此，在我国，中产阶层的标准不宜全国统一，应根据各地区自己的状况进行确定。但是需要坚持几个原则：一是收入水平（财富水平）应该在当地的中等以上；二是有社会责任感；三是有体面的社会生活。我国各地的中产阶层标准可以不同，但这三条原则不可或缺。⑤

（二）中等收入阶层的现状及成长困境

关于中等收入阶层的现状及成长困境，学者们的观点基本上趋于一致，认为中等收入阶层正在兴起并不断壮大，但是比重偏小，力量弱

---

① 张翼：《中产阶级是社会的稳定器吗》，载李春玲《比较视野下的中产阶级形成过程、影响以及社会经济后果》，社会科学文献出版社 2009 年版，第 102 页。
② 萧灼基：《扩大中等收入者人群 维护社会平衡发展》，《中外企业家》2005 年第 9 期。
③ 龚志宏：《扩大中等收入者比重与构建和谐社会》，《河南师范大学学报》（哲学社会科学版）2007 年第 3 期。
④ 张滢：《论扩大中产阶层与和谐社会构建》，《消费导刊》2007 年第 4 期。
⑤ 徐红明、王军：《论我国中产阶层标准与和谐社会建设》，《天津社会主义学院学报》2009 年第 4 期。

小，面临成长困境，影响构建和谐社会的进程。还有学者进一步指出，当前我国中产阶层成长发育出现了一些"亚健康"的病态状况。

李春玲认为，中国中产阶级在稳定地扩张而且扩张的速度在逐步加快，不过，即使如此，中产阶级在中国总人口中的比例仍然较低，要发展成为以中产阶级为主体的社会还需要一个相当长的时期。① 李强认为，中国中产阶层的力量还是比较弱小的。中国社会在今后的一段时间内，还不可能形成实力雄厚的中产阶层。中产阶层的长期短缺，使得"结构紧张"在一段时期内还难以消除。② 师凤莲指出，中国离形成中产阶级社会还有很长的路要走，中产阶级的培育面临许多问题：财富向少数富裕阶层过度集中，城乡二元结构问题的存在，阻碍中产阶层的成长与发育；意识形态方面存在压力，使得中产阶级的合法性至今没有获得法律文本的肯定。③ 张爱华认为，我国社会"中产缺失"，存在着诸多限制"中产扩大"的制约因素，比如教育投入不足，社会下层进入中层的渠道狭窄，私营企业发展受限，贫富差别日益严重，中产阶层税负过重等。④

沈瑞英进一步指出，当前中国新兴中产阶层成长发育出现了"亚健康"病态状况，主要表现为"中产阶级孵化器"的高校乱象丛生、"中产阶层地盘"的中介组织混乱现象、"体制内阶层腐败"怪象等问题。高校政学不分、办学浮躁、权学交易、钱学交易以及学术腐败、学风败坏等，凸显了社会转型与变革时期大学理性秩序紊乱与道德规范失衡。权力侵蚀中介市场"逼良为娼"，导致执业环境紊乱，成为一部分中产群体追逐利益之地，并在一定程度上导致市场社会秩序与诚信失范，正如媒体所报道："中产阶级与权贵一起堕落。"⑤

（三）中等收入者阶层与和谐社会的关系

对中等收入者阶层与和谐社会关系的研究是2004年中央提出"构建社会主义和谐社会"重要概念之后才出现的，这表明中国学者对中等

---

① 李春玲：《中国中产阶级的增长及其现状》，《江苏社会科学》2008年第5期。
② 李强：《怎样看待中国当前的中产阶层》，《领导文萃》2007年第9期。
③ 师凤莲：《培育中产阶级构建和谐社会》，《济南职业学院学报》2008年第4期。
④ 张爱华：《我国中产阶层的培育与和谐社会的建构》，《中共福建省委党校学报》2007年第7期。
⑤ 沈瑞英：《转型期中国中产阶层与社会秩序问题研究》，上海社会科学院出版社2012年版，第185—192页。

收入者的研究视角开始转向如何处理好扩大中等收入者比重与构建和谐社会之间的关系，标志着国内中等收入者研究的不断成熟。

国内学者大多从扩大中等收入者比重以构建社会主义和谐社会的角度，对中等收入者与和谐社会的关系进行分析。周晓虹认为，扩大中等收入者比重是保证社会和谐发展的不二法则，无论从全球的角度、还是从中国的角度来看，中等收入群体或西方所说的中产阶级的产生尤其是扩大，都是社会和谐发展的必然结果。① 王建平指出，中产阶级是社会和谐的积极力量，是社会和谐的基石。② 王开玉在对中国中等收入者进行实证研究后发现，培育和扩大中等收入者是构建和谐社会的基础。一方面，和谐社会应该是一个社会结构合理的社会。中等收入者不仅是一个分配概念，同时也是一个社会结构的概念。要建构和谐社会就必须不断扩大和培育中等收入者比重。另一方面，和谐社会还应该是一个稳定的社会。目前影响社会稳定的一个重要因素就是低收入者的比重偏大。在处理阶层关系的同时，要逐步缩小低收入群体的比重，不断地扩大中等收入者比重，这是构建稳定的和谐社会的必然要求。③ 祝永安指出，培育中间阶层是建设社会主义和谐社会的应有内容，中产阶层也必将成为社会主义和谐社会的建设主体，这就要求我们为中间阶层的发展创造一系列制度条件和制度空间。④

（四）中等收入阶层的社会功能

党的十六大报告提出了"扩大中等收入者比重"的方针。同时，学术界也开始关注扩大中等收入者比重的社会意义。学者深入探讨了扩大中等收入者比重在实现共同富裕、全面建设小康社会、构建社会主义和谐社会、维护社会稳定、促进经济持续发展和增进政治民主等方面的重要作用。学者们的研究主要是基于一个共识性的前提，即中产阶层是社会的"稳定器"。但也有学者认为，中产阶层也有消极、负面的功能，并不必然维持社会稳定，也可以成为社会的"颠覆器"或"异化器"，并且其社会功能的发挥需要具备一定的前提条件。

---

① 周晓虹：《扩大中等收入者的比重是保证社会和谐发展的不二法则》，《学习与探索》2005年第6期。
② 王建平：《中产阶层：社会和谐的积极力量》，《天津社会科学》2008年第4期。
③ 王开玉：《中国中等收入者研究》，社会科学文献出版社2006年版，第6—7页。
④ 祝永安：《论中间阶层在我国和谐社会中的建构功能》，《南方论坛》2007年第1期。

李强认为，任何社会，中间阶层都是维系社会稳定的最重要的社会力量。① 孙立平认为，中产阶层在政治上被看作社会稳定的基础，在经济上被看作促进消费和内需的重要群体，在文化上被看作承载现代文化的主体，这在国内外学术界已经成为一种基本共识。另外，扩大中等收入者群体也是缓解贫富差距过分悬殊的重要措施。② 李春玲认为，新中产阶级普遍地反对社会政局的剧烈变动，他们希望维持现有秩序的稳定，总体而言，新中产阶级是促进社会稳定的重要力量。③ 周晓虹认为，中等收入群体是社会和谐发展的润滑剂，是现代社会稳定的基石。中等收入群体或中间阶层在不同社会阶层或利益群体冲突中间具有明显的缓冲功能；具有一定的消费能力，并且形成了健康而超前的消费行为方式，对经济健康稳定的发展具有积极的促进作用。④ 祝永安指出，在经济功能上，中间阶层是社会主义市场经济建设的重要力量，具有社会主义市场经济秩序的行为示范功能，也是引导社会消费的最主要群体；在政治功能上，中间阶层可以维护社会稳定，推进政治民主，还可以扩大政治认同。⑤ 张滢也论述了中产阶层对于构建和谐社会的政治意义与经济意义，并认为中产阶层在思想文化方面向人们展示了良好的思想文化面貌、积极进取的价值观等，对构建和谐社会具有重要的思想文化意义。⑥

有学者并不迷信中产阶级社会"稳定器"的神话，而是指出中等收入阶层也具有负面功能，他们既可以成为"稳定器"，也可以成为"异化器"，其社会功能的发挥要有一定的前提条件。沈瑞英认为，中产阶层有其积极进步的一面，但也有消极落后甚至反面效应的一面，要成为社会秩序"稳定器"，必须具备一定的前提和条件。如果没有执政党与政府正确的引导、扶持与培育，没有健全的制度生态环境，中产阶层则会表现出"亚健康"，其社会功能就会呈现负面作用，导致社会秩序的"亚稳定"⑦。张翼指出，

---

① 李强：《关于中产阶级与中产阶层》，《中国人民大学学报》2001年第2期。
② 孙立平：《中产阶层与社会和谐》，《新经济》2011年第1期。
③ 李春玲：《中国中产阶级的增长及其现状》，《江苏社会科学》2008年第5期。
④ 周晓虹：《扩大中等收入者的比重是保证社会和谐发展的不二法则》，《学习与探索》2005年第6期。
⑤ 祝永安：《论中间阶层在我国和谐社会中的建构功能》，《南方论坛》2007年第1期。
⑥ 张滢：《论扩大中产阶层与和谐社会构建》，《消费导刊》2007年第4期。
⑦ 沈瑞英：《转型期中国中产阶层与社会秩序问题研究》，上海社会科学院出版社2012年版，第200页。

中产阶级并不必然是社会稳定器,把中产阶级的扩大当作稳定社会的必由之路的思想是不可靠的。中产阶级成为社会"稳定器"以及社会阶层之间冲突的"缓冲器",都需具备一定的前提条件。① 桂家友也认为,中等收入阶层作为社会稳定力量的条件,是中等收入阶层已经发展成为足够强大的力量即成为社会的主体力量,其利益期望已经得到了社会容纳。否则他们就会成为反对现存体制的中坚力量甚至是革命力量。② 胡联合、胡鞍钢认为,中产阶层的社会政治功能是多元的,在不同发展阶段,中产阶层的社会政治功能也是不尽相同的甚至是迥然相反的。中产阶层并不只是"稳定器",也有可能成为现行社会制度的"颠覆器"或"异化器",对于中产阶层可能存在的消极作用必须保持头脑清醒,要最大限度地引导其在社会上发挥积极作用,真正成为社会的"稳定器",坚决防止其成为"颠覆器"或"异化器",沦为危害社会的消极力量。③

(五)扩大中等收入者比重,构建社会主义和谐社会的措施

如何培育、扩大中等收入阶层一直是中等收入者研究的核心问题。学者们尤其关注的是,如何在构建和谐社会进程中扩大中等收入者比重。学者们从推进市场化、城市化进程,构建和谐社会运行机制,完善收入分配制度,推进教育公平等途径提出了各自的见解。

周晓虹把培育和扩大中等收入群体的基本途径概括为以下几个方面。第一,加快城市化进程,通过工业化对农业的反哺、城市对农村的反哺,缩小城乡差别、缩小农民与市民的差别,为建设中等收入者群体占主导地位的橄榄型社会奠定基础;第二,进一步调整产业结构,降低传统产业结构尤其是第一产业的比重,提高第三产业的比重;第三,职业结构的分化必然会导致不同职业群体的经济收入和社会声望产生不同程度的差异;第四,制定合理的分配制度是建构社会主义和谐社会的有力杠杆,而协调社会各阶层利益的能力也是执政党能力的体现之一;第

---

① 张翼:《中产阶级是社会稳定器吗》,载李春玲《比较视野下的中产阶级形成过程、影响以及社会经济后果》,社会科学文献出版社2009年版,第249页。
② 桂家友:《扩大中等收入者比重,构建社会主义和谐社会》,《湖北社会科学》2005年第7期。
③ 胡联合、胡鞍钢:《中产阶层:"稳定器"还是相反或其他——西方关于中产阶层社会政治功能的研究综述及其启示》,《政治学研究》2008年第2期。

五,扩大中等收入者群体的关键因素在于发展教育事业。①

曹明、郭栋着重阐释了构建和谐社会的运行机制,有效化解内部矛盾的措施,包括顺畅的社会流动机制、合理的利益协调机制、安全的社会保障机制和有效的矛盾疏导机制等四个方面。政府有必要健全和谐社会的运行机制,维护社会稳定。稳定的社会环境,有利于促进生产力的发展和社会经济繁荣,进而促进中等收入者群体比重扩大。②

赵效萍认为,在扩大中产阶层的路径选择上,应结合当前和谐社会的建设从以下三个方面入手。第一,在经济方面,完善社会主义市场经济体制,促进国民经济的快速、健康发展的民主公正的社会秩序和平等竞争的市场经济体制是中产阶层的根本性保证;第二,在政治方面,健全民主法治,推进民主进程,遏制腐败,构建一个积极培育中产阶层的政治空间;第三,在文化方面,加快发展文化教育事业,积极培育中产阶层的文化思想观念。培养中产阶层不仅要具备收入、职业等"硬件"条件,还必须培养其文化思想观念的"软件"基础,要形成中产阶层的文化、观念意识。③

胡联合、胡鞍钢认为,从扩大中产阶层和整合中产阶层两个基本路径着手,积极把我国中产阶层建构成力量日益强大的社会"稳定器"。健全公平竞争的市场经济体制,促进公有制和非公有制相互促进的混合型经济的公平永续发展,不断创造和丰富中产阶层赖以生成的物质基础;投资于人,建立、健全机会均等、成就自赋的公平、开放、畅通的社会流动机制,使最大多数的人民能够凭借自己的能力进入中产阶层;树立客观的动态稳定观,正确评估中产阶层的政治态度和功能,健全利益表达机制,依法平等保护中产阶层的利益;增强政治体制的弹性,加强政治整合,大力促进公民社会建设,确保把我国中产阶层成员整合为现行社会政治体制的重要内在部分。④

---

① 周晓虹:《扩大中等收入者的比重是保证社会和谐发展的不二法则》,《学习与探索》2005年第6期。

② 曹明、郭栋:《构建和谐社会与扩大中等收入者群体比重》,《中州学刊》2005年第5期。

③ 赵效萍:《构建和谐社会背景下扩大中产阶层的对策》,《理论界》2006年第7期。

④ 胡联合、胡鞍钢:《政治学最高法则下的中产阶层稳定器建构战略——兼与张翼先生商榷》,《社会科学》2009年第1期。

(六) 研究的不足及未来趋势

目前，中等收入阶层研究缺乏系统的理论思路与框架。近年来，学者们对中等收入阶层问题的研究多集中于中等收入阶层的人数、人员构成、界定标准（特别是收入标准）以及扩大中等收入阶层比重的具体措施，而忽略了中等收入阶层问题的一些本质性内容，尤其是弱化了对这一问题的理论分析和理论建构。尽管一些学者在具体研究中引用了新韦伯主义中产阶级理论、后现代分层理论等西方理论家的观点，但仍然缺乏一种或几种符合中国特殊国情的、中观层次的理论解释框架。因而，在中等收入阶层问题的研究上也很难发现研究的理论关注点。

另外，宏观的概括描述过多，实际案例分析研究缺乏。学者们对中等收入阶层社会功能的研究，大多是以西方已有研究结论为假设前提的，没有做到与中国特殊国情的有机结合，其研究结论也很难有所突破。在分析扩大中等收入者比重、构建和谐社会的措施方面，主要是从经济、政治、文化、教育等宏观层面探讨培育和扩大中等收入阶层比重的措施，往往是面面俱到，却很少提出具体的可行性的方案。目前学者们的研究多是宏观层面的概括描述，缺乏大量的实际案例分析研究。同时，学者们对中等收入阶层消费投资行为、政治态度、文化道德观念等个体或群体特征的研究也比较缺乏。

随着中国社会经济的转型以及和谐社会进程的推进，中等收入阶层的比重将日益增大，同时，中等收入阶层也将对整个中国社会产生重大影响，在未来可能成为中国社会结构的主体。但是现在我们还未进入中产阶层社会，中产阶层的成长还面临着诸多发展困难，其社会稳定器功能的发挥还需要一定的前提条件。对此，学术界需要通过深入研究为中国中产阶层的发展提供理论指导，使有关中产阶层的学术研究更加完善。[①]

第三节　研究方法

一　实证分析法

本书将理论研究与实证分析相结合，用很大精力进行调查研究，包

---

① 史为磊、杨玲玲：《中等收入者阶层与构建和谐社会研究述评》，《天津行政学院学报》2013年第2期。

括对中央党校学员进行问卷调查以及入村、入户、入企、入单位调查等。

二 阶级分析与阶层分析相结合

阶级分析法是一种以经济利益对立为基础的分析方法。划分阶级的依据是较大的社会集团在一定的社会生产体系中的地位、对于生产资料的关系以及在社会组织中所起的作用。研究中等收入阶层的产生背景、成长过程、社会作用、政治功能等,必须把阶级分析与阶层分析这两种方法有机结合起来。

三 比较性研究方法

"比较"是发现问题的要件,也是优选解决问题的良方。通过对社会现象的比较,才能一方面区别出异同,另一方面进行社会政策的正确定位。本书中主要进行了两个方面的比较:其一是社会结构形态的比较,通过对迄今为止人类社会出现的四种社会结构的比较,既充分表明"橄榄型"社会结构最为稳定和谐,又明确了中国构建"橄榄型"社会结构的路径和抓手;其二是中西中产阶层的比较,看到了中国中等收入阶层生成的时间较短、成长较快和人口基数较大的优点,也指出了当代中国培育一个成熟中间阶层的必要性与艰难性。

四 多学科综合的研究方法

本书综合运用政治学、社会学、历史学、马克思主义理论等多学科方法,进行既分门别类又综合分析的研究。我国理论界对中产阶层概念之所以难以达成共识,从实践上看固然因为其发育尚不充分,但从目前学术界的一些观点来看,主要是研究问题的角度不同,大致可以分为经济学视角和社会学(或政治学)视角两个方面的看法。比如从经济学的视角来看,主要的提法是"中等收入群体",回避了"阶层"这个范畴,认为中等收入群体就是介于高收入人群与低收入人群之间的一个人群,应主要以收入作为中等收入群体的主要内涵和特征,划分标准也主要看收入水平;在提法上,经济学者更多地使用了"中等收入者"或"中等收入群体",而社会学或政治学者则更多使用了"中产阶级""中产阶层"的词语,认为任何一个成熟的社会群体都具有阶级认同和群体意识，而且提法要注意与国际接轨。然而这种提法却忽略了当代中国中产阶层发育不充分的现实国情。正是基于此，本书主张运用多学科综合的研究方法。

第四节 研究思路与研究框架

一 研究思路

本书以马克思列宁主义、毛泽东思想和中国特色社会主义理论体系为指导，根据全面建成小康社会的时间表，吸收借鉴国外关于现代化和中产阶级的理论，以中等收入阶层与和谐社会建设的内在关系为切入点，对我国中等收入阶层的产生背景、成长过程、现状特征、社会作用、政治功能、发展障碍、未来趋势等方面的内容进行系统梳理与研究，并在分析我国中等收入阶层成长的社会生态系统的基础上，提出培育和壮大中等收入阶层的政策建议，预测了中等收入阶层在我国未来的发展趋势。

从以上国内外理论界对中等收入阶层与和谐社会关系的研究综述可以看出其存在的不足，如缺少理论研究范式，使研究成果失去了立体感；概念的界定脱离中国国情，照搬西方标准，过分看重衡量中产阶层的职业、社会声望、文化程度等上层建筑层面的东西，使得中国中产阶层的够格群体越来越少，与研究的初衷严重背离；只关注中国社会科学院有关社会阶层划分的十个阶层中的前五个阶层，对他们的成长过程、产生原因、社会功能、生存状态、培育机制、生态环境等评头论足，而忽视了广大的工人、农民、个体工商户、经济欠发达地区的城镇居民等群体，从而使中产阶层的研究书斋化、孤立化；缺少动态感，没有呈现出中产阶层从无到有、从小到大、从自在阶层到自为阶层如何成长的动态过程，从而使得对策的研究找不到抓手，等等。

针对以上的不足，本书以马克思"政治关系社会化"的研究视角，借鉴西方理论界相关研究成果，立足中国社会的性质和发展现状，从有利于社会稳定和谐的社会结构入手，聚焦"社会和谐"这一最终价值目标，引出"中等收入阶层"这一核心概念，依据社会建构研究范式进行整体谋篇布局，分别选取了以下几个研究主题：依据社会的利益关系分析，探讨了当代中国实现社会和谐面临的主要问题，得出了"和谐社会最主要的结构支撑是社会阶层结构的和谐"的结论,引出了当今中国社会结构的短板是中产阶层缺失问题;依据社会的历史整体分析,梳理了中国语境下中产阶层诞生、成长的发展脉络,探讨了中国中产阶层缺失的历史原因和现实成因,提出最恰当地描述当前中国中产阶层半成熟状态的概念是"中等收入阶层",描述了未来的发展趋势,为我们党提出"中等收入者"概念的理论和实践意义寻求认知成因;依据社会地位的经济基础分析,一改理论界将收入、职业、社会地位和文化程度"四位一体"的衡量标准,突出经济标准的首要地位,将"收入"和"财产"作为进入"中等收入阶层"的最起码的门槛,认为效益好的企业职工、小微企业主、大学生就业创业群体、新生代农民工、农村先富人群等最有希望成为中等收入阶层的成员,是"扩中"的首选;依据社会的功能结构体系分析,对推进我们党"扩中"战略实践的协调整合机制进行了逐一研究。

二 研究框架

本书共分六个部分,即导论和后五章正文。整个篇章结构,根据学术论文提出问题、分析问题与解决问题的一般要求进行有序排列,形成了较为完整的研究体系。

导论,阐发了社会主义和谐社会视野下我国中等收入阶层的选题背景、研究价值和研究意义,概述了国内外理论界关于中产阶层与社会和谐关系的研究现状,针对其不足,介绍了研究的研究思路、研究框架、篇章结构、研究方法以及创新之处。

第一章,中等收入阶层与和谐社会的内在关系。本章作为全文的逻辑起点或理论基础,首先对中等收入阶层及其相关概念进行了辨析;然后重点分析了两者之间的内在关系:社会主义和谐社会为中等收入阶层提供了发展平台,中等收入阶层推动社会主义和谐社会的建设进程,两者具有一致的实现过程,同步共进。

第二章,中等收入阶层推动社会发展的理论探源。首先对马克思、恩格斯、列宁、斯大林的"中间阶层"思想进行了文本考察和研究。其次,考察了西方中产阶级理论,包括新马克思主义中产阶级理论和新韦伯主义中产阶级理论。还分析了以毛泽东、邓小平、江泽民、胡锦涛为代表的中国共产党人对"中间阶层"的认识。更为重要的是梳理和研究了党的十八大以来以习近平为代表的中国共产党人对"中间阶层"的论述。

第三章，考察我国中等收入阶层的历史演变和现状特征。本章提出了中国中产阶层萌生、消失和重生的发展演变历程；在调查研究基础上，描述了我国中等收入阶层的生存状况和发展问题，并分析了中等收入阶层的基本特征。

第四章，分析了我国中等收入阶层发展的瓶颈问题，包括中等收入阶层有萎缩的苗头、内部结构差异过大、阶层意识难以形成、社会功能发挥不足等问题，并分析了产生这些问题的深层次原因。

第五章，和谐社会条件下中等收入阶层的发展路径。本章首先论述了中等收入阶层发展的理论和原则；提出了"稳中"与"扩中"并重、重视培育中等收入阶层后备军的发展策略，其中包括效益好的企业职工、小微企业主、大学生创业群体、新生代农民工和农村先富人群等重点人群发展策略的分析；考察了英、美、瑞典、俄罗斯、印度等国家中产阶级的发展经验，以期对中国中等收入阶层的发展提供有价值的借鉴。全书的落脚点放在了和谐社会条件下中等收入阶层的发展机制上，从互动机制、内生动力、制度变迁、结构动因、社会力量和教育孵化等方面深入阐述了我国中等收入阶层的成长和发展路径。

第五节 研究难点与创新之处

一 研究难点

从以上国内外研究现状看出，中间阶层的研究难点非常之多。根据本书的研究主旨择其主要的作如下几点说明。

（1）如何运用马克思主义的阶级分析方法研究中国的社会分层。马克思主义创始人在批判地吸收前人关于阶级分析方法的基础上建立了阶级分析的理论，并将其建构为分析社会、政治现象的基本工具。马克思认为，任何社会状态下都存在着两个根本对立的阶级，人类社会的发展就是一部阶级斗争的历史。如何运用这一方法来研究我国中等收入阶层的划分？西方理论界基本认为这一方法已经过时，我国也有学者认为这一方法政治性太强而加以回避，因此，马克思主义的阶级分析方法过时了吗？

（2）如何认识"小资产阶级是团结利用的对象"的科学社会主义理论的基本观点。马克思主义经典作家关于在无产阶级和资产阶级两大阶级尖锐对立的社会里中间阶层"摇摆性"的分析可谓切中要害，在情在理。认为中间阶层由于经济地位的不确定性，因此在重大历史关头容易上下摇摆，依附在资产阶级或者无产阶级身上。那么，如今我们国家无产阶级与资产阶级的尖锐对立已不复存在，要扩大中等收入者比重构建橄榄型社会，中间阶层要成为社会的主体，如何理解马克思经典作家的以上分析？

（3）关于划分我国的中等收入阶层的标准。西方国家划分中产阶层一般是以收入、职业、教育、社会声望等综合标准，如果我们沿用了这一标准，中间阶层的达标群体一定比较小，而且会使中间阶层的培育过程十分漫长，这无疑不利于和谐社会的构建；但是，如果我们仅以经济标准如个人收入来衡量的话，又会降低中等收入群体的整体标准，更不利于这一阶层整体素质如文化程度、社会道德、对自身身份的归属的提高。中等收入阶层的衡量标准中应该不应该有"财产"标准？"中等收入者"顾名思义只是收入居中的人群，包括不包括有财产收入？

（4）"扩中"的具体对象和路径是什么？这涉及中等收入阶层构成成分的复杂性。

总的来讲，对于中国社会经济的发展而言，中等收入阶层的问题是一种带有全局性、战略性与前瞻性的问题，中产阶层的发展成熟将会是影响中国未来发展的一项大战略。

二 创新之处

（一）理论体系上的创新

在理论体系上，丰富和细化了中国特色社会主义建设者理论。本书将中等收入阶层研究纳入科学社会主义特别是中国特色社会主义理论和实践的研究范畴，拓展了科学社会主义理论特别是中国特色社会主义理论体系的研究领域。

（二）研究视角上的创新

本书将中等收入阶层研究与我国和谐社会的构建、小康社会的实现以及中华民族伟大复兴密切结合，进行统筹研究，这对于丰富中国特色社会主义理论体系有重要意义。

(三) 部分观点上的创新

本书对马克思主义经典作家"中间阶级"思想进行了论述，认为马克思是对生产资料私有制的社会制度下、中间阶级处在资产阶级和无产阶级两大对立阶级之间的本质特性的分析，而在生产资料公有制占主体地位的社会主义社会，中间阶层已经成为工人阶级执政党的依靠力量。区分了中等收入者与西方中产阶级概念，提出"中等收入阶层"的核心概念，即吸纳了经济学以经济收入作为衡量是否中产的首要标准的成果，又表明我国政府的目标不仅是培育中等收入者，而且是要培育出具有较高素质又有较高经济地位的创造性人才。本书的研究重点放在如何"扩中"之上，并提出了具体的"扩中"对象。这就与之前理论界绝大多数的研究成果将研究重点放在分析城市中产阶层的生态环境怎样不佳、知识分子及私营业主的劣根性以及培育路径等方面有所不同，本书将广大中下层的提升作为研究重点，从而使研究成果的正能量大大加强。

另外，本书还提出了中等收入阶层与和谐社会之间存在共同的理念和基本原则，明确了中等收入阶层发展的目的、程度、结果、意识和切入点，指出中等收入阶层发展的方向性原则、主体性原则、层次性原则和示范性原则；指明了我国中等收入阶层的发展策略，即在"扩中""稳中"的同时，还必须做好中等收入阶层后备军的"储备"工作，从而进一步拓宽了中等收入阶层的主体范围。

第六节　若干研究建议

一　建议采用"中等收入阶层"的提法

关于提法，中国有"中等收入者""中等收入群体""中等收入人群"等、西方理论界有"中产阶层""中产阶级"等。到底哪种提法比较适合中国国情？本书认为，"中等收入阶层"的提法比较适合中国国情。这是因为：第一，"中等收入者"是指的个人不是群体；第二，坚持了马克思主义的阶级分析方法，即以经济标准作为划分阶级阶层的根本标准；第三，吸取了西方理论界的经典划分社会阶层的"收入、职业、教育、声望"的综合标准，如果要成为一个成熟的社会阶层仅仅只有经济标准是远远不够的；第四，这也指明了我国中等收入人群自身建设的努力方向。

二 "扩中"的路径应该以培养持续收入能力为视域

"扩中"的路径不应局限于职业的分析视角，只采取涨工资、提高个人所得税的起征点等做法，而应该以培养持续收入能力包括财产收入能力为研究视域。

三 "扩中"的对象需要包括中等收入阶层的潜在人群

应该将城乡各行各业具有中等以上文化程度的人群作为"扩中"的主要对象，"扩中"的对象只能从低收入群体中的有一定文化技能的人群中来，从目前看，最有可能进入中等收入人群的是效益好的企业职工、个体工商户、小微企业主、大学生创业群体、新生代农民工以及农村中的先富人群等。

第一章　中等收入阶层与和谐社会的内在关系

中等收入阶层与社会主义和谐社会具有共生的内在关系和一致的实现过程。社会主义和谐社会是以中等收入阶层为主体的中国特色社会主义社会。它要求整个社会具备"两头小、中间大"的橄榄型社会阶层结构，也就是说，中等收入阶层的人数要在我国总人口中占多数。构建社会主义和谐社会，能够为中等收入阶层的培育和壮大提供良好的发展环境。同时，随着中等收入阶层的不断成长壮大，这一阶层在构建和谐社会的进程中将会发挥越来越重要的作用，进而成为社会主义和谐社会的中坚力量。社会主义和谐社会与中等收入阶层具有内在的共生性，两者的实现过程处于同一个历史进程中。

第一节　中等收入阶层概念界定及相关辨析

对于中产阶级这个热门话题，国内外研究成果颇多。然而，"中产阶级"的概念仍具有一定的模糊性，至今没有形成一个完全统一的界定和划分标准。从源头上讲，中产阶级（middle class）这一概念直接源于英语，因此在以英语为母语或以英语为主要官方语言的国家不存在大的分歧。但在非英语国家，这一用语的本地译法却不尽相同。如法国称之为"中等中产阶级""小资产阶级"；在中国台湾称之为"中等资产的阶级"；在中国大陆，近年来的相关术语有"中等收入阶层""中间阶级""中间阶层""中产阶层"，日常生活中相类似的词有"白领""小资""金领""粉领"等；俄罗斯直接套用西方的学术话语，将既有别于"富人"又有别于"穷人"的社会阶层称为"中产阶级"。在我国，官方的习惯用法是"中等收入者""中等收入群体"，学界尤其是社会学界常用"中产阶层""中等收入阶层"来描述我国当前社会分层中的这一社会群体，也就是人们通常所说的"白领"阶层。根据国内外有关学者的研究成果，不难发现，"中等收入阶层"与"中等收入者群体""中产阶层"或"中产阶级"并不是一组同等的概念，而是既有区别又有联系的一组概念。在进入本研究之前，要先对中等收入阶层及其与之相关的概念进行辨析。

一 中等收入者及其相关概念

"中等收入"是一个经济学意义上的概念。由"中等收入"可以引申出"中等收入者""中等收入群体""中等收入阶层"等概念，它们之间具有一种什么样的关系？与"中产阶级""中产阶层"相比，这些概念具有什么样的内涵？本研究首先需要确定并阐释清楚核心概念。因为，概念是逻辑研究的起点，只有先把概念搞清楚，才能找准令人信服的研究结论。

（一）"中等收入"概念

从字面意思上讲，"中等收入"也就是中等的收入水平，在经济收入方面，表现为一种"比上不足、比下有余"的中间状态。实际上，"中等收入"是一个经济学、统计学的概念。值得注意的是，"中等收入"本身具有两种不同的内涵，常在两种不同的语境中使用。

1. 居民收入层面的"中等收入"

从居民收入层面而言，"中等收入"指的是在居民收入高低层次序列中处于中间水平的收入。这里的"中等收入"代表着某个家庭或个人。国家统计局在调查统计我国居民收入情况时使用了"收入五等分法"，即把我国全部家庭或人口分为最低收入、次低收入、中等收入、较高收入和最高收入等五个分层组，每组各占家庭或人口总数的20%。在此基础上，以收入的多少为划分标准，又可以将城市家庭划为低收入群体、中等收入群体和高收入群体。其中，中等收入群体则在低收入群体之上和高收入群体之下，处于收入分组的中间地位。根据这种经济学或统计学意义上的"中等收入"概念，引申出来的是"中等收入者""中等收入群体""中等收入阶层"等一系列概念。

2. 国家层面的"中等收入"

从国家层面而言，"中等收入"指的是"中等收入国家"。这里的

"收入",指的是一个国家或地区的国内生产总值(GDP)。由这种意义上的"中等收入"引申出来的是"中等收入陷阱"的概念。"中等收入陷阱"(Middle Class Trap),指的是中等收入国家在经济和社会发展进程中必然会遇到的发展陷阱。① 这一概念最早出现在 2006 年世界银行的一份《东亚经济发展报告》中,报告称:"使各经济体赖以从低收入经济体成长为中等收入经济体的战略,对于他们向高收入经济体攀升是不能够重复使用的,进一步的经济增长被原有的增长机制锁定,人均国民收入难以突破 10000 美元的上限,一国很容易进入经济增长阶段的停滞徘徊期。"这种社会经济的发展停滞,就叫中等收入陷阱。

这里需要指出的是,本书的核心概念是居民收入层面的"中等收入"以及与其紧密联系的"中等收入者"等相关概念,而国家层面的"中等收入"以及"中等收入陷阱"不是本书的研究重点。但我们需要在此对两个概念分别进行说明,以免造成概念上的混淆。

(二)"中等收入者"(或者"中等收入群体")

"中等收入者"是以中等收入为核心的概念。一般认为,居于中等收入水平的人就是"中等收入者",而我国中等收入者的集合就构成了"中等收入群体"或"中等收入人群"。"中等收入者"或者"中等收入群体"具有不均衡性,他们分属不同的年龄段,可以从事不同的行业或者身处不同的地区,但有一点他们是一致的,即在我国居民收入这个坐标系中,他们居于中等水平的位置。目前,关于中等收入者或中等收入人群的内涵界定,国内学术界主要形成了如下四种代表性观点。

1. 以经济收入为主要标准,以生活指标为辅助

例如,国家发改委社会发展研究所常兴华认为,中等收入者的划分需要以人均收入为基本衡量指标,同时,还必须将与其相关联的生活水平纳入进来。② 陈新年也持类似的观点,他指出,中等收入者是一定时期收入保持在中等水平,且生活较富裕、生活水平相对稳定的居民群体。③ 在这个定义中,主要是按收入指标来划分是否属于中等收入者。居民收入不仅仅是经济层面的内涵,还是人们所从事职业的状况、所接

---

① 严行方:《中等收入陷阱》,山西经济出版社 2012 年版,第 13 页。
② 常兴华:《界定中等收入者》,《国际金融报》2003 年 12 月 30 日。
③ 陈新年:《中等收入者论》,中国计划出版社 2005 年版,第 25—26 页。

受的教育程度和所具备的技术水平等方面的反映。同时，一定的收入水平在某种程度上，还可以决定人们的生活方式、受教育程度、掌握各类生产要素的能力，甚至影响人们的思想观念的倾向。因此，以收入标准为主，能够反映中等收入者的主要生活情况。然而，在我国使用居民收入来判断中等收入者是有一定局限性的，还需要用生活指标、消费水平或者财产等辅助标准来划分和研究。

2. 根据区域人均收入来划分

中等收入者，必须以一定区域的人均收入水平为标准线来确定。例如，著名社会学家陆学艺教授指出，划分中等收入者，首先需要考虑中国城乡的不同发展状况，在此基础上划分出6类不同发展程度的城镇和乡村，即发达城镇地区、较发达城镇地区、欠发达城镇地区、发达农村地区、较发达农村地区、欠发达农村地区等6类。同时，以各类地区的个人月收入平均值为划分标准，确定一个人是否符合中等收入者的标准。根据这种观点，中等收入者应该是一个具有城乡差异的概念，必须分别界定城市和农村的中等收入者。因为两者之间在内涵、特征、构成、形成过程等方面都呈现出许多不同之处。我国仍然是一个农村人口占多数的农业大国，城乡二元结构依然存在，因此，必须将农村中等收入者的问题作为"扩大中等收入者比重"课题的一个重要组成部分。

3. 仅以经济收入作为划分标准

中等收入者的收入应当处于平均收入水平之上，起点标准应该稍高于我国人均国内生产总值，接近职工年平均工资水准。实际上，很多人都可以通过自身的努力来达到这样的中等收入水平。人力资源和社会保障部劳动工资研究所的狄煌认为，中等收入者是指在一定时期内达到中等收入水平的城乡居民。中等收入群体是由从事各种行业和职业、收入上处于中等收入及相近水平的人们形成的。一定的收入水平是划分中等收入者的唯一标准。对于城乡居民来说，只要其收入水平达到一定标准，就可以进入中等收入者行列。[①] 实际上，仅仅以经济收入来划分中等收入者的观点具有一定的片面性，在当前经济社会全面协调可持续发展的情况下，这种观点越来越失去了市场。

[①] 狄煌：《合理界定中等收入者》，《经济参考报》2003年2月18日。

4. 以可持续的收入能力为衡量标准

国家发展和改革委员会经济研究所所长杨宜勇认为，应该将可持续的收入能力作为衡量中等收入者的主要标准，中等收入群体是处于国内相对水平的，而不是国际的相对水平或绝对水平。在论及我国中等收入者的界定标准时，有不少人照搬照抄美国中产阶级的界定标准，也有不少人认为我国中等收入者的界定标准要与世界银行使用的中等收入国家的标准接轨。① 实际上，这些看法都不符合中国实际。中等收入群体的衡量标准主要不是看其消费水平，也不是看其家庭财产的多少，而是要看他们是否具有可持续的收入能力。② 这种划分方法以"可持续的收入能力作为中等收入者的主要衡量标准"是有一定道理的。但是，实际操作过程中，我们很难对一个人的收入能力进行量化，这不便于我们对中等收入者进行统计。

5. 参照国际标准

中等收入者的收入水平应当与国际平均的中等收入标准线持平，也就是说，需要符合世界银行 2000 年关于世界各国收入水平四类划分标准的中上收入国家水平。因此，持这种观点的人认为，我国中等收入者的生活富裕程度应该与发达国家较富裕时期的生活状态基本相符。根据人均 GDP 的高低，世界银行 1999 年将世界各国划分为：低收入国家、下中等收入国家、上中等收入国家和高收入国家，并将人均 GDP 在 3000 美元左右作为下中等收入国家的上线以及上中等收入国家的下线。如果按照全面建设小康社会目标提出的人均 GDP 为 3000 美元目标，我国城镇居民人均可支配收入为 18000 元左右，这就贴近了世界银行的标准，可以将其作为划分我国中等收入者的下线，从而也就具有了国际可比性。

（三）"中产阶层"（或"中产阶级"）

据考察，"中产阶层"来源于欧洲社会"中产阶级"这一概念。早在古希腊城邦时期，亚里士多德（公元前 384—公元前 322 年）就对"中产阶级"有过论述，并对中产阶级极为推崇。在其所著的《政治学》中，亚里士多德指出，"在一切城邦中，所有公民可以分为三个部

---

① 杨宜勇：《对扩大中等收入者比重的十点认识》，《中国经济时报》2005 年 8 月 23 日。
② 顾纪瑞：《界定中等收入群体的概念、方法和标准之比较》，《现代经济探讨》2005 年第 10 期。

分（阶级）——极富、极贫和两者之间的中产阶级","就一个城邦各种成分的自然配合说，唯有以中产阶级为基础才能组成最好的政体。中产阶级（小康之家）比任何其他阶级都较为稳定"①。可以说，亚里士多德的《政治学》是历史上第一部构建"中产阶级"理论的著作。"中产阶级"是一个体现早期制度结构的历史概念，它最初是指欧洲自由城市中由市民阶层所形成的社会等级圈子。随着中世纪晚期城市的兴起，在封建社会等级结构中处于第三等级的市民阶级（第一、二等级为教士和贵族）在经济、政治和思想文化上逐渐成长壮大起来。与此同时，在工商业、贸易和手工业以及教育事业的发展推动下，市民阶层的地位不断强化，他们逐渐发展成为新兴资产阶级，并且在社会变革与革命中成为最活跃的经济、政治和文化力量。

资本主义制度建立以后，在无产阶级与资产阶级两大对立阶级之间，小手工业者、小商人、小企业主以及小的土地所有者在社会上具有不可忽视的社会地位，人们称之为"旧中产阶级"。19世纪末20世纪初，随着资本主义从自由竞争向垄断阶段的过渡，大量的小企业开始被庞大的垄断组织吞并和取代。大型的工业、运输、金融、商业等垄断机构不断扩张，并雇佣大量"白领"人员从事行政、管理、销售、计算、财务等方面的工作。与此同时，随着银行、股份公司的兴起，管理权和经营权分离，也就是说企业的管理阶层和所有者逐渐分离开来，于是一个新的企业经理阶层在社会上出现了。在这一时期，"旧中产阶级"纷纷破产，其规模和数量日渐衰微。从此，"新中产阶级"逐渐兴起，并成为一个重要的社会群体。

第二次世界大战后，科技革命和国家垄断资本主义的发展，使得欧、美、日等发达资本主义国家和地区的社会阶层结构、劳动力结构发生了重大变化，新中产阶级迅速扩大，并成长为社会的主导群体。在美国，白领人员占劳动力总数的比例由20世纪60年代的31%上升到1979年的50.9%；在英国，白领人员在劳动力总人数中比例已经占到了44%。到20世纪六七十年代，东亚新兴工业化国家和地区（"亚洲四小龙"）在经济高速增长和工业化迅速推进时期出现了中产阶级兴起的现象。在20世纪下半叶，西方发达国家的新中产阶级"白领"雇

---

① ［古希腊］亚里士多德：《政治学》，吴寿彭译，商务印书馆1997年版，第111页。

人数有了大幅度增加。到 2001 年，发达国家的白领人数一般都超过了 50%，比如美国为 59.9%，英国为 52.2%，德国为 52.4%，日本为 51.3%，意大利为 45.3%，澳大利亚为 44.3%，其中美国的白领人数甚至接近 60%。[1]

在现代西方社会中，中产阶级指的是某个具体国家或地区的一个特定社会阶层，他们的收入在这个国家或地区处于中间阶层，他们拥有一定程度的经济独立，例如有稳定的、较高薪酬的工作，并对社会的发展和稳定起很大的作用。中产阶级常常被看作是社会中的这样一部分人：他们既不特别富有，也不特别贫穷，他们拥有住房、汽车等一定数量的财产或资产，受过高等教育，从事经理、律师、医生、会计师等有较高声望的商业或专业性工作，并且他们还有相似的价值观或者相对独立的阶层意识。在西方国家，"中产阶级"既非富豪也不掌握很大的权势，他们往往被看作社会"大众"的代名词。

二 "中等收入者"和"中产阶层"之间的关系

在使用这两个概念时，既需要立足于中国经济社会发展的实际，还要从西方中产阶层的产生及其演变过程来考察。据此，本书认为"中产阶层"与"中等收入者"是有一定差别的，两者是既有区别又有联系的一组概念。

（一）中等收入者和中产阶层之间的区别

1. 两者界定的中轴标准不同

中等收入者与中产阶层是有细微区别的，中等收入者的中轴标准是收入水平，而中产阶层的中轴标准是家庭财产。中产阶层（或中产阶级）是一个围绕家庭财产的概念，一般指的是拥有中等水平的家庭财产和较稳定的中等水平的收入，生活状况比上不足、比下有余的社会群体。中等收入者的核心要素是经济收入，它不是一个以家庭财产为核心的概念。党的十六大提出的"中等收入者"，基本上是从经济收入的意义上来界定的概念，并非一般意义上人们所理解的包含政治意义的中间阶层概念。比如，陈新年提出我国中等收入者的划分标准为："个人年收入 3.4 万至 10 万元、家庭人均可支配收入 1.8 万至 5.4 万元、家庭

---

[1] 周晓虹：《全球中产阶级报告》，社会科学文献出版社 2005 年版，第 20 页。

年收入为 5.37 万至 6 万元。"2005 年 1 月，国家统计局公布了一份调查报告结论："6 万至 50 万元，这是界定我国城市中等收入者群体家庭年收入（以家庭平均人口三人计算）的标准。"①

2. 两者在外延上是不相同的

根据我国目前社会经济发展的实际情况，可以确定的是，一个人如果是中产阶层，那么他一定是中等收入者；而一个人如果是中等收入者，他未必就是中产阶层，其中有一部分中等收入者还不是中产阶层。中等收入者的外延较大，而中产阶层的外延较小。两者的区别如图 1-1 所示：

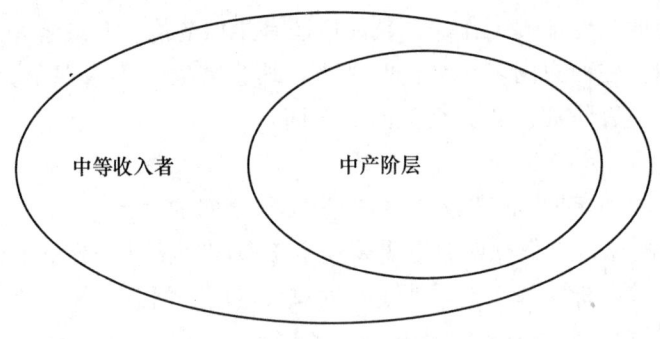

中等收入者与中产阶层的外延

图 1-1 中等收入者与中产阶层的区别

举例来说，山西某家煤矿的挖煤工人，他们的月收入可达上万元，在经济收入上已经达到中等收入者的界定标准。如果仅从经济收入上看，他们完全符合中等收入的标准，也许在不久的将来，他们还有可能成为中国中产阶层的一部分。但是，他们经常潜入矿井深处工作，有时候甚至冒着生命危险，在社会地位上也不高。虽然他们可以拥有中等或者偏上的经济收入，但还不能因此断定他们属于中产阶层，同样，也不能否定他们将来有成为中产阶层的可能性。因此，我们认为，中等收入者与中产阶层有较大的区别，尤其是两者的外延不同。

---

① 陈新年：《中等收入者论》，中国计划出版社 2005 年版，第 29 页。

3. 两者都具有不同的群体特质

中等收入者不具有稳定的群体素质，而中产阶层则具有较强的稳定性和成熟的群体素质。与中等收入者相比，中产阶层是一个更具有稳定性的社会群体。其一，就经济收入而言，它本身就具有一定的波动性，经济收入的增长速度要远远高于财产的增长速度；其二，就中等收入者而言，它本身就属于一个过渡性的群体，根据它的发展趋势或成长路径，中等收入者将会经过一段时期的过渡，最终转变为中等收入阶层，但难免会有一部分滑落到低收入群体之中。

4. 两者在政治意蕴上具有明显的不同

"中产阶层"要比"中等收入者"具有更浓厚的政治意蕴。中产阶层带有非常突出的阶层、阶级意涵。在西方社会历史上，中产阶层或中产阶级首先是一个政治范畴，可以说，"中产阶级"的崛起和发展源于中世纪后期的城市复兴运动，以及建立在此基础上的文艺复兴运动和宗教改革运动。中产阶级在政治、经济、文化上的发展壮大，使得他们成为推翻封建统治的主体力量。

在过去很长一段时间，"中产阶级"一词被我国官方看作西方代议制民主的代名词，鲜有人涉足中产阶级的话题。其实，早在1949年中华人民共和国成立之后，毛泽东就将"中产阶级"等同于"民族资产阶级"，从而在政治身份上给"中产阶级"定了性。这种影响一直持续到改革开放后的一段时间。随着改革开放的全面而深入的推进，我国社会的阶层结构也发生了深刻变化，开始出现了个体户、私营企业主等新的社会阶层，然而，总体上讲，我们对于这些类似于西方中产阶级的社会阶层持有谨慎对待的态度。通过观察一系列与新社会阶层相关称谓的变化，不难发现，在我国，人们容易接受"民营经济""民营企业""资金""劳务市场"的说法，而对于"私人经济""私人企业""资本""劳动力市场"的说法却难以接受。因为后面一系列称谓常被看作资本主义的产物。伴随着非公有制经济的蓬勃发展，私营企业主和自由职业者不断涌现，但是人们并没有将这一新兴社会阶层称为"私有者"，而是称之为"新富阶层"。一般来说，"新富阶层"是泛指在打破平均主义的分配方式以后，其经济收入或消费水平明显高于普通大众平均线的那些社会群体。2001年，江泽民在庆祝中国共产党成立八十周年大会上的讲话中将这种"新富阶层"直接称作"新社会阶层"，这就使得这一社会群体具有了国家话语体系的合法性。① 实际上,"新社会阶层"这一概念也具有比较强的政治色彩。

(二) 中等收入者和中产阶层之间的联系

在明确了中等收入者与中产阶层之间的区别后,我们还需要认清他们之间联系。在我国,"中产阶级"这一词汇具有很强的意识形态色彩,曾经一度被视为理论研究的禁区。社会学家在从事"中产阶级"问题的研究时,尽量回避中产阶级研究的意识形态争论,于是采用"中产阶层""中间阶级""中间阶层"等词汇取代"中产阶级"的提法。从这种意义上讲,当前我们研究的中等收入者或中等收入阶层,实际上是对意识形态色彩进行了淡化,是一个既有中国特点又与"国际接轨"的概念。可以说,在一定程度上,中产阶级在中国本土化的概念就是中等收入者。它们之间的关系如图 1-2 所示:

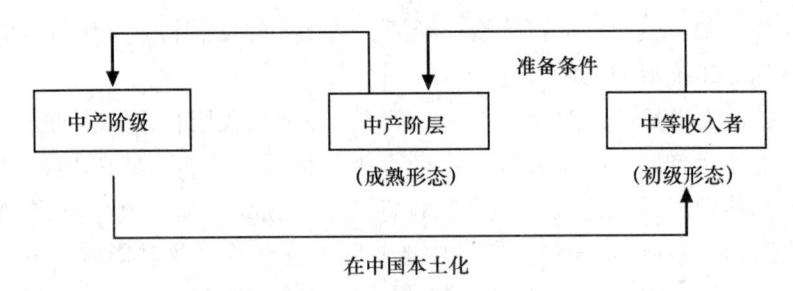

图 1-2　中等收入者和中产阶层之间的联系

从发展形态上讲,中等收入阶层是一种初级形态,而中产阶层是一种成熟形态,可以说,中等收入者表现出一种向着中产阶层发展的趋势。这不仅表明了两者之间的区别,还表明了他们之间的相互联系。中等收入者和中产阶层之间存在着一种相通的经济特质,这一点是实现两者转变的阶层基础。中等收入者发展成熟的过程,就是它本身所具有的包括经济因素在内的阶层特质长期积累并不断成熟的过程,这一过程实际上是中等收入者跃升为中产阶层的过程。②

---

① 王开玉:《中国中等收入者研究》,社会科学文献出版社 2006 年版,第 175 页。
② 同上书,第 22—23 页。

三 "中等收入阶层"的提法比较适合中国国情

自党的十六大提出了"中等收入者"的概念之后，中等收入者的研究开始在理论界成为学术研究的热点。国内外许多专家学者和相关研究机构对我国"中等收入者"（或者"中间阶层"）的界定方法和标准提出了许多有益的见解。他们认为，"中等收入者""中等收入群体""中等收入阶层""中间阶层""中产阶级"等提法，存在着细微差别，不能等同使用。中等收入阶层的提法比较适合中国国情，本书将核心概念确定为"中等收入阶层"。确定本书的核心概念，必须先确定有关中等收入阶层的讨论原则。

（一）以个人收入为主要划分标准

以收入为中等收入者划分标准的观点非常之多，当然，这里的"收入"包括人均收入、工资收入、家庭收入等具体的衡量指标。有学者认为收入水平是唯一的划分标准，但更多的学者认为不能将收入作为唯一标准，还要考虑到与收入水平相关的收入能力、家庭收入、生活水平、职业声望、受教育程度等因素。仅从字面意义上讲，经济收入是划分中等收入者的主要标准。只有一定量的标准才能区分出上下，同样，只有一定量的经济收入才能更清晰地区分出不同人群或阶层收入的高低，所以，收入应该作为中等收入者的最基本标准。尽管中等收入者、中间阶层、中产阶级之间存在诸多明显的差异，但是，"个人收入"无疑是最主要的或最基本的划分标准。

（二）必须区分城市和农村中等收入者

中等收入阶层的划分应当以收入为基础区分城乡两种中等收入阶层。何军明认为，在目前我国城乡居民收入差距3—6倍的背景下，理解我国中等收入阶层划分标准时，应该区分城市和农村两个方面。这主要是因为：一是考察中等收入阶层概念和内涵以及确定其划分标准时，不能脱离一个国家的实际经济状况，也不能脱离人们的实际生活方式和具体生活环境。在我国，城乡二元结构造成了城乡差距巨大，而且城乡的生活环境、生活方式甚至思想意识都相对分割和孤立。二是如果不对农村和城市的中等收入阶层进行区分，那么按照目前许多学者的理解，占全国总人口70%的农民绝大多数就完全被排除在中等收入阶层之外了。然而，这7亿多农村人口同样是关乎中国社会稳定和谐的重要力量,不容忽视。在我国社会城乡差距较大而且相对分割的背景下,"三农"问题非常突出,农业的基础地位依然薄弱,农村、农民依然相对贫困,如何让更多农民脱贫致富,成为农村的中等收入者是一个值得重视的问题。三是区分城市和农村中等收入阶层,有利于更清楚地了解我国城乡社会状况,有利于在制定相关政策时主动地根据城市和乡村不同的实际情况进行调整,从而更有针对性地实施相关方针和政策。①

(三)以家庭财产为必要参考

所谓"中产阶层",首先要具有实物财产的内涵。党的十八大提出"多渠道增加居民财产性收入"。将"一定的财产"作为标准之一,符合这一概念的本意,也是构建社会主义和谐社会的必然要求。根据国家统计局公布的《首次中国城市居民家庭财产调查报告》显示,截至2003年6月底,我国城市家庭财产户均总值已经达到22.83万元,其中有48.5%的被调查家庭财产在15万至30万元。以家庭财产30万元为中等收入者的收入标准,我国中等收入者人数大多超过了2亿人,占全国总人口的18%。②

(四)职业、教育、社会声望、消费是重要组成部分

"中产阶层"应该是以脑力劳动为主、受过中等以上教育且有一定的经济、行政、文化资源的控制权,并能够承担社会责任的社会群体。也就是说,只有符合经济地位、政治地位、社会文化地位的综合标准,才能称为中产阶层。中国社会科学院"当代中国社会结构变迁研究"课题组2001年提出,中等收入者的划分需要以职业、收入、消费以及生活方式、主观认同等为综合标准。其代表者是我国较早对中间阶层进行界定的著名社会学家陆学艺。他认为,所谓中间阶层,是指以从事脑力劳动为主,靠工资及薪金谋生,从事一份具有较高收入、较好工作环境的职业,有较强的职业能力及相应的家庭消费能力,有一定的闲暇生活质量;其对劳动、工作对象拥有一定的支配权;具有公民、公德意识及相应修养的社会地位分层群体。总之,从经济地位、

---

① 何军明:《城乡中等收入阶层的划分》,《发展研究》2009年第6期。
② 《城市居民家庭财产出现质的变化——〈首次中国城市居民家庭财产调查总报告〉》,2002年9月27日,新浪网(http://finance.sina.com.cn/roll/20020927/0922261071.html)。

政治地位、文化地位上看,他们都处于现阶段社会上层和下层的中间水平。①

(五)"阶层意识"或者主观认同不可或缺

本书将"中等收入阶层"确定为研究的核心概念,因为这一概念比较适合当前中国的国情。目前,我国还处于社会主义初级阶段,经济发展水平还比较落后,人民生活刚刚达到整体小康的水平,中产阶层还没有发育成熟。同西方的中产阶级(middle class)相比,我国中等收入阶层的收入数量、受教育程度、生活质量和生活方式都有很大不同。另外,随着社会经济的转型,社会阶层分化在我国已成为客观存在的现象,我们不应回避这一社会阶层分化的现实。我们需要有成熟的中等收入阶层承担起相应的社会责任。因此,党和政府需要为中等收入阶层的成长提供政策和环境支持,大力培育中等收入阶层,使之成为"公平正义、诚实守信、团结友爱、民主法制、充满活力"的社会群体,具有较高的道德情操、法治理念、知识技能、社会责任感、文化修养及职业操守等阶层素质。只有具备了以上良好的阶层素质,中等收入阶层才能明显区别于社会上层和社会下层,进而发展成为一个成熟的社会阶层。尽管在长时期内还无法达到这样的标准,我国"中等收入群体"仍然应该努力朝着"中等收入阶层"的方向发育。②

总的来讲,不同学者对中等收入阶层的界定也不尽一致,但大都倾向于采用多元标准或综合标准来界定。我认为,中等收入阶层是指在社会经济发展到一定阶段,大多数人的收入水平达到当地平均收入和中等偏上水平,其生活比较富裕,职业相对稳定,具有较高文化素质和一定主观认同的社会群体。中等收入阶层的核心要素除了"收入"之外,还体现在"阶层"上面。这表明,中等收入阶层不能仅仅用单一的"收入"指标来衡量,它是一个包含收入水平、生活质量、职业类型、消费方式、社会结构及主观认同等阶层特质的综合指标概念。③

同时,还要区分城市中等收入者和农村中等收入者。

---

① 陆学艺:《当代中国社会阶层研究报告》,社会科学文献出版社2001年版,第252页。
② 杨玲玲:《"中等收入群体"概念辨析》,《理论建设》2013年第1期。
③ 李培林:《和谐社会十讲》,社会科学文献出版社2006年版,第141页。

第二节 和谐社会为中等收入阶层提供可持续的发展平台

构建社会主义和谐社会，是社会各阶级、阶层的共同期望，它蕴含经济富强、政治民主、文化繁荣、社会和谐、生态文明，以及安居乐业、病有所医、学有所教、人生出彩等方面的目标追求。从社会学意义上讲，构建社会主义和谐社会就是要形成"两头小、中间大"的橄榄型社会结构。这种社会结构是一种以中等收入阶层为主体的社会阶层结构。也就是说，社会主义和谐社会需要以中等收入阶层为社会成员的主体。构建社会主义和谐社会要求不断培育和壮大中等收入阶层。因此，社会主义和谐社会的构建必将继续拓展低收入群体跻身于中上等收入群体的机会，让那些依然贫困的人能够看到自己或孩子有成为中等收入群体的现实可能性，进而为我国中等收入阶层的成长提供可持续的发展平台。

一 和谐社会以形成"橄榄型"的社会结构为重要目标

社会结构，是指一个国家或地区的占有一定资源、机会的社会成员的组成方式与关系格局。[①] 它包括人口结构、家庭结构、就业结构、收入分配结构、消费结构、城乡结构、区域结构以及社会各阶层结构等，其中社会阶层结构是整个社会结构的重要组成部分。社会主义和谐社会不但需要具有现代化的经济结构，还需要具有与之相适应的现代化的社会结构和阶层结构。如今，构建现代化的社会阶层结构已成为社会主义和谐社会的必然要求。社会主义和谐社会所要求的社会阶层结构应该是"中间大、两头小"的社会结构，也就是，要使得中等收入者的人数在我国总人口中占多数，低收入群体和非常富有的社会群体占少数，进而形成一种"橄榄型"的社会结构。构建这样一种公平、合理、稳定的社会阶层结构，是构建社会主义和谐社会的题中应有之义。

从社会结构层面的意义上讲，任何一个社会都需要合理的阶级阶层

---

① 陆学艺：《当代中国社会结构》，社会科学文献出版社2010年版，第10页。

结构作为支撑。一个社会的最富有阶层和最贫穷阶层占少数，中等收入阶层占多数，这样的社会才是比较和谐稳定的。从政治学的角度进行分析，经济决定政治，任何一个国家要稳定，都离不开必要的物质基础，以及与其相对应的政治生活和社会精神生活需要。作为个体的人，理所当然地需要依赖一定的物质生活需要，追求一定的社会财富，此乃人之本性。正如马克思所言："财富，财富，第三还是财富——不是社会财富，而是这个微不足道的单个人的财富，这就是文明时代惟一的、具有决定意义的目的。"[①] 这就要求在构建社会主义和谐社会的进程中，不断满足人们追求财富和幸福生活的需求，逐步减少低收入者人群的比重，不断扩大中等收入阶层规模和数量，进而形成一种以中等收入阶层为主体的社会结构。依据著名社会学家陆学艺的观点，在我国目前的"洋葱头型"阶层结构中，低收入者、农业劳动者阶层比重过大，中等收入者阶层发育明显不足，没有达到一定的数量和规模，很难成为社会阶层结构的主体部分。这种社会结构仍然不能满足社会主义和谐社会对于现代社会结构的迫切需求。构建社会主义和谐社会就需要改变这种"洋葱头型"的社会阶层结构，并把培育以中等收入阶层为主体的"橄榄型"社会阶层结构作为重要目标。

构建社会主义和谐社会能够有效地促进中等收入阶层的培育和扩大。在农村，建设社会主义和谐社会与社会主义新农村，可以有效地促进更多的农民上升为中等收入者。合理调整农业和农村经济结构，发展现代化农业，会使农民收入持续增加；加快对乡镇企业进行现代企业制度改造，带动农村富余劳动力的转移，会促使在乡镇企业中工作的农民收入持续增加，率先进入农村中等收入者群体；进一步加大政府财政的投入力度，强化富农惠农政策，保护农民利益，会进一步提高农民的收入水平和消费水平。在构建社会主义和谐社会的进程中，不断推进社会主义新农村建设，大力解决"三农"问题，帮助农民脱贫致富，同时加强对农民的教育培训，把更多的农民从农村、农业中转移出来，使其成为城市的工人、服务人员，从而使得我国农民数以亿计地逐步进入中等收入阶层的行列。在城市，构建社会主义和谐社会可以促进更多的新兴社会阶层进入中等收入阶层的行列。私营企业主、个体工商户、专业

---

① 《马克思恩格斯选集》（第4卷），人民出版社2012年版，第194页。

技术人员、外企员工、国家机关中低层领导干部、办事人员、新生代农民工、青年大学生就业群体等社会群体，基本上都是改革开放的受益者，是构建社会主义和谐社会的新生力量，也是促进国家稳定与社会和谐发展的重要力量。其中，有相当一部分人有望上升为稳定的中等收入阶层，或者成为中等收入阶层的后备力量。

二　改革开放催生了我国的中等收入阶层

党的改革开放政策催生了我国的中等收入阶层。改革开放之前，中国社会基本上是一种封闭的身份社会，只允许"两个阶级，一个阶层"（工人、农民和知识分子阶层）存在，使得既有利益和社会地位严重固化，社会阶层之间几乎没有流动的空间和余地。改革开放以后，中国发生了一系列深刻而全面的制度变迁，实现了计划经济体制向市场经济体制的根本性转变。这就使得决定社会分层的因素发生了深刻的变化，从而引起原有社会阶层的分化和重组。[①]

党的十一届三中全会后，邓小平提出要"发展多种经济成分"，"让一部分有条件的地区和个人先富起来最后达到共同富裕"等思想，开启了社会阶级阶层结构分化的大门。1982年，"个体经济"概念首次进入宪法，1992年，实行社会主义市场经济，党的十五大明确提出多种所有制经济共同发展，之后又提出按劳分配与按生产要素分配有机结合，从而出现个体、私营、中外合资合作、股份制等新的经济成分。随着经济成分的多元化，人们的收入差距也逐渐拉开，于是以经济收入为主要标志的社会阶层分化开始出现，新兴社会阶层逐渐兴起。面对新兴社会阶层不断兴起的趋势，2001年7月，在纪念中国共产党成立80周年大会上，江泽民指出了我国社会阶层结构变化的新趋势，高度评价了新兴社会阶层的地位和重要作用。社会阶层结构的变化，是改革开放以来中国社会经济快速发展的必然结果，符合社会主义初级阶段的基本国情和我国社会主义发展的基本规律。立足于合理调整收入分配格局，以实现共同富裕为宗旨，党的十六大、十七大、十八大对中等收入者的数量、比重、规模作出持续的战略部署，为我国中等收入阶层的成长和壮大提供了优越的政策环境支持。正是改革开放以来的正确决策和环境支

---

① 杨继绳：《中国当代社会阶层分析》，江西高校出版社2011年版，第15—27页。

持,才使得我国的中等收入群体从无到有地发展,并且日益壮大和成熟。

三 阶级分析理论的创新解开了中等收入阶层发展的政治羁绊

虽然马克思在写给魏德迈的一封信中说:"无论是发现现代社会中有阶级存在或者发现各阶级间的斗争,都不是我的功劳。在我以前很久,资产阶级的历史学家就已对各个阶级作过经济上的分析",但是马克思创立了最完整的阶级分析理论。这一理论是马克思、恩格斯创立的用来分析资本主义社会经济政治现象的基本工具。马克思认为,任何社会都存在着两个根本对立的阶级,资本主义社会存在着无产阶级与资产阶级两大对立阶级。同时,马克思、恩格斯还考察和分析了处于无产阶级和资产阶级之间的农民、手工业者、小商人、小食利者、小工业家等,他们都被称为资本主义社会的"中间阶级"。马克思、恩格斯指出了"中间阶级"的动摇性、不稳定性等特征,预测了他们的命运或发展趋势。列宁对小资产阶级(也就是马克思认为的"中间阶级")特性作了深入的分析,他指出小资产阶级具有极其脆弱的经济地位,他们在社会政治态度上左右摇摆,在思想观念上僵化保守。因此,无产阶级政党需要对小资产阶级的这种思想特性进行坚决的抵制和斗争,同时,还要在革命运动中采取联合的政治策略,尽可能地争取和团结他们。马克思主义经典作家对两大阶级对立社会中的"中间阶级"的地位和特性的分析是完全符合当时资本主义社会的实际情况的。

对阶级、阶层的利益分析,历来是中国共产党制定各项路线、方针、政策的依据和出发点。早在建党初期,毛泽东就在深入农村进行调查研究的基础上,写作了《中国社会各阶级的分析》,着力解决"依靠谁、团结谁、打击谁"这一革命的首要问题。解决好这一问题成为新民主主义革命时期中国共产党分析阶级阶层结构的基本立足点和出发点。随着社会主义改造的基本完成,中国共产党在1956年召开了第八次全国代表大会,会议提出我国基本矛盾发生了变化,即"我国的无产阶级同资产阶级之间的矛盾已经基本上解决","我们国内的主要矛盾,已经是人民对于建立先进的工业国的要求同落后的农业国的现实之间的矛盾,已经是人民对于经济文化迅速发展的需要同当前经济文化不能满足人民需要的状况之间的矛盾"①。中共八大会议之前，毛泽东发表了《论十大关系》的讲话，提出了"要把国内外一切积极因素调动起来，为社会主义事业服务"的基本方针。但是，这一正确的方针并没有得到很好的落实，甚至走到了反面。1957年反右派斗争扩大化以后，毛泽东提出了无产阶级同资产阶级的矛盾仍然是我国社会主要矛盾的观点。在1962年9月党的八届十中全会上，毛泽东把社会主义社会中一定范围内存在的阶级斗争扩大化和绝对化，进一步断言在整个社会主义历史阶段资产阶级都将存在和企图复辟，并成为党内修正主义的根源。② 因此，毛泽东强调，在社会主义国家，要承认阶级和阶级斗争的存在，我们必须从现在讲起，年年讲，月月讲。③ 这些思想成为"文化大革命"中概括出来的"无产阶级专政下继续革命的理论"的主要依据，并在实践中带来严重的恶果。

1978年进入改革开放新时期以后，邓小平在一系列讲话中，提出了一些对阶级、阶层结构的变化产生重大影响的观点。面对已经消灭了两大对立阶级、社会结构从"两个阶级一个阶层"（工人阶级、农民阶级、知识分子阶层）开始转向多元分化的新情况，邓小平预言，到了改革时期尤其是收入分配改革的阶段，"必然会出现许多我们不熟悉的、预想不到的新情况和新问题。尤其是生产关系和上层建筑的改革，不会是一帆风顺的，它涉及的面很广，涉及一大批人的切身利益，一定会出现各种各样的复杂情况和问题，一定会遇到重重障碍。例如，企业的改组，就会发生人员的去留问题；国家机关的改革，相当一部分工作人员要转作别的工作，有些人就会有意见，等等。这些问题很快就要出现，对此我们必须有足够的思想准备"④。然而，"随着经济的发展，路子会越走越宽，人们会各得其所。这是毫无疑义的"⑤。这就表明，邓小平没有固守马克思主义的阶级分析理论，而是摆脱了"阶级斗争"的羁绊，告别了"非友即敌"的时代，一切以实践作为检验真理的标准。

---

① 《建国以来重要文献选编》（第9册），中央文献出版社1994年版，第341页。
② 中共中央直属机关党校主编：《中国特色社会主义理论体系原著选编》，中共中央党校出版社2013年版，第25页。
③ 薄一波：《若干重大历史决策与事件的回顾》（下卷），中共中央党校出版社1993年版，第1098页。
④ 《十一届三中全会以来重要文献选读》（上），人民出版社1987年版，第31页。
⑤ 《邓小平文选》（第2卷），人民出版社1994年版，第152页。

21世纪伊始,江泽民明确提出,我们"不能简单地把有没有财产、有多少财产当作判断人们政治上先进与落后的标准,而主要应该看他们的思想政治状况和现实表现,看他们的财产是怎么得来的以及对财产怎么支配和使用,看他们以自己的劳动对建设有中国特色社会主义事业所作的贡献"[①]。江泽民同志客观地评价了新社会阶层的经济社会地位,指出判断社会阶层进步与否的标准,这对中国共产党的阶级阶层理论进行了拓展,取得了理论上的创新和突破。这一时期中国理论界开始打破以生产资料作为社会群体划分的唯一标准,尝试从多角度来准确描述中国社会结构的分化状况,"阶层"的划分就是这一探索的必然结果。许多专家认为阶层的划分与阶级的划分既有联系又有区别,运用多元综合标准的阶层划分比较适合社会平稳发展时期中国社会成员的构成情况,比如:那些不能用阶级标准划分的社会群体,如公务员、知识分子等;一些新兴的社会利益团体,具有其独立的经济性质和社会地位,又达不到或尚未达到作为独立阶级的条件,在他们发展成熟前,可被视为阶层;一些过渡性、流转性的社会群体,如军人、失业者等。总之,在阶级对立已经消灭、人民的根本利益基本一致、但在社会内部仍存在着多元化的不同利益差别甚至不平等的情况下,用阶层分析方法来分析社会阶级结构就显示出较大的准确性和灵活性。[②]

四 快速城镇化建设为中等收入阶层的发展提供了契机

工业化是城镇化的发动机,城镇化是工业化的推进器。工业化和城镇化共同构成了经济增长的推动力。改革开放以来,城镇化在推动我国国民经济和社会发展中发挥着越来越重要的作用,成为推动我国跻身中等收入国家行列的重要力量。通过观察和研究世界各国经济发展与城镇化之间的关系,不难发现,人均收入水平的高低与城镇化率呈现较为明显正相关关系。例如,2011年,高收入国家的平均城镇化率超过80%,同期中等收入国家城镇化率为50%。据统计,我国的城镇化率2011年为51.3%,人均GDP超过5000美元,这与我国目前在世界上处于中等

---

① 《江泽民文选》(第3卷),人民出版社2006年版,第287页。
② 杨玲玲:《当代中国的中等收入群体探析》,《中共中央党校学报》2013年第2期。

收入国家行列的国情基本相符。如果按照世界银行2008年最新收入分组标准，中国已经进入中等收入国家行列。那么，城镇化的快速发展，无疑会给中等收入阶层的成长和壮大提供广阔的发展空间，也成为推动社会结构转型的动力来源。①

城镇化创造了大量非农业就业机会和大量劳动力就业岗位，是农业剩余劳动力的蓄水池。1978—2011年，随着我国城镇化的不断推进，农业就业人员总数不断下降，在就业人员总数中的比重从70.5%下降到34.8%，同时，城镇就业人员总数不断上升，占全国就业人员总量的比重从23.7%上升到47%。有专家学者对1981—2009年的就业数据进行研究，并指出就业增长与城镇化水平之间存在着长期的相关均衡关系，城镇化水平每提高1%，城镇就业人口就随之增长1.267%。在全国已经转移的农村劳动力中，乡镇企业等县域中小企业吸纳了50%以上的农村劳动力，东部经济发达地区农村劳动力在小城镇就地转移的高达90%以上。② 更为重要的是，城镇化促进了劳动密集型服务产业的快速发展，为城镇居民创造了大量的就业机会，从而在整体上改变了劳动力的就业结构，进一步提高了居民的收入水平。

城镇化推动了城乡一体化的发展，有利于逐步缩小城乡收入差距。实际上，城镇化与城乡差距具有一种反比例关系。例如，东欧国家的城镇化水平相对较低，城乡人均GDP相差2—3倍，欧美国家的城镇化率很高，城乡人均GDP相差1—2倍。长期以来，我国城乡居民收入差距较大并有不断扩大的趋势，但是，如果没有城镇化对收入差距拉大的缓冲，我国城乡居民收入差距可能会更大。有学者指出，我国城镇化发展与农民收入增长之间存在着较强的正向交互影响作用，而且长期的影响作用程度显得更为显著、更为稳定。③ 1997年后，农民收入增长的主要来源不再是农业收入，而是非农业收入，农民外出打工收入的增长成为农民非农收入增长的主要来源。国家统计局数据显示，在农村居民家庭

---

① 迟福林：《改革红利：十八大转型与改革的五大趋势》，中国经济出版社2013年版，第77—79页。

② 汪泓、崔开昌：《中国就业增长与城镇化水平关系的实证研究》，《南京社会科学》2012年第8期。

③ 宋元梁、肖卫东：《中国城镇化与农民收入增长关系的动态计量经济分析》，《数量经济技术经济研究》2005年第9期。

人均纯收入构成中，1995 年的纯收入为 1577.74 元，其中，工资性收入为 353.70 元，所占比重为 22.42%，到 2013 年，纯收入增长到 8895.9 元，其中，工资性收入为 4025.4 元，所占比重增长为这一比重的 45.25%，其中工资收入主要来源于城镇的第二、三产业就业收入。[①]

与西方国家的中产阶级相比，我国的中等收入阶层在城镇化过程中有一个显著的特点，就是比较集中在城市和东部地区。因为我国是一个城乡二元结构的国家，现代化的发展必然与城镇化过程相伴随。从经济和社会发展的进程来看，城镇化的趋势势不可挡。纵观人类历史，人类文明的发展史实际上也是从农村社会和农业经济向城市社会和城市经济发展的历史。目前，在城市中已经有 2 亿之多的农民工，还有 4 亿—5 亿将要向城市转移的人，他们的"梦想"是什么呢？成为城里人，这就是数亿农村人的"梦想"。这样一个 8 亿左右人口，在未来 20—30 年中，追求过上城里人一样的生活，中国农民这种城里人梦想，在城镇化建设加速推进的进程中将会呈现出巨大的规模和迅猛的势头。[②] 如果按照城市的 2/3 人口为中等收入群体来计算，大约有 6 亿的中等收入者居住在二三线城市。到 2020 年，我们全面建成小康社会，实现国民生产总值和城乡居民人均收入倍增计划，就是要抓住工业化、城镇化、市场化的发展趋势，努力提高居民收入水平和生活质量，实现我国中等收入群体的倍增。

第三节　中等收入阶层在构建和谐社会中的历史作用

目前，中国中等收入阶层正处于逐渐兴起与成长的阶段，同时，党和政府围绕全面建成小康社会，实现富强、民主、文明、和谐的社会主义现代化国家的宏伟目标，制定了"扩大中等收入者比重""持续扩大中等收入群体"等重要举措，为中等收入阶层的成长发育提供了良好的政策环境支持。在全面建设小康社会阶段，构建社会主义和谐社会是一项现实的重大任务和一个长期的奋斗过程。从社会学角度看，扩大中等

[①] 国家统计局：《中国统计年鉴 2014》，中国统计出版社 2014 年版，第 165 页。
[②] 周天勇：《中国梦与中国道路》，社会科学文献出版社 2011 年版，第 3—4 页。

收入阶层有利于形成一种合理的社会结构,而构建社会主义和谐社会的关键点就是形成一种"橄榄型"的社会结构。无论是从学理角度,还是从政策策略上,构建社会主义和谐社会与扩大中等收入阶层之间都存在且能够达成一种最佳的结合点。中等收入阶层的发展壮大,是经济社会持续发展的要求和基础,也是构建社会主义和谐社会的内在要求。构建社会主义和谐社会能够为我国中等收入阶层的发展成熟提供持续的发展平台,同时,中等收入阶层在构建社会主义和谐社会进程中也将发挥重要的社会功能,这主要体现为:中等收入阶层是构建社会主义和谐社会的中坚力量,是社会主义市场经济建设的推手、大众消费的主体人群、社会稳定和谐的基石、社会主义民主政治的推动力量、社会主义先进文化的践行者。

一 经济功能:中等收入阶层是经济建设的推手

中等收入阶层在经济生活中富有创造精神和创新活力,是一个国家推动生产力发展、实现现代化所不可或缺的重要社会力量。在美国,中产阶层人数占到全社会总人口的80%以上,人均年收入在3万—10万美元的社会群体都属于中产阶层,这一阶层成为美国社会经济发展的动力源。在《经济学》(第16版)中,萨缪尔森写给中国读者这样一句话:"如果中国能避免战争、政治动乱和乌托邦式集体主义,那么,当美国和西欧在下一个20年经济增长徘徊在2%时,中国的经济增长应该是这个数字的两倍。"就目前而言,我国经济增长的强劲势头已远远超过萨缪尔森的预测。同时,我国致力于调整经济结构以及与之相适应的社会结构,并已经意识到合理的社会结构必须要有庞大的中等收入阶层为支撑。唯有如此,才能为经济的持续发展奠定牢固的社会基础。

(一)经济发展的推动力量

推动生产力的不断发展,追求经济的不断增长,是人类社会发展的永恒主题。推动经济增长的方式主要有两种,一是依靠科学技术推动经济增长,二是依靠提高劳动者的素质和劳动积极性来实现。劳动者是生产力构成要素中的决定性因素,科学技术的发明与应用只有通过人的作用来转化成现实的生产力。因此,从根本上讲,推动经济社会的发展,必须着力于如何提高劳动者素质,如何激发劳动者的劳动热情、创造性和积极性。调动劳动者的创造性和积极性又有许多方式,而收入水平的不断提高，无疑是一种有效的手段。经济增长与生产发展是收入分配的前提条件，同时，收入分配方式对社会经济发展起到能动的推动作用，合理的收入分配方式能够形成推动经济发展的强大力量。一般而言，在一个社会结构中，社会成员的收入总是存在着高低不同的差别并由此分成不同的收入层次，简单地概括为高收入群体、中等收入群体和低收入群体等不同层次。其中，高收入群体一般所占的比重较小，由于自身数量的限制往往难以成为社会发展的主体力量；低收入群体虽然具有较大比重，但其弱势地位使得他们对经济增长缺乏内在的主动性；而中等收入群体既是现有经济发展的受益者，又是未来经济增长的受益者，因此，他们具有对经济增长的内在动力。中等收入阶层对高收入和更好的生活有着强烈的愿望，这使得他们自然成为推动经济发展的重要力量，这无疑对于促进社会经济的持续发展具有不可低估的作用。

因此，中等收入阶层在经济的持续发展中起着重要的推动作用。在当前社会经济发展不平衡、不协调的现实境遇中，取得相对的平衡和协调，是迫切需要完成的艰巨任务。作为推动经济发展的重要力量，中等收入阶层对于推进社会经济的协调、平衡与可持续发展起着举足轻重的作用。

（二）市场经济秩序的维护者

当前，我国正在进一步发展和完善社会主义市场经济体制，市场在资源配置中的地位日益上升并且具有决定性作用。市场经济的发展与成熟，需要一个良好的运行秩序和成长环境作为重要保障。而在培育市场经济秩序的过程中，中等收入阶层发挥着重要的社会功能。从经济发展角度看，中等收入阶层在社会主义市场经济秩序中具有良好的行为示范功能，其思想道德和行为方式比较规范，法治观念较强，诚实守信，遵守交易规则，追求公平竞争，以合法手段积累财富，并以各种爱心善举适时回报社会，具有相当的社会责任感。他们通过自我奋斗、勤奋工作来获得较高的经济收入和优越的社会地位，并通过主观上不懈的努力，充分发挥自己的潜能和专长，不断提升经济地位和社会地位，增强经济实力并赢得社会尊重。中等收入阶层这一群体的行为方式，有利于建立积极进取、公平竞争的市场规则，培育规范合理、健全高效的市场机制，并有利于建立起规范的市场环境，对于保护生产者和消费者的合法权益，最终建立起良好的市场经济秩序都会发挥极其重要的作用。①

（三）产业结构升级的支撑

从世界各国经济增长历史来看，现代经济增长方式是以产业结构升级为核心的经济发展模式。当前我国正面临着产业结构调整和优化升级的现实任务。产业结构的升级不仅需要科学技术的推动，同时也需要劳动者素质的提高。中等收入阶层是以脑力劳动为主的劳动大军，这种劳动者队伍结构为产业结构调整与升级提供了劳动力资源。这就要求我们认清现代经济增长的本质，借鉴发达国家的发展经验，把握产业结构的演进规律，实现从传统农业向现代工业社会的转变，大力培育新兴行业，包括现代高新技术产业、文化产业、教育产业、环保产业和社会综合服务产业等。这一实现过程，需要成千上万的农民不断转化，其中一部分人转化为属于中产阶层的工资收入者，需要越来越多的人成为各行业的管理人员和专业技术人员。②

中等收入阶层规模的扩大，意味着第三产业的更大发展。第三产业的不断发展是历史发展的必然选择，也是社会进步的重要标志。在西方国家，第三产业的发展催生了大量的中产阶级，同时中产阶级的不断发展又促进了第三产业的进步和繁荣。大量的金融、证券、医疗卫生、法律、商业、网络信息等行业都属于第三产业。随着我国产业结构的不断升级以及第三产业的持续发展，脑力劳动、知识型劳动、技术型和服务型劳动将逐步成为社会劳动就业的主体，知识创新、技术创新与服务创新将引发产业组织、运行机制和产业规则的改变，新的物质产品和精神产品不断涌现，进而推动着产业结构的调整与优化升级。一个庞大的中等收入阶层支撑的产业结构必将是更新颖、更优化、更合理的产业结构。这种经济结构的战略性调整对中国经济未来发展的影响将是极其深远的。③

（四）大众消费的主体人群

社会经济的发展主要依靠生产和消费这两种力量的推动。在生产不

---

① 刁永祚：《北京市中等收入群体消费问题研究》，首都师范大学出版社2007年版，第96—97页。
② 陈义平：《分化与组合——中国中产阶层研究》，广东人民出版社2005年版，第186页。
③ 刁永祚：《北京市中等收入群体消费问题研究》，首都师范大学出版社2007年版，第97页。

足的短缺经济条件下，经济的增长主要是依靠生产的推动，通过刺激生产来推动经济的增长是这种情况下的必然选择。而在买方市场条件下，生产是相对过剩的，此时经济的增长就要依靠消费的推动，刺激消费、扩大内需就成为推动经济增长的主要力量。目前，我国正处于买方市场的环境中，因此，如何有效地扩大消费，增加市场需求，就成为推动现阶段和未来经济发展的关键环节。市场消费能否得到有效的启动，对中国经济的发展具有决定性意义。在启动消费、扩大内需的过程中，中等收入阶层无疑是一支重要的推动力量。

中等收入阶层具有一定的经济基础，对市场信号反应灵敏，具有一定的消费能力和承受能力，同时也具有提高消费水平和追求生活质量的内在愿望。中等收入阶层的消费功能，使得他们客观上成为市场消费的主体，对于活跃市场、扩大内需发挥了不可替代的现实作用。从发展的趋势看，随着中等收入阶层的不断扩大，这一群体必将成为社会消费的主流，在社会消费品总量中逐渐占有较大比重，成为社会大众消费的主体人群。[①] 另外，中等收入阶层托起了我国的奢侈品消费市场，振兴了我国的中级轿车市场，刺激了教育、旅游、休闲娱乐及网络信息等行业的发展。消费上的前卫性使中等收入阶层成为引导社会消费的最主要人群。中等收入阶层的不断壮大将有利于形成稳定而持续的消费市场，从而促进消费，拉动内需，推动经济增长。

二 社会功能：中等收入阶层是社会稳定和谐的基石

安定有序是和谐社会的基本特征，而中等收入阶层则是维持社会稳定、促进社会和谐的基石。从理论上讲，庞大的中等收入阶层有利于一个国家经济社会的稳定。职业稳定、收入稳定、消费能力和生产能力都比较稳定的中等收入阶层，是社会稳定和进步的基础。中等收入阶层的经济、政治、文化和社会声望居于社会上层和下层之间的中间水平，在不同社会阶层或利益群体冲突中间具有明显的缓冲功能，充当着高低收入群体之间矛盾的"缓冲器"和社会"安全阀"。当社会的高层与底层矛盾激化时，如果中等收入群体成为社会的主体，就会发挥中间阶层的

---

① 刁永祚：《北京市中等收入群体消费问题研究》，首都师范大学出版社2007年版，第98页。

"中间价值",在社会对立与社会矛盾中发挥着"缓冲层"的作用。

(一) 维护社会稳定和实现社会转型的中坚力量

中产阶层本能地具有维护社会稳定的天性。中产阶层拥护稳定但不赞成保守,拥护革命但不赞成社会动荡,因为他们明白,只有不断革命,社会才能发展;只有不断发展,社会才能真正稳定。以作为中等收入阶层重要组成部分的中小企业主为例,他们吸纳了85%以上的劳动力就业,对社会财富的增加作出了巨大贡献。然而,如果离开了发展和稳定的社会环境,中小企业主就会失去生存和发展的社会基础。鉴于此,要为中小企业主的发展提供良好的社会环境,只有这样才能更好地发挥这一社会群体在促进经济社会发展中的重要作用。[1]

中国的中等收入阶层是改革开放的产物,反映了新时期利益格局的调整和社会结构的分化与重新组合。中等收入阶层的形成和发展,在社会的转型过程中发挥着中坚力量的作用。中等收入阶层占据社会的主体,有利于社会进一步转型和社会结构的优化,是实现社会结构类型由传统向现代转换的结构性因素。现代和谐社会的发展要求建立与之相适应的开放、公正、合理的社会阶层结构。中等收入阶层的发展,不断推动着社会结构走向合理开放,为社会成员向上流动提供了正常的渠道和机会。

中等收入阶层是开放的阶层,它向任何一个诚实劳动者与合法经营者开放,没有身份的壁垒和歧视,体现着社会发展的向上性,符合社会发展的要求。中等收入阶层不是依靠先赋性的身份因素,而是通过个人能力和后天努力等"后致性"因素取得自身利益与社会地位。他们对身份壁垒的突破,从更深层次意义上讲,是对特权、等级与人治的否定和对公正、平等与民主的张扬,他们倡导和重视人与人之间平等的权利和义务关系,这必将极大地提高人们的公平正义观念和民主法治意识,并进一步促进社会各层面各领域的转型与稳定发展。[2]

(二) 消除贫富两极分化的缓冲力量

中等收入阶层介于高收入阶层和低收入阶层的中间,对于高收入和

---

[1] 朱耀群:《中产阶层与和谐社会》,中国人民公安大学出版社2005年版,第20页。
[2] 李琳:《政治哲学视阈中的中产阶层》,中国社会科学出版社2011年版,第289—292页。

低收入之间差距过大引发的矛盾冲突，客观上起着缓冲作用。因此，中等收入阶层的存在，具有社会利益矛盾的缓冲功能。中等收入阶层的发展有利于消除社会的两极分化，使社会发展成果尽可能由全体人民所共同享有。在现代社会，贫富现象普遍存在，穷人和富人之间的矛盾也是客观事实。一个国家如果贫富差距悬殊，富人和穷人处于对立状态，很容易诱发人们的仇富心理，稍有不慎就有可能引起社会动荡不安，阻碍社会经济发展。近年来，我国不断拉大的贫富差距成为人们关注的焦点之一。中国社会科学院经济研究所的一份调查报告显示，"就全国而言，2002年收入最高的1%人群组获得了全社会总收入的6.1%，比1995年提高了0.5%个百分点；最高的5%人群组获得了总收入的近20%，比1995年提高了1.1个百分点；最高的10%人群组获得了总收入的近32%，比1995年提高了1.2个百分点"①。据统计，中国全国居民收入的基尼系数于2008年达到0.491，为历年来最高值，2012年略有回落，但仍为0.474，基尼系数已经超过了国际标准线的0.4。这意味着贫富差距已经威胁到社会主义共同富裕目标的实现。这就需要我们千方百计地增加居民收入水平，需要不断扩大中等收入者比重。中等收入者处于高、低收入之间的中间水平，在贫富分化中起着重要的调节作用，具有防止社会财富两极分化的功能，有利于社会财富结构的合理分布，有效缩小贫富差距，加快实现共同富裕，使更多的人共同分享经济增长的成果。②

三 政治功能：中等收入阶层是民主政治建设的推动力量

中产阶层与政治民主之间的关系，是比较政治学领域中的一个经典话题。这一话题最早可以追溯到古希腊的亚里士多德。他把城邦中的所有公民分为极富阶级、极贫阶级以及处于两者之间的中产阶级，处在两个极端的公民都容易受极端意识形态的影响，而只有中产阶级能够理性地看待政治事务，按照"中庸"的原则行事。亚里士多德认为，中产阶级比任何其他阶级都稳定，唯有以中产阶级为基础才能组成最好的政体。

---

① 李实、岳希明：《中国城乡收入差距调查》，《乡镇论坛》2004年第8期。
② 李琳：《政治哲学视阈中的中产阶层》，中国社会科学出版社2011年版，第294—295页。

（一）中产阶层的数量规模与民主政治发展水平成正相关关系

从微观层面上讲，中产阶层内部的成员是具有一系列独特社会政治属性的人群，而正是这些独特的社会政治属性促使中产阶层成员在思想上和行为上有着支持民主的倾向和政治行为。在可以预见的未来，中产阶层具备推动政治发展的良好社会品质；或者说，中产阶层比其他阶层具有更多的这种品质，也更有推动政治发展的可能性。

从宏观结构层面上讲，当中产阶级成为一个国家的主导性社会力量时，就会起到诸多积极作用，从而推进这个国家的政治民主化进程。中产阶层在促进民主发展上的作用，主要取决于其在一个国家阶级结构中的相对优势。民主制度只会产生于中产阶级规模比较大的地方。例如，美国民主建立时，其"富裕阶层相对薄弱，穷人很容易被纳入中产阶级中去，并且中产阶级力量壮大且非常渴望民主"，这样的条件非常有利于民主政体的形成与发展。但是，如果中产阶级的规模在一个社会里不断缩小，那么他们在社会中的相对优势就会下降，就会从革命阶层转变为反动阶层，德国的法西斯主义就是中产阶级转而支持专制统治的一个极端表现。[①] 可以说，一个国家的中产阶级人数或者规模与民主政治发展水平存在正相关关系。如果中产阶级人数多且势力强大，那么这个国家就更有可能出现稳定的民主政体。这里需要指出的是，经济发展会在一个社会中创造出大量的中产阶级。经济发展虽然不能直接影响一个国家的民主发展水平，但经济发展能够通过创造一个规模庞大的中产阶级来影响一个国家的民主发展水平。首先，伴随着经济的发展，中产阶级会在一个社会里涌现并成为主导性的力量，进而成为推动民主发展的行动者，形成另一个有利于民主生长和发展的良好环境。其次，经济发展会改变一个国家的社会结构，使之从金字塔形状转变成钻石形状，中产阶级如在一个国家中占主体地位则会推动该国民主政治的发展。[②]

（二）中等收入阶层的壮大有利于政治稳定和政治文明建设

当代中国民主政治的发展离不开合格的主体力量的推动和实践，否则，民主政治发展目标就无从实现。中产阶层的出现，对我国政治民主

[①] Lipset, *Political Man: the Social Bases of Political*, Baltimore: Johns Kopkins University Press, 1981, pp. 123–137.

[②] 卢春龙：《中国新兴中产阶级的政治态度与行为倾向》，知识产权出版社2011年版，第64—71页。

建设具有深远的影响。中产阶层理应承载着自由理性精神和现代化理念，既代表着最广泛的社会变革和时代的民主法治诉求，又应抵制激进的政治观念。随着中产阶层社会政治认同的提升和政治地位的确立，他们必然成为我国政治生活中一支强大而活跃的力量，促使社会与国家的良性互动，为社会健康稳定发展和政治生态平衡提供重要保障。中产阶层的兴起给我国政治民主发展提供了稳定的环境。邓小平指出："中国的问题，压倒一切的是需要稳定。没有稳定的环境，什么都搞不成，已经取得的成果也会失掉。"① 稳定既是社会和谐的表现，也是和谐社会建设的基础。稳定意味着秩序，和谐社会的构建，就必须保持社会稳定有序的状态。中产阶层是国家经济发展的最大受益者，拥护执政党的路线方针和政策，希望社会安定团结，经济稳定发展，赞成以渐进而不是动荡的方式推进民主政治。

中等收入阶层是推进社会民主法治的重要力量。中等收入阶层受过良好的教育，有比较强的民主法治观念，有较强的现代公民意识，他们积极参与政治，推动政治民主化进程。中等收入阶层的这种理性精神和政治要求对于我们建设民主法治、公平正义的和谐社会将起到重大的指导和促进作用。现阶段我国的中等收入阶层虽然正处于发展的初期，还不十分成熟，但是他们仍旧是民主政治的推动力量，对政府进一步扩大政治参与渠道表现出迫切的需求。他们非常积极参与一些重要的政治活动，比如制度性的社会参与活动、选举和投票，非制度性的与政府官员和人大代表的联系和接触、重大事项听证会、专家咨询等。近年来，一些中等收入阶层对国家的一系列民生政策，尤其是涉及自己切身利益的事项，能够以理性的方式表达建设性意见，并针对当地政府的一些决策提出不同的意见。具有宽容、勇敢、节制、民主等属性的中等收入阶层，更多地选择在体制允许范围内寻求法治化的、理性的、温和的、妥协的利益表达方式，他们在维护自身利益的维权行动上表现出稳健性、建设性和追求实效的趋势，这从长远来看将会推动中国民主政治事业向前发展。②

---

① 《邓小平文选》（第3卷），人民出版社1993年版，第284页。
② 卢春龙：《中国新兴中产阶级的政治态度与行为倾向》，知识产权出版社2011年版，第251页。

四 文化功能：中等收入阶层是先进文化的践行者

中等收入阶层对中国主流意识形态认同度高。他们的成功或个人社会地位的获得，主要靠个人的勤奋努力、刻苦好学、良好教育，以及由此积累起来的文化资本、独到眼光和捕捉市场机会的能力等自致性因素。他们不愿成为社会的负担，渴望通过劳动一步步摆脱贫穷实现梦想，并为下一代创造成为中等收入者的家庭平台。正是他们的这种精神和行动，才使得构建社会主义和谐社会具有了深厚的群众基础与社会依托。①

（一）现代社会价值观的承载者

对于很多国家而言，其主流价值观主要指的是中产阶层的价值观。在30多年改革开放的进程中，我国已经形成了具有一定规模和数量的中产阶层，并且正在向着经济、社会、文化生活的中坚力量发展。中等收入阶层自身的发展壮大，必然导致其价值观的生成和发育。

在中国，中等收入阶层正在迅速崛起，构成了新时代中国社会阶级中最具有特色的一个社会群体。中国的中等收入阶层往往被看作这样一个社会群体，他们接受过高等教育，具有较高收入，拥有自己的住房和汽车，衣食无忧，生活殷实，并且富有创造活力和创新精神。实际生活中，他们乐于不断创造新的生活方式并享受这种生活方式，他们的人生观、价值观和财富观等能够成为这个时代的创新产品和优质服务的重要内在驱动力。一方面，中等收入阶层与富人不同，他们虽然具有了较为优越的条件，但是仍然过着属于平常人的生活，不会陷于极度的奢华和浪费。另一方面，中等收入阶层与穷人不同，他们依靠自己的勤奋和努力创造了属于自己的优质生活，脱离了那种艰涩和困难的生活。中等收入阶层这种勇于创造新的生活方式、追求优质生活的奋斗精神正在带动着整个社会的发展进步。中等收入阶层存在的重要意义绝不仅仅在于多了一个社会等级，而是在于这一阶层使得整个社会有了一种"中产阶层文化"，这是一个不断增长的重要文化群体的历史向度，代表着进步的、时尚的、鲜活的进步动力。②

---

① 林衍：《个体户忧思》，《中国青年报》2002年4月25日。
② 卢铿：《中产引领生活方式变迁》，《商周刊》2010年第12期。

（二）科技文化发展的推动者

"白领"阶层、专业技术人员、科学家、教授、政府工作人员、法律工作者、医生、律师等，一般都属于中产阶层的范畴。历史证明，当今社会科技日新月异的变化，生产力、管理水平的不断提高，正是由于千千万万上述人员辛勤劳动、刻苦钻研、不懈努力的结果。当然，也有不少科学家通过出让他们的发明最终成了大资本的所有者。比如，美国的世界电脑专家、当今世界的首富比尔·盖茨，他在成功之前曾经也属于中产阶级的行列。当今世界上每天都有成千上万的发明创造，而这些科学成果被生产部门、工矿企业的管理者拿来投入生产实践，使科学技术变成生产力。在科学技术变成生产力的过程中，当然不能否认工人阶级的伟大实践作用，但工厂的管理者、企业的经营者无疑起到了关键作用。例如，大批中小企业的经营者，为了在激烈的市场竞争中不被淘汰，为了在大企业、大集团的挤压下求得一席之地，他们必须苦心经营、凭借高新技术和灵活多变的体制，以求得自己的生存发展空间。由此可见，从科学技术的发明创造到生产推广，都离不开广大中产阶层的参与和推动。

同时，科技的进步离不开基础理论的研究，大批从事基础理论研究、文化教育的工作者为社会的发展、人类的进步作出了巨大的贡献。正是他们的辛苦工作，培养了一批又一批对社会有用的人才，使人类社会不断发展和传承。除此之外，医学、法律、金融等领域的大批中等收入阶层人员，在他们自我发展的同时还推动了科技文化的发展，促进了社会的进步。

（三）大众消费文化的创造者

随着中国中产阶层的日渐崛起，这一阶层鲜明而富有个性的消费文化正在凸显，并趋于成熟。有专家认为，中产阶级的消费文化将成为未来中国的主流消费文化，中国中产阶级主导未来消费文化的一个重要驱动因素是，他们拥有大量的经济资源，能够购买一些新的消费品，而且他们也是很多国内外企业的目标市场。尽管对中产阶级的界定还充满不确定性，但是作为消费观念上的享乐主义者、社会地位上的追求者、生活方式上的品位制造者，目前中国的中产阶级在激情和时尚的消费浪潮中，已经是不折不扣的消费体验者，并且他们的消费理念、生活方式及品位追求已体现出非常鲜明的消费文化。也就是说，中产阶级注重富有、时尚、浪漫、品位等品牌消费，倡导一种新消费主义的生活方式，彰显出自己的风格和自我个性，崇尚"我消费我快乐"的享乐主义等。这些具有鲜明特征的生活方式，为中产阶级带来了极大的满足感和愉悦感，成为他们满足消费欲望与品位要求的最惬意的表达。或许，在普通人看来，他们近乎奢侈、过于张扬和展现自我，但是，他们也有文化积累，正在形成一种文化品位。从文化层面上讲，"正在崛起的中产阶级将是社会主流文化、尤其是消费文化建构的重要力量，并由此而引导着中国社会消费文化的走向"[①]。中等收入阶层不仅改变着原来的社会结构，也在改变着原来的语言特点，体现着时代的先进文化或精神文明水平。

第四节 社会主义和谐社会与中等收入阶层同步共进

扩大中等收入阶层与构建社会主义和谐社会具有共生的内在关系和一致的实现过程。扩大中等收入阶层与构建社会主义和谐社会并不是两个孤立的、毫无关联的政策措施，两者具有紧密的内生逻辑，它们的实现处于同一历史进程中。

一 两者具有内在的共生性

在我国，中等收入阶层的培育与社会主义和谐社会建设在实现目标上具有较大的一致性。构建社会主义和谐社会与党中央号召的"扩大中等收入者比重""中等收入者占多数""中等收入群体持续扩大"，在实现目标是上一致的，具有共生性。

社会主义和谐社会要求政府主动培育和塑造一个具有主体性特征的社会中坚力量即中等收入阶层。构建社会主义和谐社会是一项复杂的系统工程，需要党的坚强领导、政府的有效引导和社会力量的广泛参与，需要发挥工人、农民、知识分子在经济社会中的主力军和生力军作用，同时，还需要发挥其他新兴社会阶层的建设者作用。江泽民同志在2001年的"七一"讲话指出，我国新出现的六大新社会阶层和工人、

---

① 朱丽：《"中产"主导未来消费文化》，《东方企业文化》2008年第9期。

农民、知识分子团结在一起，也是有中国特色社会主义事业的建设者。2002年，党的十六大进一步指出，在社会变革中出现的新社会阶层都是中国特色社会主义事业的建设者。党的十七大明确"鼓励新的社会阶层人士积极投身中国特色社会主义建设"。党的十八大进一步"鼓励和引导新的社会阶层人士为中国特色社会主义事业作出更大贡献"。党中央对新社会阶层的构成、地位和作用，以及中等收入阶层的数量、规模、比重等作出持续的战略部署，不断寻求、调整扩大新兴中等收入阶层与构建社会主义和谐社会、建设中国特色社会主义事业的最佳结合点，努力使它们的目标达成高度的一致。社会主义和谐社会提出"民主法治，公平正义，诚信友爱，充满活力，安定有序，人与自然和谐相处"的要求，也可以说是从经济、政治、文化、社会和生态五个方面为培育中等收入阶层提供优越的政策环境，提升中等收入者拥有的经济资本、文化资本和组织资本存量。这就要求党和政府从制度层面，以健全和完善的民主法治引导、扶持中等收入阶层的健康发展，使其成为构建社会主义和谐社会的主体力量。所以，从社会阶层结构位置变迁来讲，社会主义和谐社会浓缩了小康社会和民族复兴的社会理想，为更多的社会底层人士向上流动、进入中等收入阶层创造了广阔的平台。从人本角度分析，更多的社会底层人士上升为中等收入阶层人士，将极大地激发他们的劳动创造精神和创业精神，增强他们当家做主的社会责任感，大大调动他们服务公众、报效祖国的主动性和创造性，从而真正成为构建社会主义和谐社会和实现中华民族伟大复兴中国梦的主体推动力量。

二 两者的实现过程具有一致性

构建和谐社会是一项全面的工作、长期的任务和复杂的工程。实现中等收入阶层在社会中占多数也是一个长期的目标，也需要我们长期为之奋斗。只要我们坚持发展不动摇，保持经济社会协调发展，最终会实现中等收入者占多数，建成社会主义和谐社会。

从社会结构分析的角度看，构建社会主义和谐社会就是要使"紧张型社会"进入"宽松型社会"，实现社会结构的转型。现代社会结构应该是向着以中等收入阶层为主体的社会结构转变，同时实现社会各群体之间关系的协调相处。一方面，目前我国正在实现第一产业就业群体向第二产业就业群体转变，乡镇企业工人、城市农民工群体、技术熟练工人越来越多地成为支撑一个以中等收入者为主体的社会结构的重要因素。有资料显示，我国现有技术工人7000万人，其中高级技术工人只占3.5%，与发达国家高级技术工人占40%的水平相比，还存在很大差距。① 如果随着第二产业就业群体数量不断增加，其收入水平也有一个大幅度增加，将会对我国社会阶层结构的优化起到重要作用。比如，在农村，通过社会主义新农村建设，越来越多的普通农民上升为农村中等收入阶层。乡镇企业工人、农民工群体应该成为农村中等收入阶层的主体，他们不是完全依赖第一产业发家致富，而是走出农村，在城市建设和发展中克服自身素质与产业结构升级之间的差距和冲突，实现角色地位的转换，从而真正实现成为中等收入阶层一员的人生梦想。另一方面，实现第二产业向第三产业的转型，将会进一步扩大中等收入阶层的比重。在社会主义市场经济体制日益完善和经济发展方式加快转变的形势下，我国的三大产业协调发展，城镇化水平进一步提高，城乡呈现共同繁荣的新局面，这使越来越多的社会群体能够支撑起以中等收入阶层为主体的社会结构。在城市，随着经济社会的进一步发展，商业从业者、服务业人员、创业人员和技术人员、中介组织从业人员等相关社会群体，将更多地进入中等收入阶层的行列。具体而言，就是要通过构建社会主义和谐社会，来大力培育有利于中等收入阶层发展成熟的良好社会环境。比如，为小微企业主的发展、大学生创业群体的创业提供良好的政策支持、金融服务，形成开放的、透明的、有序的市场环境等。

培育和扩大中等收入阶层，实现中等收入阶层在全社会总人口中占多数是一项长期的社会发展目标。需要坚持科学发展，继续推进改革开放，以加快经济发展方式为主线，推动经济社会的持续健康协调发展，为实现中华民族伟大复兴的中国梦提供发展动力。需要加快以保障和改善民生为重点的社会建设，努力培育现代化的社会结构和社会状态，打破社会阶层之间的固化现象，拓展社会阶层之间的流通渠道，使得社会的流动机制更加健全、流动渠道更加畅通，从而促进社会的和谐稳定。在全面建成小康社会和实现中华民族伟大复兴中国梦的现阶段，我国中等收入阶层的重点人群至少应该包括工人阶级的主体、小微企业主、大学生创业群体、新生代农民工，以及农村中的先富人群等。总之，中国

---

① 孙立平：《中产阶层与社会和谐》，《新经济》2011年第1期。

中等收入阶层的发展、成熟与壮大的过程，必然是经济发展、政治民主、文化繁荣、社会和谐和生态文明程度持续提高的过程，必然是建成社会主义和谐社会的过程，也必然是实现国家富强、民族复兴和人民幸福的过程。总之，中等收入阶层的壮大与构建社会主义和谐社会同步共进，两者的实现处于同一个历史进程中。[①]

[①] 史为磊：《中等收入阶层与小康社会》，《中共中央党校学报》2013年第2期。

第二章　中等收入阶层推动社会发展的理论探源

自19世纪以来，随着社会发展与理论研究的深入，中产阶级概念日益流行并成为一个世界性话题。中产阶级这一概念与西方代议制民主有密切联系，在西方话语体系中被广泛使用。由于意识形态等因素的影响，中产阶级一词从未在我国官方语言中出现或使用过。20世纪80年代末90年代初，中产阶级理论曾一度在国内遭受严厉批评，并很快成为研究的"禁区"，鲜有人敢于触及这个敏感的话题。然而，随着历史车轮不停地向前转动，人们对中产阶级理论探究并未因此而停歇。勇于探寻真理的学者们创造性地使用其他词汇来代替中产阶级这一概念，比如，他们常常在社会学、政治学的研究语境中采用"中产阶层""中间阶层""中等阶级""中间阶级""社会中间阶层"等词汇。在中国的官方语言中，中产阶级经过了一个本土化的过程，实际上被其他词汇所代替，比如"中等收入者""中等收入群体""中等收入者阶层"等。2002年，党的十六大报告中明确提出："以共同富裕为目标，扩大中等收入者比重。"这是第一次在中央文件中出现"中等收入者"的概念，也表明党和政府为我们研究中产阶级理论提供了开放的政策环境。毋庸置疑，国外学术界对中产阶级理论的研究已经相当成熟，而国内学术界对这一问题的研究正处于起步阶段，确切地讲，我国是在改革开放之后才开始对中产阶级进行大量研究的。随着中产阶级的出现及其数量、规模的增长，我国学者对中产阶级理论的研究和讨论也越来越深入广泛。

第一节 马克思、恩格斯、列宁、斯大林的"中产阶级"思想述论

当前中国社会阶级阶层结构发生了深刻变化,如何充分认识马克思、恩格斯的"中间阶级"理论,对于审视我国当前中产阶层的成长现状,以及如何进一步培育和壮大中产阶层,具有重要的理论意义和现实意义。本书在考察分析马克思主义经典文献的基础上,围绕马克思、恩格斯、列宁等马克思主义者关于"中间阶级"的理论进行全面深入考察,以求对当前我国中产阶层的理论研究作出有益探索。

一 马克思、恩格斯"中间阶级"思想述论

(一)马克思、恩格斯"中间阶级"界定及其词语使用

本书着眼于马克思和恩格斯对中间阶级的论述,所依据的研究文本主要是《马克思恩格斯全集》(第二版)、《马克思恩格斯文集》(2009版)、《马克思恩格斯选集》(1995年版和2012年版)等经典文献。在马克思恩格斯的著作中,有多处关于中间阶级的重要论述。马克思、恩格斯将"中间阶级"界定为"介于资产阶级和无产阶级之间的各种社会集团",但并没有使用统一的固定的称谓来指称这一阶级,而是交替使用了"中间阶层""中间等级""中间阶级""中等阶级""中等阶层""中层等级""中等社会阶层""中等资产阶级""小资产阶级""过渡阶级"等多个概念。

在马恩著作的中文版本中,被称为中间阶级或中等阶级的社会群体在德文版是 Mittleklasse,在英文版中被译为 middle class,据此,有学者指出马克思和恩格斯在其著作中使用了"中产阶级"的概念。[1] 1842年,马克思在《共产主义和奥格斯堡〈总汇报〉》中讲道:"今天一无所有的等级要求占有中等阶级的一部分财产,这是事实。"[2] 这是马克思在其著作第一次使用"中产阶级"的概念,但他并没有对其进行任何分析。同年,恩格斯在《英国对国内危机的看法》中对英国中产阶

---

[1] 周晓虹:《全球中产阶级报告》,社会科学文献出版社2005年版,第3页。
[2] 《马克思恩格斯全集》(第1卷),人民出版社2002年版,第293页。

级进行了较为具体的论述。他指出,"中间等级只能是辉格党和托利党","中间等级的原则是保持现状","中间等级——凡是绅士,即有相当收入但不特别富足的人都属于这个等级——之所以称为中间等级,只是同富有的贵族和资本家而言;相对于工人来说,他们的地位却是贵族"①。但需要指出的是,马克思、恩格斯此时并没有对中间等级进行开创性的理论和学术研究。直到1844年,恩格斯在《英国工人阶级状况》中才对中产阶级进行了一次较为全面的研究,分析了中产阶级的构成、特征、追求、生活方式,以及中产阶级与无产阶级的关系等。可以说,是恩格斯开创了马克思主义中间阶级的研究。之后,在写于1845—1846年的《德意志意识形态》中,马克思和恩格斯对中产阶级进行了首次合作研究。他们在这部著作的第3部分第6章的《自由者》中对中产阶级展开了集中分析。在1848年的《共产党宣言》中,马克思恩格斯对社会各个阶级,包括中等阶级,进行了一次总结性的研究。除此之外,他们还在《社会主义从空想到科学的发展》《德国的革命和反革命》《路易·波拿巴的雾月十八日》《法兰西战争》《国际工人协会文件》等英文版文献中多次论及中产阶级(middle class)。其中,在《德国的革命和反革命》《英国工人阶级状况》《社会主义从空想到科学的发展》中分别有65处、39处、30处之多。②还有学者统计,在1956年出版的39卷《马克思恩格斯全集》中,就有83处直接论及中产阶级。③但是,这一数量的统计亟须更新。因为1956年版的《马克思恩格斯全集》过于陈旧,第二版的内容明显增加,卷数已达48卷之多,所以,马克思、恩格斯关于中间阶层的论述理应会有所增加。然而,对马恩著作中论及"中间阶级"的次数这一量的统计,是一项艰辛而浩繁的工作。至今也没有任何个人或者机构能够立刻给出一个准确的数据。从相关研究机构对马克思和恩格斯文献的收集整理情况来看,将会不断有新的马克思、恩格斯文献被人们发现。目前,有一些被发现的文献正处于进一步考证和整理的过程中。这些文献中是否有关于"中间阶级"的论述,还没有人能够给予完全肯定的答案。所以,在难以对马克

---

① 《马克思恩格斯全集》(第3卷),人民出版社2002年版,第406—413页。
② 刘长江:《中产阶级研究的三个问题》,《唯实》2006年第7期。
③ 陆梅:《中产阶级的概念及理论回顾》,《南通师专学报》(社会科学版)1998年第3期。

思、恩格斯在著作中论述"中间阶级"的次数进行准确统计的情况下，我们只能对其进行大致的估计。值得肯定的是，从已有的文献来看，马克思和恩格斯实际使用"中间阶级"概念的次数是非常多的。

（二）马克思、恩格斯"中间阶级"思想的主要内容

虽然马克思、恩格斯在论述资本主义社会的阶级结构时侧重于资产阶级和无产阶级这两大对立阶级，但是，他们没有忽视资本主义社会的中间阶级，而是对其划分依据、构成、主要特征、政治属性、社会地位和发展趋势等进行了较为详细的理论阐述。

1. 划分依据：生产资料占有关系

马克思、恩格斯进行中产阶级研究时，并未将生产资料占有关系或财产关系作为唯一划分依据，而是将阶级意识、阶级利益、政治与社会地位、生活方式、文化心理等因素也纳入中间阶级的划分依据。这是马克思、恩格斯中产阶级研究的基本特点。

1852年3月，马克思在致约瑟夫·魏德迈的书信中指出："（1）阶级的存在仅仅同生产发展的一定历史阶段相联系；（2）阶级斗争必然导致无产阶级专政；（3）这个专政不过是达到消灭一切阶级和进入无阶级社会的过渡……"[①] 他认为，阶级的产生是由一定的社会经济发展条件所引起的。社会上剩余产品的出现和生产资料私有制的确立，为阶级的产生提供了物质基础。马克思进行阶级划分的主要标准是人们在生产关系中所处的地位，即人们对生产资料的占有关系，以及由此决定的他们在生产方式中所起的作用等。在马克思看来，生产资料的占有关系对阶级的形成起着决定性作用，进而决定着人们的阶级属性。资本家是生产资料的所有者，称为"资产阶级"；工人是所有被雇佣的劳动者（包括农业工人），他们没有任何生产资料，被称为"无产阶级"；而地主是土地资产的所有者，称为"地主阶级"。然而，如果对马克思阶级含义的理解仅仅局限于生产资料占有关系的分析，那么，就会误导人们将经济条件作为阶级划分的唯一决定性因素。

据考察，马克思进行中间阶级的研究时，生产资料的占有关系只是划分中间阶级的依据之一。在强调经济条件的决定性作用的同时，马克思还把生产方式、利益关系和教育程度等交互作用的因素当作阶

[①]《马克思恩格斯选集》（第4卷），人民出版社2012年版，第426页。

级分析的必要条件,并给予足够的重视。马克思在《路易·波拿巴的雾月十八日》一文中对19世纪法国农民进行了深刻分析,他明确指出:"小农人数众多,他们的生活条件相同,但是彼此间并没有多种多样的关系。……数百万家庭的经济生活条件使他们的生活方式、利益和教育程度与其他阶级的生活方式、利益和教育程度各不相同并互相敌对,就这一点而言,他们是一个阶级。而各个小农彼此间只存在地域的联系,他们利益的同一性并不使他们彼此间形成共同关系,形成全国性的联系,形成政治组织,就这一点而言,他们又不是一个阶级。"① 由此可见,对生产资料的占有关系或经济条件的一致性并不必然导致阶级的形成,阶级的形成还必须突破地域的限制,形成共同的全国性的联系,形成"能够保护自己的阶级利益"的统一性的政治组织。如果不能满足这些条件,那么,这些经济生活条件相同的人,即使有着同等的地位和一致的利益关系,也不能形成一个"自为"的阶级。根据这一论断,马克思认为,欧洲社会的中产阶级还没有真正形成,他们很难形成统一的阶级意识和利益诉求,也没有达成一致的行为方式和整体行动,他们只不过是当时社会上一种"自在阶级",还不能够成为一种"自为阶级"②。

2. 阶级构成:以小资产阶级和农民为主体

马克思对中间阶级构成群体的分析是随着其对资本主义社会结构认识的不断深入而发展变化的。当然,资本主义社会的中间阶级自身也是随着时代不断发展而改变其形态的,在资本主义上升时期,中间阶级主要是小资产阶级和农民。

最初马克思和恩格斯认为中间阶级就是资产阶级,也包括小资产阶级。恩格斯最初将 Mittleklasse 明确界定为资产阶级。1845年,恩格斯在《英国工人阶级状况》中指出:"我总是用 Mittleklasse〔中等阶级〕这个词来表示英文中的 middle‑class(或通常所说的 middle classes),它同法文的 bourgeoisie〔资产阶级〕一样是表示有产阶级,尤其是和所谓的贵族不同的有产阶级,这个阶级在法国和英国是直接地、而在德国

---

① 《马克思恩格斯选集》(第1卷),人民出版社2012年版,第762页。
② 张水辉:《浅析马克思、毛泽东的中产阶级理论》,《毛泽东思想研究》2006年第2期。

是作为'社会舆论'间接地掌握着国家政权。"① 同时，在马克思看来，中产阶级包括资产阶级，他们反对封建等级，曾是资产阶级革命的推动者。在1848年的《共产党宣言》中，马克思指出了资产阶级的产生过程。他认为，"从中世纪的农奴中产生了初期城市的城关市民；从这个市民等级中发展出最初的资产阶级分子"，随着工场手工业的发展，"行会师傅被工业的中间等级排挤掉了"，而现代工业的发展又使得"现代资产者，代替了工业中间等级"②，由此可见，"现代资产阶级本身是一个长期发展过程的产物"③。从马克思、恩格斯的文献研究中发现，中产阶级时常被称为有产阶级或资产阶级。

在1848年《共产党宣言》发表时，中间阶级用来指涉资本主义社会内部资产阶级和无产阶级两大基本阶级之间的所有社会阶级，如小工业家、小商人、小食利者、手工业者、农民等，他们都成为中间阶级的主要成分，同时，资产阶级仍被看作中间阶级的一部分。马克思指出："以前的中间等级的下层，即小工业家、小商人和小食利者、手工业者和农民——所有这些阶级都落到无产阶级的队伍里来了。"④ 马克思认为，中产阶级包括小资产阶级。他指出，"在现代文明已经发展的国家里，形成了一个新的小资产阶级，它摇摆于无产阶级和资产阶级之间，并且作为资产阶级社会的补充部分不断地重新组成"⑤。在《法兰西内战》中，马克思指出："巴黎中等阶级的大多数，即店主、手工业者和商人——唯富有的资本家除外——也都承认工人阶级是这样一个阶级。"⑥ 通过这些文献的分析，我们可以看出，直到1871年，马克思和恩格斯讨论的中产阶级仍然包括资产阶级。

1871年后，马克思认为中间阶级基本集中到小资产阶级和小农，资产阶级已经被排除在中产阶级之外。在1871年的《法兰西战争》中，马克思已经指出了中产阶级与资产阶级的对立，他讲到："公社实施的主要措施是为着拯救巴黎的中等阶级即债务阶级而反对债权阶

---

① 《马克思恩格斯文集》（第1卷），人民出版社2009年版，第387页。
② 《马克思恩格斯选集》（第1卷），人民出版社2012年版，第401页。
③ 同上书，第402页。
④ 同上书，第408页。
⑤ 同上书，第425页。
⑥ 《马克思恩格斯选集》（第3卷），人民出版社2012年版，第104页。

级！……这个中等阶级的国民自卫军被解除了武装,并遭到资产阶级军队的杀戮!"① 可见,马克思已将资产阶级与中间阶级作了区分,并将其排除在中间阶级之外。恩格斯在《1891年社会民主党纲领草案批判》中也持与马克思基本相同的观点,他认为:"中间阶层的大部分,是小资产阶级和小农"②,"由于城乡中间等级,小资产者和小农的破产,使有财产者和无财产者之间的鸿沟更加扩大(或加深了)"③。

3. 阶级特性:不稳定性、保守性和软弱性

马克思和恩格斯多次论述中间阶级或中等阶级的政治立场所具有的两面性,并指出这一阶级是"社会上最不固定的阶级","它的政治态度也像它的生活一样充满矛盾",因而具有不稳定性和保守性的阶级特性。

中间阶级在革命斗争中居于重要地位,同时又表现出动摇性和不稳定性。马克思认为,中间阶级的特点按其存在的不稳定性接近于无产阶级,按其生活条件接近于资产阶级。中间阶级在资本主义社会中的经济地位,决定了他们革命的动摇性。在1848年欧洲大革命中中间阶级的左翼提出了普选权和民主改革的政治要求,这使马克思、恩格斯对中间阶级有了新的认识,他们认为至少中间阶级的左翼在革命高潮时期是可以争取成为无产阶级革命的同盟。④ 恩格斯在"卡·马克思《1848年至1850年的法兰西阶级斗争》一书导言"中对此有过论述,他相信随着资本主义的发展,"我们在本世纪末就能夺得社会中间阶层的大部分,小资产阶级和小农,发展成为国内的起决定作用的力量,其他一切势力不管愿意与否,都得向它低头"⑤。1852年,恩格斯在《德国的革命和反革命》中指出,中间阶级"在所有现代化国家和现代化革命中,都居于极重要的地位,而在德国则尤为重要,在最近德国的各次斗争中,它常常起着决定性的作用。它的地位是介于较大的资本家(商人和工业家)即名副其实的资产阶级与无产阶级或产业工人阶级之间,这种地位决定了它的特性。他力图爬上资产阶级的地位,但命运中的一点点不顺

---

① 《马克思恩格斯选集》(第3卷),人民出版社2012年版,第149页。
② 《马克思恩格斯选集》(第4卷),人民出版社2012年版,第396页。
③ 同上书,第291页。
④ 沈瑞英:《矛盾和变量:西方中产阶级与社会稳定研究》,经济管理出版社2009年版,第90页。
⑤ 《马克思恩格斯选集》(第4卷),人民出版社2012年版,第396页。

利就把这个阶级中的某些人抛到无产阶级的队伍中去。……这个阶级永远摇摆在两者之间：既希望跻身于较富有的阶级行列，又惧怕堕入无产者甚至乞丐的境地……因此，这一阶级的观点是极端动摇的"①。1886年，在《致劳拉·拉法格》中，恩格斯讲道："小资产阶级（作为一个整体）的命运总是在两大阶级之间摇摆不定，一部分将被资本集中所压垮，另一部分则将被无产阶级的胜利所摧毁。"② 由此可见，马克思和恩格斯对中间阶级的两面性进行了深刻分析，即承认中间阶级在革命中的作用，也说明了中间阶级在无产阶级反对资产阶级革命的斗争中有着明显的动摇性和不稳定性。正是基于此种考虑，马克思、恩格斯又在一系列论述中告诫无产阶级要对卷入革命运动的中间阶级保持高度的警惕和戒心，因为"在决定性的时刻，他们跟平常一样彷徨、动摇、不知所措和任人摆布，如此而已"③。

中间阶级在同资产阶级斗争中具有保守性和软弱性。1865年，恩格斯在《普鲁士军事问题和德国工人政党》一文中指出："除了资产阶级和无产阶级以外，现代大工业还产生了一个站在它们之间的中间阶级——小资产阶级。这个小资产阶级是由原先的半中世纪的城关市民阶级残余和稍稍变得富有的工人组成的。"④ 在恩格斯看来，中间阶级主要来源于市民阶级，因此他们在阶级特性上不可避免地承袭和沾染了市民阶级的保守性、软弱性等一些不良习性。他们的政治态度像他们的生活一样充满矛盾。在《共产党宣言》中，马克思和恩格斯还指出："中间等级，即小工业家、小商人、手工业者、农民，他们同资产阶级作斗争，都是为了维护他们这种中间等级的生存，以免于灭亡。所以，他们不是革命的，而是保守的。"⑤ 然而，这些中间等级日益瓦解，他们中的大多数落入到无产阶级队伍中来，整个社会日益形成资产阶级和无产阶级的两极化对立，这是导致资本主义的重大社会冲突、社会动荡和社会革命的重要前提条件。马克思和恩格斯在此基础上指出了中间阶级稳定社会的作用，并认为这种稳定作用是由中间

---

① 《马克思恩格斯选集》（第1卷），人民出版社2012年版，第570页。
② 《马克思恩格斯文集》（第10卷），人民出版社2009年版，第553页。
③ 同上书，第553页。
④ 《马克思恩格斯全集》（第21卷），人民出版社2012年版，第103页。
⑤ 《马克思恩格斯选集》（第1卷），人民出版社2012年版，第411页。

阶级自身的保守性决定。马克思在《剩余价值理论》一文中指出，"介于工人为一方和资本家、土地所有者为另一方之间的中间阶级不断增加，中间阶级的大部分在越来越大的范围内直接依靠收入过活，成了作为社会基础的工人身上的沉重负担，同时也增加了上流社会的社会安全和力量"①。马克思的这一论述极有预见性，不仅与中间阶层在20世纪的发展趋势与状态相吻合，而且为后继者研究中产阶级提供了清晰的思路。

4. 发展趋势：新的"中间阶级"开始出现

马克思在《资本论》中，提出了关于资本主义社会阶级结构的两个模式，即资本主义积累造成财富和贫困在两极积累的"早期模式"与资本主义社会结构中中间阶级不断发展的"晚期模式"。与此相对应，马克思对中间阶级发展趋势的分析也存在两种模式，一种是早期资本主义发展模式，另一种是晚期资本主义发展模式。随着资本主义社会结构的变化，中间阶级的命运发生了变化，其人数不断增多并出现了新的"中间阶级"。

在早期资本主义模式中，中产阶级摆脱不了破产和被消灭的命运。马克思和恩格斯对中间阶级的发展趋势进行了分析和预测，他们认为，资本主义社会的中间阶级，特别是中间阶级的下层，将会不断地趋向分化，并逐渐破产和消失，最终落入到无产阶级队伍中去。1850年，马克思在《1848年至1850年的法兰西阶级斗争》中指出："在无产阶级暂时被挤出舞台而资产阶级专政已被正式承认之后，资产阶级社会的中间阶层，即小资产阶级和农民阶级，就必定要随着他们境况的恶化以及他们与资产阶级对抗的尖锐化而越来越紧密地靠拢无产阶级。"② 1856年，马克思在《法国的动产信用公司》中指出："资本的积聚加速了，其必然结果就是，小资产阶级的破产也加速了。"③ 恩格斯也对资本主义社会中间阶级的破产和消失进行了深入论述。早在1843年，恩格斯就指出了中间阶级消失的必然趋势，他认为，"中间阶级必然越来越多地消失，直到世界分裂为百万富翁和穷光蛋、大土地占有者和贫穷的短

---

① 《马克思恩格斯全集》（第26卷），人民出版社1973年版，第653页。
② 《马克思恩格斯文集》（第2卷），人民出版社2009年版，第104页。
③ 同上书，第584页。

工为止"①。1865年,恩格斯在《普鲁士军事问题和德国工人政党》中讲道:"现代小资产阶级却是社会上最不固定的阶级;破产在小资产阶级那里成为一种经常现象。"② 1892年,在《致维克多·阿德勒》中,恩格斯进一步指出:"大工业、大资本家和庞大的无产阶级群众正在人为地制造出来,资本集中正在加速进行,中间阶层正在被消灭。"③ 随着这些中间阶级的不断破产,他们源源不断地被挤入到无产阶级的队伍中去,从而使资本主义社会成为资产阶级和无产阶级两大基本阶级严重对立的社会,整个社会随之分裂为资产阶级和无产阶级两大敌对阵营。正是在这种情况下,马克思提出了其核心思想理论,即有了无产阶级政党的领导,无产阶级革命势必爆发并走向成功。

在晚期资本主义发展模式中,中等阶级人数增加并出现了新的中间阶层。在马克思的晚年,资本主义社会中从事非生产性劳动的人数不断增加,以专业技术人员和管理人员为主的新兴中间阶层开始出现并蓬勃发展起来。马克思对资本主义社会这种新发展予以高度关注并深入思考,进而对自己原有的中间阶级观点进行了修正,并在以后的著作中阐明了中间阶级不断增长和扩大的趋势。马克思在《剩余价值论》中通过批判马尔萨斯的观点,讨论了资本主义社会结构的新变化,即中间等级将会大量增加。他指出,资本主义条件下机器的采用和劳动生产率的提高,导致资产者在非生产劳动上的花费增加,"结果仆人和其他靠非生产阶级的钱过活的劳动者就会增加,美妙的前景就是日益增多地把一部分工人变为仆人"④,从而无产阶级的一小部分上升为中等阶级。马克思指出:"他的最高希望——马尔萨斯自己认为这种希望多少有点空想——是中间阶级的人数将增加,无产阶级(有工作的无产阶级)在总人口中占的比例将相对地越来越小(虽然它的人数会绝对地增加)。然而实际上资产阶级社会的发展进程却正是这样。"⑤ 由此可见,马克思已经审时度势地洞悉了中间阶级的发展趋势。然而,更重要的是,马克思还指出,由于资本主义社会生产力

---

① 《马克思恩格斯选集》(第1卷),人民出版社2012年版,第45页。
② 《马克思恩格斯全集》(第21卷),人民出版社2003年版,第102—103页。
③ 《马克思恩格斯文集》(第10卷),人民出版社2009年版,第630页。
④ 《马克思恩格斯全集》(第34卷),人民出版社2008年版,第644页。
⑤ 《马克思恩格斯全集》(第33卷),人民出版社2004年版,第218页。

的发展和生产社会化的推进,以及银行制度和股份公司的出现,私人资本开始逐步"公有化",即产生了社会资本取代私人资本的趋势等新因素。马克思在《资本论》中指出:"随着信用而发展起来的股份企业,一般地说也有一种趋势,就是使这种管理劳动作为一种职能越来越同自有资本或借入资本的占有权相分离。"① 也就是说,随着资本主义银行制度的出现和股份公司的普及,资本所有权和经营权分离,出现了新兴的经理阶层,而且经理阶层的人数和规模在不断膨胀。从这些论述中看,马克思晚年对中间阶级作了新的预测,认为他们不是指手工业者、小商人、农民之类的小资产阶级,而是指资本主义国家机构的工作人员、军人、警察、狱吏,以及经理阶层、受雇佣的医生、律师、教师、学者等。

总的来说,晚年的马克思已经预测到,资本主义社会出现了与小资产阶级不同且有别于工人阶级的雇佣劳动者,他们将随着劳动生产率的提高和生产力的发展而不断增加,并成为新的中间阶级。可以说,马克思在晚年对资本主义社会中间阶层不断增加的判断是符合社会发展实际的,同时也揭示了随着生产方式的巨大变革和科技革命的发展进步,中间阶级的兴起与壮大是一种不可避免的历史发展趋势。

(三) 马克思、恩格斯"中间阶级"思想的重要意义

1. 马克思、恩格斯"中间阶级"思想的历史影响

马克思、恩格斯的"中间阶级"思想在整个马克思主义学说中占有重要地位。它为西方中产阶级理论研究奠定了新的理论基础,提供了新的研究方法,极大地促进了中产阶级理论的发展与成熟。可以说,马克思、恩格斯关于资本主义社会"中间阶级"的思想是国内外中产阶级理论研究的一个"源头",现代有关资本主义社会结构演化的中产阶级研究论著,几乎都是对马克思、恩格斯"中间阶级"思想研究进行的对话或延续。然而,马克思在未能展开他的理论探讨之前就去世了,同时,由于历史条件的限制,他也不可能预见这种新中间阶级的确切构成和详细特征,不可能预见中间阶级会发展成为一种庞大的独立力量进而成为社会结构的主体部分。马克思、恩格斯关于资本主义社会"中间阶级"的思想是其时代发展的产物,是对当时西欧资本主义社会特别是产

---

① 《资本论》(第3卷),人民出版社2004年版,第436页。

业革命发展速度最快的英国资本主义社会阶级状况的反映。这就必然使马克思、恩格斯对中间阶级发展趋势的预测带有明显的时代烙印和特征。由于社会条件的限制，马克思、恩格斯不可能预测到现代社会阶级阶层的发展变化或演变趋势，因此马克思、恩格斯的"中间阶级"思想出现与后来资本主义社会阶级结构不相符合的情况，是无法避免的。

当代资本主义社会的阶级结构发生了深刻而复杂的变化，并没有像马克思分析的那样日益分裂为两大直接对抗的资产阶级和无产阶级，而是出现了一个其人数和人口比率都在不断增加的中产阶级。这一现象的产生使马克思、恩格斯的"中间阶级"思想，在获得许多人认可和推崇的同时，也引发了一些西方学者的质疑和批判。这些争议主要集中在马克思对中间阶级发展趋势的预测、马克思是否作出过小资产阶级会以另外一种形式继续存在的判断等问题上。一方面，从19世纪末20世纪初第二次工业革命结束后，尤其是"二战"以后，西方学术界出现了一股全面否定马克思中间阶级理论的思潮，进而引发了人们对马克思中间阶级思想的广泛争议。另一方面，西方马克思主义者面对资本主义社会发生的一系列新变化，开始重新思考马克思主义阶级理论和当代西方社会的中产阶级问题，并由此产生了一系列关于中间阶级的新理论。比如希腊学者普兰查斯的"新小资产阶级"理论、美国学者赖特的"矛盾的阶级地位"理论、法国马勒的"新工人阶级"理论、意大利卡切迪的"新中间阶级"理论等。西方马克思主义者开始反思马克思阶级划分的一元标准，提出经济、权力、声望、职业、教育、生活方式等标准的综合体系，从而使中间阶层问题的研究变得更为灵活、变通和精致。

2. 马克思、恩格斯"中间阶级"理论的当代启示

总体而言，马克思、恩格斯的"中间阶级"思想是建立在对抗性的资本主义社会生产关系基础上的，是服务于当时无产阶级革命的需要。马克思认为，在无产阶级和资产阶级两大阶级尖锐对立的社会里，中间阶级具有动摇性、保守性等阶级属性，最终会落入到无产阶级队伍中去，成为埋葬资本主义制度的社会力量。更为重要的是，马克思晚年认识到了资本主义社会中产阶级的新变化，并预言其不断兴起和增长是一种必然趋势。从马克思、恩格斯的中产阶级思想中，不难发现，资本主义商品经济也就是市场经济的发展与完善，为新兴中产阶级的成长壮大提供了良好的成长环境。然而，100多年以前形成的马克思主义"中间

阶级"思想的一些具体内容与我国经济社会的现实情况难免有诸多冲突，我们肯定不能将其拿来照套中国中间阶级问题的分析。时代的变迁已经使得中产阶级的特性和发展趋势有了很大的不同，如今对中产阶级进行研究已不再是马克思时代服务于"革命"目的，而是要为"建成富强民主文明和谐的社会主义现代化国家，实现中华民族伟大复兴的中国梦"服务。在改革开放不断深入和社会主义市场经济日益成熟的条件下，马克思主义的阶级分析方法在我国是不是已经过时了？马克思主义的中间阶层理论是不是已经失去其功效了？

实际上，马克思主义阶级分析并没有过时，马克思从经济地位入手划分阶级的方法在中国仍然适用。众所周知，马克思主义理论本身具有与时俱进的宝贵特性，它"提供的不是现成的教条，而是进一步研究的出发点和供这种研究使用的方法"①。马克思的"中间阶级"思想虽然在当前新的社会现实中显得不具说服力，但蕴含于其中的基本立场、基本观点、研究思路和分析方法仍具有重要的时代价值，仍然是我们研究现阶段中产阶层的一种重要思想方法。② 然而需要指出的是，在社会主义初级阶段仅仅采用阶级分析方法已远远不能适应现实发展的需要，还必须采用阶级分析和阶层分析相结合的方法，吸收阶层分析方法的合理内核，赋予马克思恩格斯"中间阶级"思想以新的时代内涵，从而更好地丰富和发展马克思主义的"中间阶级"理论。今天我们研究马克思的资本主义社会中间阶级理论并将其运用于我国社会主义初级阶段的实际时，一定要根据新的情况作出新的判断，丰富和完善已有理论并提出新的理论依据。

改革开放30多年来，中国社会的经济成分、就业方式、利益关系和分配方式日益多元化和复杂化，社会阶级阶层结构发生了深刻变化，新社会阶层在中国社会日益兴起并壮大起来。正如江泽民在"七一"讲话中指出："改革开放以来，我国的社会阶层构成发生了新的变化，出现了民营科技企业的创业人员和技术人员、受聘于外资企业的管理技术人员、个体户、私营企业主、中介组织的从业人员、自由职业人员等

---

① 《马克思恩格斯文集》（第10卷），人民出版社2009年版，第691页。
② 王永年：《马克思的"中间阶层"理论及其在我国社会主义市场经济条件下的意义》，《当代经济研究》2004年第10期。

社会阶层。"① 这些新兴社会阶层都是社会主义的建设者,且大多也都已成为我国中等收入阶层的主要对象。然而,按照马克思主义的阶级划分理论,断言我国已经形成了中产阶级还为时尚早。因为我国的中产阶层仍处于初步发展阶段,他们的发展水平参差不齐,许多人在不同行业、不同地域流动频繁,基于利益同一性上的普遍而又紧密的全国性联系还远远谈不上,所以,目前看来,他们只是表现出了中产阶级的雏形。② 同西方发达国家的中产阶级相比,我国中产阶层的收入数量、受教育程度、生活质量、生活方式、社会保障等方面都有较大的差距。但随着社会主义市场经济的日益发展与完善,中等收入阶层的兴起和壮大会成为一种必然趋势,因为这一阶层已经具备了生长发育的土壤和基本条件,并且蕴含着中产阶层的成熟基因。在影响我国社会经济发展的多股力量中,中产阶层代表着一种新生社会力量,以其独特的功能和魅力发挥着重大的社会影响力。他们是经济发展的重要推手、大众消费的主体人群、维系社会和谐稳定的中坚力量、民主政治的推动力量和社会价值规范的承载者,其壮大成熟会为全面建成小康社会、实现中华民族伟大复兴中国梦奠定坚实的阶层基础。可以说,深入研究我国的中等收入阶层,并进一步使中等收入阶层发展壮大,将会是今后相当长一个时期的重要理论问题和现实问题。

二 列宁、斯大林对马克思、恩格斯"中间阶级"思想的发展

晚年的马克思虽然富有预见性地洞悉到了"中间阶级"的发展趋势,但是并未来得及将这一思想进行展开。列宁继承与发展了马克思、恩格斯的"中间阶级"思想,并将这一思想运用在十月革命和苏维埃社会主义建设的伟大实践中。列宁对无产阶级和资产阶级进行了大量研究,同时,他还对处于两大阶级之间的小资产阶级特性给予了较多研究和关注。斯大林也没有忽略对中产阶级的研究,在论及俄国中间阶层这一问题时,他将农民和城市小劳动者看作"中间阶级",并把"中间阶级"问题上升到"工人革命的基本问题之一"的高度。

---

① 江泽民:《论"三个代表"》,中央文献出版社2006年版,第169页。
② 张兴茂:《坚持与发展马克思主义的阶级划分理论——兼论"中产阶级"的阶级属性》,《社会主义研究》2008年第2期。

(一) 列宁更为重视对"小资产阶级"特性的研究

在列宁的阶级分析框架中,小资产阶级同农民阶级、小业主、知识分子、从旧社会过来的专家等非无产阶级的劳动阶层,都被看作是处于无产阶级和资产阶级之间的"中间阶级"。俄国是一个以农业为主的落后工业国家,农民饱受深重的压迫和剥削。"农民是俄国人民中最没有权利和最受俄国社会中农奴制残余压迫的阶级。"① 列宁认为独立经营的"农民"应该是"农村小资产阶级",他认为在大多数资本主义国家中,小资产阶级"都约占人口的30%—50%。如果加上工人阶级中的小资产阶级分子,那就会超过50%"②。小资产阶级在俄国无产阶级革命中占据着非常重要的位置。

列宁非常关注俄国小资产阶级,并形成了关于小资产阶级思想特性的独特见解,其内容主要有如下几个方面:

第一,小资产阶级经济地位脆弱,表现得左右摇摆、保守僵化。也就是说,小生产经营方式,决定了小资产阶级在经济地位上的脆弱性、社会政治态度上的摇摆性、思想观念上的保守僵化性。1917 年,列宁在《革命的教训》一文中指出,小业主拼命挣扎,想做真正的业主,想成为上层的资产阶级,然而在现实生活中,"在 100 个小业主中,至多有个能达到这个目的,或者是破产,成为半无产者,最后成为无产者"③,在资本主义压迫下和激烈的竞争中,绝大多数小资产阶级"生活往往异常急剧地恶化,以致遭到破产"④。小资产阶级有时倾向于资产阶级,有时同情无产阶级,在政治态度上表现出摇摆性。当面临战争、饥荒或突然的破产时,"他们疯狂地东奔西窜,寻找出路和解决办法,他们摇摆不定,时而信任和支持无产阶级,时而又爆发绝望情绪"⑤。然而,大多数情况下他们固守传统习惯,思想上特别保守僵化,易于排斥新生的事物和外部影响。正如马克思所言:"它抱住自己的旧传统不放,不相信一切来自城市的党派使徒所宣传的深奥道理。"⑥

---

① 《列宁全集》(第4卷),人民出版社 1984 年版,第 199 页。
② 《列宁全集》(第 42 卷),人民出版社 1987 年版,第 44 页。
③ 《列宁全集》(第 32 卷),人民出版社 1985 年版,第 63 页。
④ 《列宁选集》(第 4 卷),人民出版社 2012 年版,第 142—143 页。
⑤ 《列宁选集》(第 3 卷),人民出版社 2012 年版,第 508 页。
⑥ 《马克思恩格斯全集》(第 11 卷),人民出版社 1995 年版,第 265 页。

第二，小资产阶级具有难以改变的自私自利的本性。小私有者可以开展独立经营，私有制所带来的自私自利的一面在他们身上表现得非常明显，他们把个体利益凌驾于阶级利益和国家利益之上，有时甚至"丝毫不顾全国的利益和整个劳动者阶级的利益"①。1920年，在《青年团的任务》中，列宁曾对小资阶级的这种特性作了形象的描述："既然我种我的地，别人的事情就与我无关；别人要是挨饿，那更好，我可以抬高价格出卖我的粮食。如果我有了一个医生、工程师、教员或职员的小职位，那么别人的事也与我无关。"②

第三，小资产阶级具有爱国热情，同时，他们又反权威主义者，站在无政府主义的一面。在《关于无产阶级对小资产阶级民主派态度的报告》中，列宁曾指出："小资产阶级在议会问题上是最爱国的，同无产阶级和大资产阶级相比，它是最爱国的。大资产阶级比较国际化，小资产阶级不大活跃，同其他国家很少联系，也没有卷入世界范围的商业周转。"③可见，小资产阶级自身的经济地位，决定了他们具有一定的爱国热情，并且他们要比资产阶级和无产阶级表现得更加爱国，但是他们的"爱国主义，这正是小私有者的经济生活条件造成的一种情感"④。另外，私有制小生产方式具有很强的影响力，使得小资产阶级总是自觉或不自觉地对有组织的政治活动产生抵触情绪，于是他们倾向于反对纪律，反对权威，从而对无政府主义有了比较大的热情。

（二）斯大林论证了"中间阶层"的重要作用

特别需要指出的是斯大林，他在《十月革命与中间阶层问题》一文中论证了"中间阶层"对无产阶级革命的重要作用。他认为："中间阶层问题是工人革命的基本问题之一。中间阶层就是农民和城市小劳动者。被压迫民族也应该算在里面，因为它们中间十分之九是中间阶层。……如果没有中间阶层首先是农民的同情和支持，无产阶级就不能保持政权，在我们共和国联盟这样的国家内尤其是如此。"⑤

总体而言，马克思、恩格斯、列宁、斯大林对"中产阶级"的论述

---

① 《列宁全集》（第34卷），人民出版社1985年版，第236页。
② 《列宁全集》（第39卷），人民出版社1986年版，第306页。
③ 《列宁全集》（第35卷），人民出版社1985年版，第207—208页。
④ 《列宁全集》（第36卷），人民出版社1985年版，第121页。
⑤ 《斯大林选集》（上卷），人民出版社1979年版，第139页。

主要是从生产资料占有方式或阶级统治关系的角度来展开的,并具有非常深刻的阶级斗争、阶级对立的意蕴。他们都看到了"中产阶级"处于无产阶级和资产阶级之间的动摇性,同时,又注意到了"中产阶级"在无产阶级革命中的重要作用。他们对"中产阶级"认识也经历了一个由否定、怀疑到逐渐承认其社会作用的过程,直到斯大林时代,才明确把中产阶级或中间阶层看成工人革命的基本问题之一。

第二节 西方中产阶级理论概述

"二战"以后,特别是20世纪五六十年代以后,新科技革命的兴起与第三产业的蓬勃发展,引起了职业结构和劳动力构成的变化,使得社会结构与阶级关系发生了一系列变化。在西方工业社会,工人阶级的内部结构出现了多种阶层的倾向,生产性工人大大减少,非生产性工人明显增加,工人阶级的范围扩大,其绝对数量增加,同时,其文化素质有较大提高,开始出现大量的依靠脑力劳动的"白领阶层"以及一个由"技术——专业管理"人员组成的新兴阶层。在资本主义生产过程中,已经出现了处于传统的资产阶级和无产阶级(即工人阶级)之间的"新中产阶级",并且他们随着资本主义社会生产的发展而不断发展壮大。"新中产阶级"发展壮大的趋势一直不断延续,引起了现代西方学者越来越多的关注和研究兴趣。当代西方社会分层理论中,中间阶级理论是一个非常重要的议题,占有重要的研究地位。一般而言,西方中间阶级理论都是以社会分层研究中的两大主流理论(即马克思的阶级阶层理论和韦伯的分层理论)为学术研究的逻辑起点。其中,新马克思主义中产阶级理论是对传统马克思主义阶级理论的批判性继承和发展,而新韦伯主义中产阶级理论则是对韦伯阶层分析框架的延续。从理论渊源上来看,在社会分层理论的基础上,西方中产阶级理论的发展形成了两大理论成果或两大不同派别,即新马克思主义中产阶级理论和新韦伯主义中产阶级理论。这两大理论基本上都是以西方发达的市场经济情形下的社会结构作为分析背景的。

一 新马克思主义中产阶级理论

新马克思主义以马克思和恩格斯"中产阶级"的思想为直接理论来

源。在新马克思主义看来，中产阶级通常是工人内部的分化，资产阶级和无产阶级两大阶级相互对抗的社会结构并没有因为中产阶级的发展壮大而发生根本性改变。随着资本主义社会生产方式的发展，传统马克思主义阶级理论在解释中产阶级现象时，仍然坚持以单一的生产资料标准为分析方法，这就显得颇为乏力，难以让人信服。新马克思主义对这种单一的生产关系分析方法适时做出了调整，从而拓展了中产阶级理论研究的广度，使得中产阶级问题的研究变得更为灵活和变通。新马克思主义关于中产阶级的思想观点各不相同，颇具代表性的有以下几种。

（一）"新小资产阶级"理论

尼克斯·普兰查斯（Nicos Poulantzas）是20世纪西方马克思主义"新小资产阶级"论的主要代表，1936年9月21日出生于希腊雅典。他曾在希腊雅典大学、德国海德堡大学和法国巴黎大学索邦本部等著名学府求学深造，在大学期间，就加入了希腊共产党内派。他获得了博士学位，之后在法国巴黎第八大学社会学系任教，还担任法国大学出版社《政治丛书》的主编。1979年10月3日，因患抑郁症而自杀身亡，死时年仅43岁。普兰查斯发表的主要著作有：《政治权力与社会阶级》（1968）、《法西斯主义与独裁》（1970）、《当代资本主义中的阶级》（1974）、《国家、权力和社会主义》（1979）。其中，《政治权力与社会阶级》是普兰查斯在阶级与社会分层理论方面的主要代表著作。普兰查斯在社会分层方面有重要贡献，他比较全面地分析了马克思主义的阶级理论，对阶级的含义给予全新的定义，并形成了"新小资产阶级"论。他的阶级理论，尤其是"新小资产阶级"论在西欧、北美有一定的影响，被誉为"西方马克思主义"中最著名的"阶级理论家"。

"新小资产阶级"，顾名思义，就是要与传统的小资产阶级（手工业者、小商贩、小工业家、小食利者等）区分开，把那些在资本主义社会中绝大多数专业技术人员、管理人员等新出现的社会阶层都划入到"新小资产阶级"的行列。在普兰查斯的"新小资产阶级"论中，阶级的界定和划分标准主要体现在两个方面：一方面，普兰查斯认为，劳动分为生产性劳动和非生产性劳动，并将非生产性劳动作为划分"新小资产阶"的标准。那些直接从事物质性生产的、直接创造剩余价值的工人是最原始意义上的工人，除此之外，大部分从事非生产性劳动领取工资和薪金的中间阶层都被划分为"新小资产阶级"。这些中间阶层或者

"小资产阶级"的构成人员主要是政府机构雇员、商业雇工、白领阶层、技术人员、管理人员、服务人员以及从事脑力劳动的其他人员。通过这种以非生产性劳动为标准的阶级划分,普兰查斯成功将"新小资产阶级"与传统的工人阶级、小资产阶级区分开来。另一方面,普兰查斯提出了自己的阶级定义,他认为阶级表现在经济、政治和意识形态三个方面,社会阶级就是各种结构的整体及其相互之间关系的产物。所以,普兰查斯认为,社会阶级是由社会"结构"决定的,其中经济、政治和意识形态三个"结构方面"的因素是有机统一的。他主张,在划分社会阶级时,经济因素不应该成为唯一的决定因素,政治和意识形态倾向也是决定阶级地位的不可或缺的因素。他指出,"经济因素确实是起着重要或者首要作用的因素,但是,纯粹的经济标准并不足以决定社会阶级,也不足以决定社会各阶级的位置。当我们考察一个具体社会形态时,这一点就变得非常清楚了。考察阶级在社会劳动分工的意识形态与政治关系中的位置也是绝对必要的"[1]。

普兰查斯在马克思以经济标准划分社会阶层基础上,提出了以经济、政治和意识形态为统一标准的划分方法,并将与传统工人阶级、传统小资产阶级不同的社会阶层如管理人员、技术人员、服务人员、公职人员和自由职业者等称为"新小资产阶级"。从经济标准来看,管理人员、技术人员、服务人员、公职人员和自由职业者从事非生产性劳动,他们不直接从事物质性生产劳动,不直接创造剩余价值,而是作为雇佣劳动者为资本家"提供剩余劳动",这些从事非生产性劳动的雇佣劳动者都属于"新小资产阶级"。从政治标准上来看,技术人员和管理人员、监督人员在劳动分工中处于资产阶级和无产阶级之间,一方面代表着资本家对工人阶级的政治支配和剥削,其主要职能是"从工人身上榨取剩余价值",但另一方面他们在政治上也为资本所统治。因此,他们即使直接参与了物质性生产劳动的管理和监督,也不能划归为工人阶级,即使享有了由资本地位所产生的权利,他们也不属于资产阶级,他们只能划归为"新小资产阶级"。从意识形态倾向标准来看,在资本主义生产过程中,科学家、工程师等各种专家的"科学活动"实际上是

---

[1] Poulantzas, N., "On social class", in A. Giddens and D. Held (eds.), *Classes, Power and Conflict*, Berkeley: University of California Press, 1982.

体现资产阶级意识形态的活动，因此，他们也是"新小资产阶级"的组成人员。

普兰查斯认为马克思主义的历史观是"经济决定论"，他将阶级视为经济、政治和意识形态的统一体，用多元决定论来取代马克思主义的一元论。他从理论上探索和解决政治行为、政治态度与阶级成分不一致的问题，但是在实践中却难以奏效。如果将政治行为和意识形态也作为阶级划分标准的话，那就容易成为思想决定阶级，最终削弱经济在阶级划分中的决定作用，实际上这种经济、政治行为和意识形态三者决定阶级划分的理论会使得阶级划分变得模糊不清。①

（二）"新工人阶级"理论

"新工人阶级"理论的主要代表是法国左翼理论家马勒和高兹等人。早在20世纪60年代，马勒和高兹就提出了"新工人阶级"理论。他们把资本主义社会中受过教育和高度技术训练的工人、科学家、工程师、技术人员以及管理人员归为中间阶层，并认为这些中间阶层是工人阶级的特殊阶层是工人阶级的特殊阶层，称之为"新工人阶级"②。

1. 马勒的"新工人阶级"理论

"二战"后，马勒曾加入法国共产党，20世纪60年代初，他退出法国共产党，加入了法国统一社会党，并且成为统一社会党的领导成员。在此期间，马勒写成了他最具代表性的作品《新工人阶级》。

马勒认为，资本主义社会出现了一个与传统的以体力劳动为主的工人阶级不同的"新工人阶级"。在《新工人阶级》一书中，马勒指出，当代资本主义社会中的"工人阶级"不是一个同质体。资本主义国家的整个社会结构发生了根本性变化，传统工人阶级内部不断发生分化，同时，工人阶级性质也随之发生变化。随着资本主义的发展，生产越来越多地使用高科技和自动化，生产性劳动和非生产性劳动的界限变得越来越难以辨识。对此，资本家不得不训练一批新的无产阶级去掌握和操作复杂的技术机器。新工人阶级受过一定的教育，接受了高度的技术训练，他们不再是机器的奴隶，而是机器的主人，能够驾驭和操作机器。

---

① 糜海波：《关于"新中间阶层"的理论探讨》，《山西师大学报》（社会科学版）2012年第4期。

② Fidler, *The British business elite: it attitude to class, status and power*, London: Routledge Paul, 1981, p. 261.

由此可见，在发达工业社会的工人阶级内部，生产工人将越来越少，受过教育和高度训练的技术工人和研究人员、管理人员不断增加，他们不但是工人阶级的组成部分，而且是工人阶级的先进代表。与此同时，资本主义社会还出现了另一种类型的工人，也就是那些"生产生产条件"的工程师、科学家、技术人员以及科研单位的管理人员等。马勒将这两部分人列入"新工人阶级"的范围之中。另外，马勒还强调了"新工人阶级"的重要特征。他认为，新工人阶级处于现代资本主义社会的最复杂机制的核心地位。马勒通过考察法国1968年的"五月风暴"得出了他的一个重要结论，即专业技术人员和管理人员等社会阶层在变革社会的斗争中发挥了新的先锋队作用。[①] 鉴于新工人阶级的产生并起到变革社会的重要作用，马勒认为，对这一社会阶层的分析不应该使用剥削、掠夺关系的分析方法，而应该从科学技术和知识是当代资本主义社会中具有决定性的生产力的角度出发，得出从事科学技术知识生产的新工人阶级必然在资本主义社会中占据主导地位。

2. 高兹的"新工人阶级"论

安德列·高兹（André Gorz），是法国激进政论家，1924年出生，2007年去世。高兹的主要代表著作有《历史的精神》（1967）、《艰难的社会主义》（1967）、《改良和革命》（1969）、《生态学和政治》（1975）、《生态学与自由》（1977）、《资本主义、社会主义和生态学》（1991）、《劳动分工的批判》（1973）、《告别无产阶级》（1980）等。其中，《告别无产阶级》是高兹论述"新工人阶级"的重要代表作。高兹在书中对马克思的工人阶级概念进行了解构性的思考，提出工人阶级去意识、去阶级等问题，阐述了他的"新工人阶级"理论。

高兹深入考察了当代资本主义的政治、经济状况和阶级结构变化，系统地论述了"新工人阶级"理论。在《告别无产阶级》中，高兹一方面强调工人阶级的构成有了很大扩展，其内部成分也发生了很大变化；另一方面，他指出从事科学技术的雇佣劳动者不能被列入传统工人阶级的行列，他们属于"新工人阶级"。他认为，在发达资本主义社会，科学技术日益进步，生产的自动化不断成熟，与此同时，工人阶级

---

① 李青宜：《"西方马克思主义"的"新中间阶级"论述评》，《马克思主义与现实》1997年第4期。

的结构发生了非常大的变化,产生了与传统工人阶级不同的"新工人阶级"。与马勒的观点基本一致,高兹也认为,"新工人阶级"包括受过高等教育的脑力劳动者即"白领工人"、教师、专家、工程师、技术人员和管理人员等,并且他们已成了革命的先锋队。① 高兹还指出,随着新技术革命的迅速发展,从事体力劳动的"蓝领工人"日益减少,他们在生产劳动中退居次要地位,不再是革命的主要力量,而"新工人阶级"不断成长,并在现代资本主义社会中越来越居于核心地位。

"新工人阶级"理论看到了科学技术在新工人阶级形成与社会进步中的作用,但遗憾的是它过于强调技术发展的主导作用,认为技术发展决定了技术人员、管理人员、工程师与专家等"新工人阶级"的产生和发展。因此,"新工人阶级"论遭到西方学者的批判,并被指责为"技术决定论"。这一理论强调新工人阶级的地位,也就意味着对传统工人阶级地位和作用的轻视,另外,它认为社会革命不需要无产阶级参加,新工人阶级要在新的劳资斗争中占有领导地位。从本质上讲,这一理论试图将新工人阶级确定为变革资本主义制度的领导力量,将无产阶级领导的社会革命,转变为以新中间阶级为领导力量的社会斗争。这实际上是将"新工人阶级"和无产阶级割裂开来,而"新工人阶级"是不能充当社会变革的领导力量的。

(三)"专业—管理阶级"理论

美国学者巴巴拉·艾伦莱克(Barbara Ehrenreich)和约翰·艾伦莱克(John Ehrenreich)是"专业—管理阶级"(PMC)理论的重要代表人物,其代表作是《劳动意识》。在《劳动意识》一书中,艾伦莱克指出,西方发达工业社会已经形成一个新的中间阶级,即"专业—管理阶级",这一阶级主要有文化工作者、中下级管理人员、工程师、科学家和其他科技人员等组成的职业集团。这一阶级有这样的特征:他们不占有生产资料,依靠脑力劳动来获得薪水。在地位上,他为资本所雇用,但又厌恶资本家,同时他们又居于工人阶级之上。这一阶级的主要职能,就是在社会劳动分工中担负着资本主义文化和资本主义阶级关系再生产的职能。这一阶级的范围非常广泛,包括社会上各种地位的人,从高级行政人员到护士护工,但是这么多成员之间是没有什么共同利

---

① 转引自余文烈《西方马克思主义的中间阶级理论》,《政治学研究》1996年第2期。

益的。

一方面,这一理论不赞同"新工人阶级"理论,它认为"专业—管理阶级"与工人阶级有着很大的不同或矛盾之处。虽然两者都是资本主义生产过程所需要的,都被迫向资本家出卖劳动力,都遭受到资本家的剥削和压迫,与资本家之间存在着对抗关系,但是"专业—管理阶级"与工人阶级有着不同的职能,具有不同的利益,他们有时甚至是彼此对立的。进一步而言,他们之间存在着一种控制与被控制、管理与被管理的对立关系。另一方面,这一理论也不同意"新小资产阶级"理论,它认为"专业—管理阶级"不属于"新小资产阶级"范畴。[①] 这一理论认为,"新中间阶级"承担着资本主义文化功能和社会功能,因此中间阶级是独立的"专业管理阶级"。

埃伦莱克将"新中间阶级"定性为独立存在的"专业管理阶级",实际上是仅仅依据专业管理阶级的社会职能即再生产资本主义文化和阶级关系来判定的。一方面,以此为依据来划分的阶级很难说成是独立的新阶级,因为阶级本质上是经济范畴而不是简单的文化范畴。另一方面,这一理论对"专业管理阶级"的估量过高,过于突出专业管理阶级的地位,容易造成工人阶级的分裂。从根本上讲,专业无产阶级队伍不是独立的阶级,而应该是无产阶级或工人阶级的一个阶层。

(四)"新中间阶级"理论

意大利学者卡切迪(G. Carchedi)是"新中间阶级"理论的重要代表人物,他的代表作是《从经济方面识别社会阶级》。卡切迪认为,分析和确定人们阶级地位的主要依据是人们在生产过程中实现的"职能",构成中间阶级特点的不是所有制因素,也不是剥削因素,而是职能因素。也就是说,中间阶级概念是与这个阶级在总体资本职能和总体工人职能之间的职位联系在一起的,它包含着两种职能。据此,他指出在发达资本主义社会主要有三个阶级,即工人阶级、资本家阶级和"新中间阶级",而"新中间阶级"仅指工厂企业中的中下层管理人员。[②]

卡切迪从职能因素来考察资本主义社会中的"新中间阶级"。他认

[①] 李青宜:《"新中间阶级"论和"专业—管理阶级"论》,《学习时报》2001年10月15日。

[②] G. Carchedi, *On the Economic Identification of Social Class*, London: Routledge, 1977.

为"新中间阶级"是处于工人阶级和资本家之间"矛盾的阶级地位"上的群体，是包括从管理人员到工头的一个庞大阶层。随着垄断资本主义的发展，股份公司的开始出现，人们在法律上和经济上占有生产资料相分离，资本主义社会也就呈现出如下现象：资本的职能仅仅适合于那些实际占有生产资料的人，资本呈现出一种总体职能，这种职能再也不是集中到资本家阶级身上，而是分散在那些既在法律上、也在经济上不占有生产资料的人们身上。由此可见，资本的职能也就是总体资本的职能，不是由资本家阶级来完成，而是由其他阶级来完成的，这个阶级就是"新中间阶级"，他们有如下特点：一是无论在法律上还是在经济上他们都不占有生产资料；二是这一阶级既完成总体资本的职能，又完成总体工人的职能；三是他们既是生产性的或非生产性的劳动者，又是非劳动者；四是这一阶级既是剥削者又是被剥削者，或者既是压迫者又是被压迫者。① 新中间阶级的这种特点使他们既区别于工人阶级和资本家阶级，同时还与"老中间阶级"区别开来。"新中间阶级"理论主要从职能因素考察阶级地位的观点。那么，各个阶级在完成什么职能呢？垄断资本家、高级行政人员、高级管理人员的职能很清楚，是完成总体资本的职能；工人阶级的职能也很清楚，完成总体工人的职能；而新中间阶级则是既要完成总体资本的职能，也要完成总体工人的职能，其中，新中间阶级的上层主要是完成总体资本的职能，而下层主要是完成总体工人的职能。这个阶级内部又可分为上、中、下三层，比如高级管理人员、工头。在资本主义生产过程中，工头承担监督和控制职能，实际上更加接近于资本家阶级，而高级管理工人是不直接参加监督和控制活动的，远没有工头接近于资本家阶级，反而与工人更为接近。

"新中间阶级"理论，反映了当代西方发达资本主义社会阶级结构的变化，强调了"新中间阶级"的地位与作用，但是，这一理论也有不足之处，它将介于资产阶级与无产阶级之间的"新中间阶级"说成是一个独立的新阶级。同时，这一理论也不可能对"新中产阶级"的政治态度和思想倾向作出明确的回答。

（五）"矛盾的阶级地位"理论

赖特（Erik Olin Wright）是新马克思主义阶级理论的最重要代表之

---

① [意] G. 卡切迪：《关于新中间阶级的性质》，赤宇编译，《国外社会科学》1982 年第 3 期。

一，1947年2月出生于美国加利福尼亚州的伯克利，曾就读于美国哈佛大学、加州大学伯克利分校和英国牛津大学。1976年起，在威斯康星大学社会学系任教。赖特的著作非常多，大都围绕阶级与分层这一主题。主要代表作有：《阶级、危机与国家》（1978）、《阶级》（1985）、《关于阶级的争论》（1990）、《审视不平等》（1994）、《后工业社会中的阶级：阶级分析的比较研究》（1997）。

赖特的矛盾阶级地位观点，最初发表在1976年出版的《新左派评论》上，后来又有多篇论文加以论证，而最为全面的阐述集中在其著作《后工业社会中的阶级》中。赖特指出："在阶级分析的剥削和支配框架中，中产阶级被定义为同时处于剥削与被剥削，或支配与被支配地位的那些人。"[1] 赖特首先要解决的是划分阶级的标准，他提出三种控制权的区分标准。第一是对金钱资本的控制或投资的控制权；第二是对物质资本或物质生产资料的控制权；第三是对劳动的控制权，即对生产中的直接生产者劳动活动的控制。从这三种标准来看，资本家拥有三种控制权，工人阶级完全不拥有这三种控制权，小资产阶级（不包括小雇主）对金钱资本和物质资本有控制权，但没有对劳动的控制权，可以说，资本家、工人阶级、小资产阶级的阶级地位也是清楚的，没有矛盾。但是，赖特指出，在这三个基本阶级之间，还存在一些意义不明确的地位群体，他们不完全属于一个或另一个阶级，而是处于一种矛盾的阶级地位。这里面有三组主要群体：第一，在资本家阶级与工人阶级之间，有高级行政主管人员、一般经理人员、基层监管人员等，他们或者具有对金钱资本、物质资本的部分或微量控制权，或者具有对劳动的部分或微量控制权，因此，他们处于一种矛盾的地位；第二，在资产阶级和小资产阶级之间，有一些小业主，雇用一些员工，他们与纯粹的小资产阶级不同，除了对金钱资本和物质资本有控制权外，对劳动也有微量控制权，因此，他们也处在矛盾的地位；第三，在工人阶级和小资产阶级之间，是一些半独立的雇佣劳动者，他们虽然对金钱和资本没有控制权，但对物质资本却有微量控制权，所以，他们也处于一种矛盾地位。也就是说，这三个主要的群体即中间阶层遭受拥有生产资料财产的资本

---

[1] ［美］埃里克·奥林·赖特：《后工业社会中的阶级》，陈心想等译，辽宁教育出版社2004年版，第10页。

家的剥削，同时他们又依靠所拥有的管理权财产和技术财产剥削他人。因此，中间阶层处于剥削与被剥削的双重矛盾的地位。①

赖特提出的矛盾阶级地位，从理论上看，解释了社会基本阶级之间的处于中间状态的群体，说明了这些中间阶级之间的中间连接（inter-connected），指出了阶级关系是多向度的，而不是只有一个的单向度。

二　新韦伯主义中产阶级理论

韦伯的社会分层多元标准是西方社会分层理论的基本渊源。新韦伯主义是韦伯的多元社会分层理论的继承者和发扬者。新韦伯主义中间阶级理论在韦伯思想的基础上将社会分层理论加以进一步拓展和丰富，并采用了社会阶层的多元界定方式，这在西方社会分层理论中一直居于主流地位。

（一）新韦伯主义中间阶级理论的思想来源

新韦伯主义中间阶级理论的直接思想来源是马克斯·韦伯的社会分层理论。韦伯的社会分层理论是以马克思的阶级、阶层分析理论为基础而建立起来。与马克思一样，韦伯也认为社会是以权力和财富的冲突为特征的，经济对社会结构起着重要作用。但是，马克思认为阶级关系和经济因素是所有社会矛盾的核心问题，生产资料的占有决定社会阶层的划分。对此，韦伯却持有不同的观点，他认为仅从经济标准——生产资料的占有关系来划分社会阶层是不全面的，决定社会分层的不仅仅是阶级关系和经济因素，还包括权力和声望等因素。由此，韦伯确立了他的多元分层理论，拓宽了阶级的概念，在社会分层理论上发展出一个更为复杂、多维度的社会视角。② 他认为不仅仅是生产资料决定人们的阶级地位，市场机会、权力、社会声望等也对社会地位有着重要影响。生产资料不应是一个阶级或阶层的特征，财产的多少却可以用来描述一个阶层的特征。但是，财产并不是划分社会阶层的唯一标准，财产与个人声望、影响力（或权力）这三个方面的因素可以成为社会阶层的综合划分标准。③ 可以说，韦伯社会分层理论的核心

---

① Erik Olin Wright, *Class, Crisis and the States*, London: New Life, 1978.
② ［英］安东尼·吉登斯：《社会学》，赵旭东等译，北京大学出版社2003年版，第273页。
③ 张伟：《中间阶层界定的一种》，《东岳论丛》2005年第6期。

就是，划分社会阶层必须以财富和收入（经济标准）、声望（社会标准）、权力（政治标准）的三重标准为依据。财富，指的是全部经济财产的构成，因财富的不同或收入的多少，可以将人们区分为富人和穷人。权力，则是指一个人或一群人对他人实施控制和施加影响的能力，体现为对资源的掌握和分配。声望，指的是一个人从他人那里获得的良好评价或社会的公认，表现的是一个人的社会影响力。实际上这三个方面的基本因素或三种地位，不是孤立存在的，而是相互交织在一起，相互影响的。韦伯改变了马克思仅从生产资料的占有关系来划分社会阶层的观点，他指出社会分层必须从一个多维度视角出发，社会分层至少包括经济收入、权力和社会声望三个基本标准。韦伯社会分层的多元标准被后来西方学术界广泛接受。

（二）新韦伯主义中间阶级理论的核心观点

新韦伯主义中产阶级理论继承和发展了韦伯的多元分层理论，并将各种各管理人员、技术人员看作"中产阶层"或"新中间阶层"。新韦伯主义继续采用阶层划分的多元标准思路，但并非机械地照搬韦伯划分阶层的经济、权力和声望这三个方面的基本标准，而是对韦伯阶层理论加以丰富和发展。尤其是，新韦伯主义在韦伯分层理论基础上将职业作为社会分层的标准凸现出来。在新韦伯主义看来，生产资料的占有关系不应该是社会分层划分的唯一标准，而且经济因素也不应该成为社会分层划分的首要标准。新韦伯主义认为，社会阶层的划分应该采用多元划分标准，也就是根据各种不同的标准来区分社会阶层，比如职业结构、财产收入、社会功能、生活方式、工作条件、阶层意识等各种综合性指标。其中，职业结构在社会结构变动中占有越来越重要的位置，是社会阶层分化中最重要的动力源，而职业因素也就成为社会阶层划分的最重要衡量标准。新韦伯主义还认为，中产阶级能够成长为一支独立的社会力量，在缓和资本与劳工两大阶级的矛盾方面起着重要的缓冲作用，因此两大阶级之间的矛盾不再是不可调和的。① 随着资本主义社会中间阶级不断发育和壮大，许多人认为西方社会进入了中产阶级社会或多元阶层的社会，并且在这种中产阶层非常庞大的社会中，资产阶级和无产阶级两大阶级对抗的社会结构也不复存在。在这种乐观的氛围中，

---

① 白杨：《社会分层理论与中国城市的类中间阶层》，《东方论坛》2002年第3期。

新韦伯主义的中间阶级理论逐渐取得西方社会分层理论研究中的主流地位。

(三) 新韦伯主义中间阶级理论的主要代表

从总体上看,新韦伯主义中产阶级理论以职业因素为社会阶层的研究基点,对西方社会的典型群体"白领"阶层进行社会学分析,研究他们的职业、社会报酬、社会评价或职业声望。这一理论取代了一元的财产关系的分析方法,使用了多元的职业关系的分析方法对"白领人员"的概念界定及其社会意义进行了分析。这一理论从不同的角度来界定"白领人员"这一社会群体,比如典型的代表有埃米尔·莱德勒(Emil Lederer)的劳动方式界定、C. 赖特·米尔斯(Wright Mislls)的职业分层界定、弗里茨·克龙奈的社会职能界定、格尔哈斯·伦斯基(Gerhard Lenski)的工作条件界定、罗杰·古罗德的"纯粹物理条件"界定、保罗·福塞尔(P. Fusell)的文化资本和生活品位界定、丹尼斯·吉尔伯特(Dennis Gilbert)和约瑟夫·A. 卡尔(Joseph Karl)的综合指标界定等主要界定或描述观点。[1]

这里主要介绍以职业分层对白领阶层所作的界定。以职业为基础的多元社会分层理论的中产阶级观起始于 20 世纪 50 年代。中产阶级思想的集大成者美国社会学家 C. 赖特·米尔斯(C. White Mills)从职业的角度来划分社会阶层。他的代表性著作是《白领:美国的中产阶级》,发表于 1951 年,对西方中产阶级理论具有深远的影响。在书中,米尔斯第一次提出了作为"中产阶级"的白领阶层的概念,并详细论述了美国中产阶级的发展状况。从此,"中产阶级"这一概念作为一个规范的学术话语在全世界流行起来。米尔斯将美国的新式中产阶级看作"白领"阶层,同时与老式中产阶级进行比较,指出当时美国兴起的职业白领阶层的特征。他认为:"与欧洲不同,美国中产阶级是作为一个庞大的小企业家阶层进入现代史的。"[2] 老式中产阶级主要是指农场主、工业家、小企业家、商人和自由职业者。"农场主在独立中产阶级中始终占据着数量上的优势","小企业家社会达到了全盛时期,成了中产阶

---

[1] 马丽娟、李小凤:《关于中产阶级的理论回顾》,《西北第二民族学院学报》2006 年第 3 期。

[2] [美] C. 赖特·米尔斯:《白领:美国的中产阶级》,杨小东译,浙江人民出版社 1987 年版,第 19 页。

级思想、抱负和神话的温床"①。这些老式中产阶级人数众多，在经济地位上举足轻重，大部分人都拥有自己的财产。米尔斯指出，20世纪中期的美国，"目前各种白领职业者占美国中产阶级总体的一半以上。在1870年和1940年之间，白领工人从中等收入等级的15%上升到56%，而老式中产阶级则从85%下降到44%"②。其中，新式中产阶级主要是经理阶层、挣工资的专业人员、在商店内部和外部的推销人员，以及各式各样的办公人员。这三者构成了白领阶层的主体。同时，白领阶层在总人口中所占的比重不断增加。在米尔斯看来，与老式中产阶级不同，新式中产阶级大多数没有自己用来独立经营的财产，他们依附于庞大机构，以知识与技术为谋生手段，从事着非直接生产性的行政管理和技术服务工作。他们没有自己的固定私产，但从事着一定的职业，并领取稳定、丰厚的薪金收入。他们在政治上缺乏革命激情，在意识形态上保守，思想不开放。因此"消极地说，中产阶级的转变是从有产到无产的转变；积极地说，这是一种从财产到以新的轴线——职业——来分层的转变"③。

上面我们对新马克思主义中间阶级理论和新韦伯主义中间阶级理论进行了分析，从总体上讲，新马克思主义阶级理论将传统马克思主义阶级理论中阶级划分标准加以改造和扩展，其结论与新韦伯主义往往异曲同工。相对而言，新马克思主义中产阶级理论对中国中产阶级研究的影响比较微弱，而以职业为基础的新韦伯主义中产阶级理论一直是西方社会分层理论的主流，也对我们分析当前中产阶层问题产生了重大的影响。

第三节 中国共产党对"中间阶级"的认识

一 毛泽东的中产阶级理论

在中国革命和建设过程中，毛泽东坚持马克思主义与中国的实际相结合，从理论和实践上对马克思的中间阶级理论进行了科学诠释，进一

---

① [美] C. 赖特·米尔斯：《白领：美国的中产阶级》，杨小东译，浙江人民出版社1987年版，第20—23页。

② 同上书，第85页。

③ 同上。

步丰富和发展了马克思的中间阶级理论,进而形成了马克思主义中国化的中产阶级理论。

(一) 中产阶级的构成主体

毛泽东将中国中间阶级的主体看成民族资产阶级。这一阶级包括,华资银行工商阶级、小地主、许多高等知识分子,如大部分留学生、大学校和专门学校的教授和学生等。在1925年发表的《中国社会各阶级的分析》中,毛泽东将中国社会分为地主阶级和买办阶级、中产阶级、小资产阶级、半无产阶级、无产阶级等五大阶级。其中,"中产阶级"一词首次在毛泽东的著作中使用,被毛泽东直接用来指称中国的中间阶级。可以说,在毛泽东看来,中产阶级则是中国中间阶级的代名词。在这篇文章中,毛泽东明确指出,"中产阶级主要是指民族资产阶级","这个阶级代表中国城乡资本主义的生产关系"[1]。同时,毛泽东认为,中国社会的中产阶级不包括买办资产阶级和小资产阶级。也就是说,在中产阶级的构成上,毛泽东所指的中间阶级不包括"小资阶级,如自耕农,手工业主,小知识阶层——学生界、中小学教员、小员司、小事务员、小律师,小商人等"[2],这与马克思将小资阶级看作中间阶级的观点略有不同。1940年9月6日,毛泽东第一次明确提出,民族资产阶级中应有大资产阶级和中产阶级的区别。大资产阶级是妥协性很强、很不可靠的、反革命的势力,而中产阶级尤其是中等民族工业资本家,则代表具有较多革命性的部分。因此,毛泽东认为,中间阶级也就是中等资产阶级,他们是除了大资产阶级或买办阶级之外的民族资产阶级。[3]

(二) 中产阶级的划分依据

毛泽东继承和发展了马克思主义的阶级划分理论,在将生产资料的占有情况作为阶级划分依据的基础上,还根据中国革命和建设的需要采用了其他划分阶级的标准。在领导中国革命和建设的实践中,毛泽东的社会分层理论必须符合民族独立和民族解放之政治目标的需要,因此他的社会分层理论包含很强的政治因素。在对中国社会阶层进行划分时,毛泽东一方面坚持马克思的阶级理论中的经济划分标准,同时,还根据

---

[1] 《毛泽东选集》(第1卷),人民出版社1991年版,第4页。
[2] 同上书,第5页。
[3] 马钊:《从列宁到毛泽东对民族资产阶级概念的使用》,《毛泽东思想研究》1985年第3期。

一个阶层或集团的政治态度或政治觉悟的情况来划分。①

在中产阶级的划分依据上,毛泽东首先按照生产资料的占有关系来对社会各阶级进行划分,这一点与马克思是高度一致的。他指出,地主阶级和买办阶级是中国最落后的和最反动的生产关系的代表,小资产阶级内部的各阶层同处在小资产阶级经济地位,而中产阶级是中国城乡资本主义关系的代表。② 同时,根据中国社会各阶级的政治态度或政治觉悟的情况,毛泽东指出,买办资产阶级"完全是国际资产阶级的附庸","是极端的反革命派";小资产阶级"对于革命的态度,在平时各不相同;但到战时,即到革命高潮高涨、可以看得见胜利的曙光时"也可以参加革命或附和革命。③ 而中产阶级"对于中国革命具有矛盾的态度",他们需要革命,有时却怀疑革命。毛泽东认为,"所有这些阶级,它们对于中国革命的态度和立场如何,全依它们在社会经济中所占的地位来决定"④。由此,毛泽东得出重要的结论:"一切勾结帝国主义的军阀、官僚、买办阶级、大地主以及附属他们的一部分反动知识界,是我们的敌人。工业无产阶级是我们革命的领导力量。一切半无产阶级、小资产阶级是我们最接近的朋友。那些动摇不定的中产阶级,其右翼可能是我们的敌人,其左翼可能是我们的朋友。"⑤

在中国中产阶级的划分依据上,毛泽东坚持了马克思的阶级分析方法,又超越了马克思划分阶级的经济标准,更为重要的是他将马克思的中间阶级理论与中国实际情况相结合,对中国中产阶级的划分依据进行了新的阐释和重要发挥。

(三)中产阶级的基本特性

与马克思一样,毛泽东也指出中产阶级是具有两面性或两重性的阶级,并分析了中产阶级两面性的经济根源。毛泽东认为,中产阶级"对于中国革命具有矛盾的态度",他们"在受外资打击、军阀压迫感觉痛苦时,需要革命,赞成反帝国主义军阀的革命运动;但是当着革命在国

---

① 李新芝:《毛泽东、邓小平、江泽民社会分层理论研究》,《四川师范大学学报》(社会科学版) 2006 年第 3 期。
② 《毛泽东选集》(第 1 卷),人民出版社 1991 年版,第 4—5 页。
③ 同上书,第 6 页。
④ 《毛泽东选集》(第 2 卷),人民出版社 1991 年版,第 638 页。
⑤ 《毛泽东选集》(第 1 卷),人民出版社 1991 年版,第 9 页。

内由本国无产阶级的勇猛参加,在国外有国际无产阶级的积极援助,对于其欲达到大资产阶级地位的阶级的发展感觉到威胁时,他们又开始怀疑革命"①。一方面,中产阶级和帝国主义、本国封建主义之间有着一定的矛盾,他们在经济上谋求"达到大资产阶级的地位",在政治上主张"实现民族资产阶级统治的国家",但是在半殖民地半封建的旧中国,他们受到帝国主义、买办阶级、官僚和军阀的压迫而不能发展。由于这一阶级的经济、政治需求都不能得到满足,他们就对革命抱有希望、支持甚至参加反帝反封建的革命,此时,中产阶级表现得具有一定的革命性;另一方面,中产阶级的经济、政治要求必然与无产阶级革命的目标相左,在国内由无产阶级参加的革命迅猛发展并且得到国外无产阶级积极援助的情况下,他们又开始怀疑革命,站在帝国主义一边,甚至成为无产阶级的敌人。正如毛泽东在当时北京《晨报》上发表的评论说:"举起你的左手打倒帝国主义,举起你的右手打倒共产党。"② 这两句话形象地刻画出了中产阶级的矛盾惶遽状态。这种两面性或二重性是中国中产阶级特有的阶级属性。

中产阶级又是动摇不定的,他们的软弱性是从娘胎里带出来的老毛病,"半殖民地的政治和经济的主要特点之一,就是民族资产阶级的软弱性"③。正是因为这样,帝国主义敢于欺负他们,而这也就决定了他们反对帝国主义的特点,使他们具有革命性;同时,又是因为这一点,帝国主义、买办资产阶级容易拿某种临时的贿赂为钓饵将他们拉拢过去,而这就决定了他们对于革命的不彻底性和妥协性。④ 正是由于经济地位的软弱性决定了中产阶级具有革命性和妥协性的双重阶级属性。

新中国成立以后,毛泽东关于中产阶级两面性的思想有了新发展。1952年,毛泽东指出:"在打倒地主阶级和官僚资产阶级以后,中国内部的主要矛盾即是工人阶级与民族资产阶级的矛盾。"⑤ 此时,虽然民族资产阶级已经不再是中产阶级,但是作为一个阶级,其基本属性基本

---

① 《毛泽东选集》(第1卷),人民出版社1991年版,第4页。
② 同上。
③ 同上书,第147页。
④ 谢俊春、彭孝、张涛:《论毛泽东关于民族资产阶级理论的形成》,《西北师大学报》(社会科学版)1992年第6期。
⑤ 《毛泽东文集》(第6卷),人民出版社1999年版,第231页。

没有变。随着资产阶级革命向社会主义革命的转变，毛泽东关于民族资产阶级两面性的思想加以进一步发挥，他指出："我国的民族资产阶级有两面性，在资产阶级民主革命时，他有革命性的一面，又有妥协性的一面。在社会主义革命时期，它有剥削工人阶级取得利润的一面，又有拥护宪法、愿意接受社会主义改造的一面。"① 也正是基于此，毛泽东制定了对资本主义工商业改造的正确方针，为恢复国民经济、建立社会主义经济基础做好了准备。②

（四）对中产阶级的策略方针

鉴于对中产阶级两面性的正确分析，毛泽东提出对中产阶级既联合又斗争的策略方针。在《中国社会各阶级分析》中，毛泽东将民族资产阶级与买办大资产阶级进行了区分，认为民族资产阶级有反对帝国主义、封建主义的要求，有支持革命的一面，同时，也有妥协、怀疑革命的一面。中产阶级具有动摇不定的特性，"其右翼可能是我们的敌人，其左翼可能是我们的朋友"③。具体而言，其"左翼有时可参加革命"，"可以把他们当作我们的朋友"，因而左翼是革命的一种力量，是有必要去联合他们的；其"右翼临于反革命"，但他们"还不是我们正面的敌人"，他们与帝国主义列强、军阀、官僚买办阶级仍有很大不同。毛泽东指出，不能指望民族资产阶级勇敢地跑上革命道路，跟着其他阶级忠实地从事革命事业，"我们要时常提防他们（中产阶级），不要让他们扰乱了我们的阵线"④。根据中国革命的实际情况，毛泽东对中产阶级即民族资产阶级的两面性进行了分析，并提出打击买办资产阶级，联合民族资产阶级，同时要区分民族资产阶级的左翼和右翼，加以区别对待的策略。

毛泽东提出的对待中产阶级的策略方针，实际上是无产阶级与资产阶级共同建立革命统一战线的一个重要内容。统一战线体现出以下规律：由于中国最大的压迫是民族压迫，"在一定的时期中，一定的程度

---

① 《毛泽东文集》（第7卷），人民出版社1999年版，第206页。
② 章子合、王士元：《略论毛泽东对民族资产阶级的认识及其策略》，《党史博采》1995年第10期。
③ 《毛泽东选集》（第1卷），人民出版社1991年版，第9页。
④ 同上。

上，中国民族资产阶级是能够参加反帝国主义和反封建军阀的斗争的"①。因此，无产阶级在一定的时期内，应该同民族资产阶级建立统一战线，并尽可能保持统一战线。又由于"中国民族资产阶级在经济上、政治上的软弱性，在另一种历史环境中，它就会动摇变节"②，因此，中国革命统一战线，在一定时期内有民族资产阶级参加，而在另一时期则民族资产阶级没能参加进来。这实际上是民族资产阶级的两面性的表现。民族资产阶级的两面性对于中国共产党的政治路线有非常大的影响。正如毛泽东后来指出的那样："中国资产阶级在资产阶级革命中的这二重属性，对于中国共产党的政治路线和党的建设的影响是非常之大的，不了解中国资产阶级的这种二重性，就不能了解中国共产党的政治路线和党的建设。中国共产党的政治路线的重要一部分，就是同资产阶级联合又斗争的政治路线。"③

（五）中产阶级的发展与命运

中国中间阶级是帝国主义侵略的产物，而不是大工业发展的产物。西方列强的入侵，为民族资本主义发展提供了客观条件和产生的可能性。中国民族资产阶级在帝国主义和买办阶级的夹缝中，缓慢发展和成长，这也决定了民族资产阶级的先天不足。毛泽东指出："帝国主义的侵略刺激了中国的社会经济，使它发生了变化，造成了帝国主义的对立物——造成了中国的民族工商业，造成了中国的民族资产阶级。"④毛泽东认为，中国中产阶级自身形成过程所展现出来的特征，使得这一阶级可能成为无产阶级革命的同盟军。但毛泽东认为，中间阶级"必定很快地分化，或者向左跑入革命派，或者向右跑入反革命派，没有他们独立的余地"⑤。中国的中产阶级企图实现民族资产阶级一阶级统治的国家，是完全行不通的。毛泽东认为，与西方发达的中产阶级相比，中国中产阶级的发展存在先天不足，其经济地位比较脆弱，其力量很弱小，因而也就没有能力担任起民族资产阶级革命的领导任务。中国的工业无产阶级"人数虽然不多，却是中国新的生产力的代表者，是近代中国最

---

① 《毛泽东选集》（第2卷），人民出版社1991年版，第606页。
② 同上书，第606页。
③ 同上书，第608页。
④ 《毛泽东选集》（第4卷），人民出版社1991年版，第1484页。
⑤ 《毛泽东选集》（第1卷），人民出版社1991年版，第4页。

进步的阶级,做了革命运动的领导力量"①。再加上中国无产阶级具有民族资产阶级所不具备的优点,这就使得中国的资产阶级民主主义革命最终要由无产阶级来领导。

在由无产阶级领导的中国资产阶级革命胜利之后,毛泽东认为可以继续进行社会主义性质的改造。毛泽东希望通过对资本主义工商业的改造来消灭私有制基础上的民族资产阶级,同时,他又希望培育公有制基础上的中间阶级。毛泽东认为,"私有制和社会主义公有制都是合法的,但是私有制要逐步变为不合法"②。也就是说,要逐步消灭私有制基础上的农业、手工业和资本主义工商业,把资产阶级个人改造成为自食其力的社会主义劳动者。通过三大改造,我国消灭了私有制存在的基础,确立了社会主义的公有制。在公有制占据主导地位的前提下,容许私营经济在一定范围内的存在,这就为培育公有制基础上的中间阶级创造了条件。对此,毛泽东曾指出,"可以搞国营,也可以搞私营。可以消灭资本主义,又搞资本主义。当然要看条件,只要有原料、有销路,就可以搞。现在国营、合营企业不能满足社会需要,如果有原料、国家投资又有困难,社会需要,私人可以开厂"③。

对于中间阶级是敌是友的问题,毛泽东也有一个认识的过程,经过近20年的摸索和摇摆之后,终于在20世纪40年代初期开始形成了比较稳定也比较成熟的认识。④新中国成立以后,毛泽东对中产阶级的态度又经历了一个明显的变化过程,大致可以分为:新中国成立前到1951年,是"团结"阶段;1952年到1957年夏天,是"改造"阶段;1957年秋到"文化大革命",是"斗争"阶段。这一态度和政策的变化,对中产阶级的发展和命运有着息息相关的影响。尤其是在"文化大革命"期间,整个社会简化为两大对立阶级,即无产阶级和资产阶级,"中产阶级"生存的社会土壤不复存在,中产阶级这一概念也逐渐退出了历史舞台。在此后的30多年里,中产阶级长期被人们摒弃并被定格在"禁区"里。

---

① 《毛泽东选集》(第1卷),人民出版社1991年版,第8页。
② 《毛泽东文集》(第6卷),人民出版社1999年版,第305页。
③ 《毛泽东文集》(第7卷),人民出版社1999年版,第170页。
④ 刘明纲、宋开文:《试论毛泽东对民族资产阶级认识之演变》,《江汉大学学报》(社会科学版)1994年第2期。

二 邓小平的阶级理论

20世纪70年代中后期,根据国内外阶级阶层关系变化的实际情况,邓小平同志对阶级理论进行了深刻的反思和科学总结,在处理阶级关系和阶级矛盾等一系列重大问题上提出了其深刻见解,创造性地运用和发展了马克思主义阶级理论。邓小平指出,社会主义时期党的工作中心由"以阶级斗争为纲"转移到经济建设上来,这为我国社会阶层结构的转变奠定了基础。邓小平在阶层的划分标准上,初步提出了符合我国实际的多元分层标准体系;具体分析了我国各阶级阶层的地位、作用和分化的情况,以及正确处理阶级关系和阶级矛盾的方式方法。这些观点对于当前我国社会主义现代化建设事业依然具有重要的现实意义和启示作用。

(一)划分社会阶层的标准

在社会阶层的划分标准方面,邓小平坚持多元分层的立场,初步提出了符合我国实际的多元分层标准体系。马克思、恩格斯的中间阶级理论,实际上是依据多元的社会分层而建立起来的,他们不仅强调生产资料占有关系为中产阶级的划分标准,还将阶级意识、教育程度、地域、职业、劳动方式等因素纳入中产阶级的划分标准。邓小平的社会阶层划分标准体系包括政治地位(注重看现实的政治表现)、经济地位(主要是收入)和职业。在考察社会成员的政治表现上,邓小平提出了"三看"标准,即"我们应当着重看他们自己的基本政治态度,看他们自己的现实表现,看他们对社会主义革命、社会主义建设所作的贡献"[①]。在考察经济地位时,邓小平提出把社会群体区分为"先富起来的人""后富起来的人"等。在考察职业方面,邓小平依据职业把社会群体分为工人阶级、农民阶级、知识分子等社会阶级。[②]

(二)知识分子阶层的地位和作用

邓小平对知识分子进行了重新定位,充分肯定了知识分子是工人阶级的一部分,并强调知识分子在社会主义现代化事业中具有重要作用。

[①] 《邓小平文选》(第2卷),人民出版社1994年版,第93页。

[②] 李新芝:《毛泽东、邓小平、江泽民社会分层理论研究》,《四川师范大学学报》(社会科学版)2006年第3期。

1977年，邓小平复出工作后，为了在全党全社会形成"尊重知识、尊重人才"的社会风气，他提出："一定要在党内造成一种空气：尊重知识，尊重人才。要反对不尊重知识分子的错误思想。"①邓小平还多次告诫党内的同志，要"重视知识，重视从事脑力劳动的人，要承认这些人是劳动者"。同年，在《关于科学和教育工作的几点意见》讲话中，邓小平再次强调，"无论是从事科研工作的，还是从事教育工作的，都是劳动者"，"科研工作、教育工作是脑力劳动，脑力劳动也是劳动"，"科学实验也是劳动"，自动化的生产也是劳动。②在讲话中，邓小平还提出要为知识分子恢复名誉，他说："老九并不坏……错就错在臭字上。毛泽东同志说，老九不能走。这就对了。知识分子的名誉要恢复。"③1978年，在全国科学大会开幕式上的讲话中，邓小平指出："在社会主义社会里，工人阶级自己培养的脑力劳动者，与历史上的剥削社会中的知识分子不同了。……但总的来说，他们的绝大多数已经是工人阶级和劳动人民自己的知识分子，因此，也可以说，已经是工人阶级自己的一部分。"④此外，邓小平还从现代化建设的角度，高度评价了知识分子的重要作用。邓小平认为，社会主义现代化事业关键在人才，"我们要实现现代化，关键是科学技术要能上去。发展科学技术，不抓教育不行。靠空讲不能实现现代化，必须有知识，有人才。没有知识，没有人才，怎么上得去？"⑤总之，邓小平高度评价了知识分子的地位和作用，调动了他们参加社会主义现代化建设事业的积极性、主动性。

(三) 农民阶级的分层和流动

在改革开放之前，由于受到公社制度和户籍管理制度的双重约束，中国农民成为一个成分非常单一、成员非常稳定的阶级。但在1978年实行改革开放的伟大决策后，中国农民富有创造性地推行了家庭联产承包责任制，极大地解放了农村生产力，改革取得了很大成功。随着农村改革的深入，我国农村乡镇企业异军突起，吸纳了从土地上解放出来的大批农村剩余劳动力，极大地促进了农村生产力的发展。家庭联产承包

---

① 《邓小平文选》（第2卷），人民出版社1994年版，第41页。
② 同上书，第50页。
③ 同上书，第51页。
④ 同上书，第89页。
⑤ 同上书，第40页。

责任制和乡镇企业的发展，得到了邓小平的充分肯定，他指出："一搞改革和开放，一搞承包责任制，经营农业的人就减少了。剩下的人怎么办？十年的经验证明，只要调动基层和农民的积极性，发展多种经营，发展新型的乡镇企业，这个问题就能解决。乡镇企业容纳了百分之五十的农村剩余劳动力。"①

随着农村生产力的发展、产业结构的变化和所有制结构的调整，农民阶级队伍发生了新的变化，逐步形成了乡镇企业管理者、乡镇企业的农村工人、农村管理者、专业户、个体劳动者和个体工商户、私营企业主等不同的社会阶层，出现了一支以农业科技人员、农村教师、农村医生为主体的受过教育和技术训练的农村知识阶层，还形成了一批相当规模的农村先富阶层。②对于农村新经济因素的增长，特别是农村个体经济的发展，以及农民队伍新变化，邓小平给予充分的肯定，并认为这是社会主义农村繁荣发展的标志。

（四）工人阶级的分层和流动

随着农村改革的深入，我国城市经济体制的改革陆续开展。1984年10月，党的十二届三中全会通过了《关于经济体制改革的决定》，城市经济体制改革全面展开，并在一些方面取得了重要进展。所有制结构上突破了单一的公有制，开始允许个体经济和私营经济的存在和发展，开设了经济特区，引进外资，兴办三资企业，初步形成了以公有制为主体、多种所有制经济成分共同发展的局面。在《答美国记者迈克·华莱士问》时，邓小平说："我们的制度是以公有制为主体的，还有其他经济成分。"③ 在《改革是中国发展生产力的必由之路》中，邓小平强调："发展一点个体经济，吸收外国的资金和技术，欢迎中外合资合作，甚至欢迎外国独资企业到中国办厂，这些都是对社会主义经济的补充。"对于国有企业改革，邓小平认为主要是解决搞活国有大中型企业的问题，要"用多种形式把所有权和经营权分开，以调动企业积极性……许多经营形式，都属于发展社会生产力的手段、方法，既可以为资本主义

---

① 《邓小平文选》（第3卷），人民出版社1993年版，第252页。
② 郭榛树：《邓小平理论与当代中国的社会分层》，《中共云南省委党校学报》2002年第5期。
③ 《邓小平文选》（第3卷），人民出版社1993年版，第172页。

所用，也可以为社会主义所用，谁用的好，就为谁服务"①。

通过城市经济体制的改革，城市工人阶级特别是产业工人内部产生了分层和流动。从横向上看，城市工人阶级中形成了国有企业员工、集体企业员工、三资企业员工、私营企业工人和民营企业工人等不同的社会群体；从纵向上看，城市工人阶级中产生了厂长经理阶层、"白领阶层"（即除了厂长经理以外的企业管理人员和技术人员）、普通工薪阶层以及低收入职工阶层等社会群体。②

综上所述，在邓小平的阶级理论中，知识分子、农民阶级和工人阶级都随着改革的深入而发生了内部分化，形成了新的社会阶层。这些新的社会阶层正是当前我们所研究的中等收入阶层，比如在邓小平的社会分层体系中，农村里形成的乡镇企业主、农村先富阶层，城市里私营企业主、"白领阶层"等。这既是我国中等收入阶层发展雏形的体现，也是我们区分农村中等收入阶层和城市中等收入阶层的历史依据。

三 江泽民的"新社会阶层"理论

江泽民继承了毛泽东、邓小平的阶级阶层思想，从当代中国改革开放以来的客观实际和时代特征出发，深刻分析了我国社会转型时期社会阶层结构深刻变化的实际情况，尤其是对新社会阶层进行了深入思考，提出了一系列关于社会阶层问题的新观点、新思想，深化了对马克思主义社会分层问题的认识，实现了在社会分层理论上的创新发展。

（一）概括了我国社会阶层结构的新变化

改革开放以来，我国经济发展取得了举世瞩目的成就，同时，我国社会阶层结构也发生了一系列深刻的变化，社会上出现了大量的新社会阶层。面临新情况、新问题，江泽民明确提出了要重视研究社会阶层结构变化的问题。在庆祝中国共产党成立八十周年大会上的讲话中，江泽民在谈到"我们党要始终代表中国最广大人民的根本利益"时，第一次正式使用了"阶层"这一概念，他指出："人民群众的整体利益总是由各方面的具体利益构成。我们所有的政策措施和工作，都应该正确反

---

① 《邓小平文选》（第3卷），人民出版社1993年版，第192页。
② 郭榛树：《邓小平理论与当代中国的社会分层》，《中共云南省委党校学报》2002年第5期。

映并有利于妥善处理各种利益关系,都应该认真考虑和兼顾不同阶层、不同方面群众的利益。"① 根据文本考察,这是"阶层"一词首次在中央文件中使用和表达。在这篇讲话中,江泽民在谈到"贯彻'三个代表'要求,不断增强党的阶级基础和扩大党的群众基础时",第一次使用了"社会阶层"的概念,并深刻分析了当代中国社会阶层结构的深刻变化:"改革开放以来,我国的社会阶层构成发生了新的变化,出现了民营科技企业的创业人员和技术人员、受聘于外资企业的管理技术人员、个体户、私营企业主、中介组织的从业人员、自由职业人员等社会阶层。"② 这一论述既深刻阐释了我国新社会阶层产生的时代条件和社会背景,又明确概括了新社会阶层的六大具体类型。同时,江泽民还对新阶层的未来发展趋势进行了预测,他指出:"许多人在不同所有制、不同行业、不同地域之间流动频繁,人们的职业、身份经常变动。这种变化还会继续下去。"③

(二)创新了社会阶级阶层的划分标准

研究中国社会阶层结构、促进社会阶层分化的目的,在于协调社会矛盾,实现社会各阶层之间的和谐相处。正如江泽民在党的十六大报告中指出:"努力形成全体人民各尽所能、各得其所而又和谐相处的局面。"要实现社会各阶层的和谐共生,首先需要明确社会阶层的划分标准。江泽民在继承邓小平社会阶层多元划分标准的基础上,进一步发展了"三看"标准。在庆祝中国共产党成立八十周年大会上的讲话,以及党的十六大报告中,江泽民提出并强调了社会阶层的新"三看"标准。"新三看"标准思想的完整表述为:"不能简单地把有没有财产、有财产多少当作判断人们政治上先进与落后的标准,而主要应该看他们的思想政治状况和现实表现,看他们的财产是怎么得来的以及对财产怎么支配和使用,看他们以自己的劳动对中国特色社会主义事业所作的贡献。"④ 江泽民的新"三看"标准是在正确分析我国社会阶层结构发生新变化的基础上作出的科学总结,它是对邓小平"三看"标准(看他们自己的基本政治态度,看他们自己的现实表现,看他们对社会主义革

---

① 《江泽民文选》(第3卷),人民出版社2006年版,第279页。
② 同上书,第286页。
③ 同上。
④ 同上书,第540页。

命、社会主义建设所作的贡献）的丰富和发展，是对马克思主义社会分层理论的一个重要理论创新。

同时，江泽民重视按照收入水平来划分社会阶层。在党的十六大报告中，在谈到深化分配制度改革、调整个人收入分配政策时，江泽民指出："初次分配注重效率，发挥市场的作用，鼓励一部人通过诚实劳动、合法经营先富起来。再分配注重公平，加强政府对收入分配的调节功能，调节差距过大的收入，取缔非法收入。以共同富裕为目标，扩大中等收入者比重，提高低收入者水平。"① 其中，"扩大中等收入者比重"这一政策的明确提出，为我国新出现的社会阶层的发展提供了良好的政策环境，同时也为我们研究中等收入阶层提供了广阔的空间。"先富起来人们""中等收入者""低收入者"等一系列社会阶层的概念深刻反映了我国社会阶层结构的新变化。在这种情况下，那种过去的以政治身份、户口身份和行政身份为依据的单一的社会分层机制已经被如今的以职业、收入、财产为基础的新的社会分层机制所取代。

（三）肯定了新社会阶层的地位和作用

江泽民十分重视对新社会阶层社会属性的定位，充分肯定了他们的历史作用，并明确指出新社会阶层是"中国特色社会主义事业的建设者"。在庆祝中国共产党成立八十周年大会上的讲话中，江泽民指出：自从改革开放以来，中国社会涌现出了大量的新社会阶层，"在党的路线方针政策指引下，这些新的社会阶层中的广大人员，通过诚实劳动和工作，通过合法经营，为发展社会主义社会的生产力和其他事业作出了贡献。他们与工人、农民、知识分子、干部和解放军指战员团结在一起，他们也是有中国特色社会主义事业的建设者。"② 在党的十六大报告中，江泽民又进一步指出："在社会变革中出现的民营科技企业的创业人员和技术人员、受聘于外资企业的管理技术人员、个体户、私营企业主、中介组织的从业人员、自由职业人员等社会阶层，都是中国特色社会主义事业的建设者。"③ "新社会阶层是中国特色社会主义事业的建设者"这一重要论断的提出，是我国改革开放的伟大实践和建设中国特

---

① 《江泽民文选》（第3卷），人民出版社2006年版，第550页。
② 同上书，第286页。
③ 同上书，第539页。

色社会主义伟大事业的客观需要。这一重要理论的提出有效地化解了社会上对私营企业主、先富人群等新阶层的怀疑和排斥，使得新社会阶层中的广大成员认定了自己属于中国特色社会主义建设者的角色。这就极大地调动了新社会阶层投身于社会主义现代化事业的积极性和主动性，对于中国社会生产力的持续发展具有重要的社会意义。[①]

另外，在关于新社会阶层中的优秀分子，特别是私营企业主能否入党的问题上，江泽民提出，"能否自觉地为实现党的路线和纲领而奋斗，是否符合党员条件，是吸收新党员的主要标准"[②]。这就明确了私营企业主入党的主要标准和基本条件，是对中国共产党阶级阶层理论的重大创新。江泽民认为，来自工人、农民、知识分子、军人、干部的党员是党的队伍最基本的组成部分和骨干力量。除此之外，还应该在新社会阶层中发展党员，这对于增强党的阶级基础和扩大党的群众基础来说，是非常必要的。因此，江泽民指出："应该把承认党的纲领和章程、自觉为党的路线和纲领而奋斗、经过长期考验、符合党员条件的社会其他方面的优秀分子吸收到党内来，并通过这个大熔炉不断提高广大党员的思想政治觉悟，从而不断增强我们党在全社会的影响力和凝聚力。"[③]

四　胡锦涛对社会阶层理论的新发展

党的十六大以来，随着改革的不断深化和利益格局的不断调整，各社会阶层的利益差别和矛盾日益凸显，这对构建社会主义和谐社会提出了严峻挑战。以胡锦涛同志为总书记的党中央，更加重视对中国社会阶层结构和各阶级阶层关系变化的研究，提出了构建社会主义和谐社会的重大战略思想以及一系列关于阶层关系的新观点、新思想，以富有创造性的理论思考为我国社会分层理论增添了新的理论成分，进一步丰富和发展了马克思主义阶级理论。

（一）提出"促进阶层关系和谐"的新思想

众所周知，阶层关系是社会关系中的一个重要内容，协调好社会各阶层之间的关系，实现各阶层之间的和谐相处，是构建社会主义和谐社

---

① 朱春玉、马锐锋：《江泽民新社会阶层理论及其实践价值》，《郑州大学学报》（哲学社会科学版）2002 年第 3 期。
② 《江泽民文选》（第 3 卷），人民出版社 2006 年版，第 286 页。
③ 同上。

会的必然选择。胡锦涛立足于构建社会主义和谐社会的战略高度，首次提出了协调阶层关系、"促进阶层关系和谐"这一重要命题。2004年9月19日，中国共产党第十六届中央委员会第四次全体会议通过的《中共中央关于加强党的执政能力建设的决定》在阐述"提高构建社会主义和谐社会的能力"时，指出"既要充分发挥包括知识分子在内的工人阶级、广大农民推动经济社会发展根本力量的作用，又要鼓励和支持其他社会阶层人员为经济社会发展贡献力量"，同时，还要"妥善协调各方面的利益关系，正确处理人民内部矛盾。坚持把最广大人民的根本利益作为制定政策、开展工作的出发点和落脚点，正确反映和兼顾不同方面群众的利益"①。这就告诉我们，必须要发挥社会各阶层在构建社会主义和谐社会中的重要作用，并且妥善协调各社会阶层、各社会群体的利益关系。在论述"提高发展社会主义民主政治的能力"时，胡锦涛强调指出："要做好党外知识分子、非公有制经济人士和其他社会阶层人士工作。团结一切可以团结的力量，巩固各党派、各团体、各民族、各阶层及一切热爱中华民族的人们的大团结。"②这就是从"各阶层大团结"的角度来认识新社会阶层在构建社会主义中的作用。

2006年10月11日，中国共产党第十六届中央委员会第六次全体会议通过的《中共中央关于构建社会主义和谐社会若干重大问题的决定》正式提出"促进阶层关系和谐"的命题。《决定》指出："社会主义和谐社会既是充满活力的社会，也是团结和睦的社会。必须最大限度地激发社会活力，促进政党关系、民族关系、宗教关系、阶层关系、海内外同胞关系的和谐，巩固全国各族人民的大团结，巩固海内外中华儿女的大团结。"③这一论述表明，"阶层关系"作为事关社会主义和谐社会成败的五大关系之一已经正式纳入我们党执政理念的视野中。在党的十七大报告中，"推动科学发展，促进社会和谐"明确为大会的主题，同时强调"促进政党关系、民族关系、宗教关系、阶层关系、海内外同胞关系的和谐，对于增进团结、凝聚力量具有不可替代的作用"，"鼓励新的社会阶层人士积极投身中国特色社会主义建设"④。这就进一步强调

---

① 《十六大以来重要文献选编》（中），中央文献出版社2006年版，第286页。
② 同上书，第281页。
③ 《十六大以来重要文献选编》（下），中央文献出版社2008年版，第666页。
④ 《十七大以来重要文献选编》（上），中央文献出版社2009年版，第24页。

了"促进阶层关系和谐"在构建社会主义和谐社会中的重要作用,并指出新社会阶层是建设中国特色社会主义事业的重要角色。在党的十七大的基础上,党的十八大明确指出要"继续推动科学发展、促进社会和谐",并将"促进阶层关系和谐"与"夺取中国特色社会主义新胜利"联系在一起。同时,又指出要"鼓励和引导新的社会阶层人士为中国特色社会主义事业作出更大贡献"。

胡锦涛非常重视我国社会各阶级阶层的关系,多次强调要"科学分析和把握我国社会阶层结构发生的深刻变化"。在全面把握我国社会结构和阶层关系新变化的基础上,胡锦涛提出了"阶层关系和谐"的思想,进一步丰富了中国特色的社会分层理论。这对于我们建立合理的阶层结构形态、和谐融洽的阶级阶层关系,进而构建社会社会主义和谐社会,具有重要的理论指导意义。①

(二)论述了实现"阶层关系和谐"的新举措

社会主义和谐社会的关键是建立起一种合理的现代化的社会阶层结构,其中社会阶层关系的和谐与否对社会阶层结构起着至关重要的作用。一个相对均衡、合理有序的社会阶层结构的建立,离不开社会阶层关系的和谐。社会阶层关系和谐是一个综合性概念,它涵盖各社会阶层之间的政治关系、经济关系、文化认同关系等多方面的和谐。胡锦涛紧紧把握我国社会阶层关系的深刻变化,提出了"促进阶层关系和谐"的基本目标。2006年7月10日,胡锦涛在《在全国统战工作会议上的讲话中》指出:"正确认识和处理社会各阶层的关系,推动和实现全社会和谐相处、共同发展……在发挥我国工人、农民、知识分子、干部、军人推动社会发展的主体作用的同时,正确处理和协调非公有制经济人士等新社会阶层的利益诉求,全面兼顾和实现社会各阶层群众的利益,充分发挥社会各阶层在推动经济社会发展中的作用,努力使整个社会更加生机勃勃、更加和谐融洽"②。

那么,如何实现"阶层关系和谐"的目标呢?胡锦涛认为,要用和谐思维来分析阶层关系,用和谐思维解决阶层矛盾,这是贯彻落实科学

---

① 王珊:《以胡锦涛同志为总书记的党中央"促进阶层关系和谐"思想的重要意义》,《中央社会主义学院学报》2011年第3期。
② 《十六大以来重要文献选编》(下),中央文献出版社2008年版,第557页。

发展观的客观要求。在党的十七大报告中,胡锦涛指出:"科学发展和社会和谐是内在统一的。没有科学发展就没有社会和谐,没有社会和谐也难以实现科学发展。"① 面对人民内部矛盾高发多发、形式多样的情况,胡锦涛强调,"关键是我们要正视矛盾,找到化解矛盾的正确途径和有效方法,形成妥善处理矛盾的体制机制",决不能让社会矛盾积累和发展起来,以至于影响到国家改革发展稳定的大局。实现"阶层关系和谐"实质上就是实现不同社会阶层之间利益关系的和谐,因此要通过生产力的发展来更好地满足不同社会阶层的政治、经济、文化、社会等方面的利益需求,同时,妥善协调好社会阶层之间的各种复杂的利益关系。对此,胡锦涛多次强调:"要坚持在全国人民根本利益一致的基础上,妥善协调各种具体的利益关系和内部矛盾,正确处理个人利益和集体利益、局部利益和整体利益、当前利益和长远利益的关系。"为了构建和谐的阶层关系,就必须要发展和巩固社会阶层关系和谐的基础,用改革促进社会阶层关系和谐,用制度保证社会阶层关系和谐。②

(三)提出了使"中等收入者占多数"的新认识

"中等收入者"的概念是在党的十六大报告中首次出现的。在党的十七大、十八大报告中,胡锦涛在论述建设小康社会目标的要求时,指出要使"中等收入者占多数""持续扩大中等收入群体"的战略任务。这就为持续扩大中等收入阶层,构建"橄榄型"社会阶层结构提供了政策依据。和谐社会是一个社会阶层结构优化的社会,它需要一种相对均衡的利益分配结构以及与其相一致的社会成员构成结构作为支撑。通过限制高收入者收入,提高低收入者收入水平,不断扩大中等收入者比重,逐步形成中等收入阶层占总人口多数的"两头小、中间大"的橄榄型社会阶层结构,这是构建社会主义和谐社会的不二法门。对此,胡锦涛多次强调:要更加注重社会公平,加大调节收入分配的力度,规范个人收入分配秩序,保护合法收入,取缔非法收入,着力提高低收入者水平,调节过高收入,持续扩大中等收入者比重,进而努力缓解地区之间、城乡之间和社会成员之间的收入分配差距。

---

① 《十七大以来重要文献选编》(上),中央文献出版社2009年版,第13页。
② 李新芝:《论胡锦涛同志对中国特色社会主义分层理论的新发展》,《西南民族大学学报》(人文社会科学版)2013年第8期。

总的来说，胡锦涛同志提出了丰富的系统的社会阶层理论，尤其是他提出的"阶层关系和谐"思想，对于当前我们在构建社会主义和谐社会过程中不断扩大中等收入阶层有着重要的理论和实践指导意义，也为我国中等收入阶层的培育和壮大提供了重要的理论基础。

五　习近平有关中等收入阶层的论述

党的十八大以来，以习近平同志为核心的新一届中央领导集体展开各方面工作，召开会议、调研考察、外出访问……在各自岗位上务实而高效地履职尽责。习近平总书记，先后赴广东、甘肃、海南、天津、四川、河北、湖北、辽宁、湖南、山东、内蒙古、河南等地实地调研，深入了解中国实际，发表了一系列关系国计民生的重要论断，其中有不少观点与培育中等收入阶层有关，现将这些观点或论述作如下总结。

（一）小康不小康，关键看老乡

习近平多次指出，"小康不小康，关键看老乡"。小康社会能否建成，关键在于占我国总人口70%的农民能否实现小康。同样，"中间大、两头小"的橄榄型社会结构能否形成，关键还在于占全国70%的农民能否成为农村的中等收入阶层。当前，农业仍然是"四化同步发展"（工业化、信息化、城镇化、农业现代化）的短腿，农村还是全面建成小康社会的短板。中国要强，农业必须强；中国要美，农村必须美；中国要富，农民必须富。农业基础稳固，农村和谐稳定，农民安居乐业，是整个社会经济发展大局的重要保障。我们必须坚持把解决好"三农"问题作为全党工作的重中之重，坚持工业反哺农业、城市支持农村和多予少取放活方针，不断加大强农、惠农、富农政策力度，始终把"三农"工作牢牢抓住、紧紧抓好。

第一，要解决好"谁来种地"的问题，这对我国农业农村发展和整个经济社会发展有着深远的影响。解决好"谁来种地"的问题，核心在于解决好人的问题，要通过富裕农民、提高农民、扶持农民，使得农业经营效益日益提高，使得农业成为有奔头的产业，使得农民成为体面的职业，使得农村成为安居乐业的美丽家园。要不断提高种地集约经营、规模经营、社会化服务水平，千方百计地增加农民务农收入，鼓励发展、大力扶持家庭农场、专业大户、农民合作社、产业化龙头企业等新型主体。要增加对农村的教育投入，不断提高农民的素质，培养和造就一支新型的农民队伍,把培养青年农民纳入国家实用人才培养计划,从而确保农业后继有人。

第二,要把加快培育新型农业经营主体作为一项重大战略,以吸引更多的年轻人务农、培育更多的职业农民为重点,构建庞大的职业农民队伍,从而为农业现代化建设和农业持续健康发展提供坚实的人力基础和保障。

第三,使贫困地区好起来,全面小康才能确保实现。习近平在调研湘西扶贫攻坚时指出,还要更重视扶贫,到中国共产党成立100年时全面建成小康,要使贫困地区也好起来,要有很大改变,这样全面小康才能保障实现。扶贫要实事求是,要因地制宜,切忌喊口号,也不要定好高骛远的目标。要开发贫困地区特色产业。要精准扶贫,扶贫攻坚需要把三件事做实:一是发展生产要实事求是,二是要有基本公共保障,三是下一代要接受教育。

只有我国大多数农民生活水平实现了小康,才能使越来越多的农民进入中等收入阶层的行列,从而现实全面建成小康社会的宏伟目标。

(二)工人阶级是实现中国梦的中坚力量

习近平指出,工人阶级是我国的领导阶级,是我国先进生产力和生产关系的代表,是我们党最坚实最可靠的阶级基础,是全面建成小康社会、坚持和发展中国特色社会主义的主力军。坚持和发展中国特色社会主义,必须全心全意依靠工人阶级、巩固工人阶级的领导阶级地位,充分发挥工人阶级的主力军作用。

实现中华民族伟大复兴的中国梦,根本上要靠包括工人阶级在内的全体人民的劳动、创造、奉献。我国工人阶级一定要在坚持中国道路、弘扬中国精神、凝聚中国力量上发挥模范带头作用,为实现中华民族伟大复兴的中国梦而不懈奋斗;要发扬我国工人阶级的伟大品格,用先进思想、模范行动影响和带动全社会,要坚持以振兴中华为己任,自觉把人生理想、家庭幸福融入国家富强、民族复兴的伟业之中,把个人梦与中国梦紧密联系在一起,始终做坚持中国道路的柱石、弘扬中国精神的楷模、凝聚中国力量的中坚,始终以国家主人翁姿态为坚持和发展中国特色社会主义作出贡献。

对于中国这个正在全力推进工业化进程的国家来说,中等收入阶层还没有成为未来社会的主流,而传统的产业工人仍然会继续增长,工人阶级中的大多数也将进一步提高他们的经济地位和社会地位，从而发展成为中等收入阶层的一员。

（三）技术人员和工人是企业最宝贵财富

2013年8月28日，在大连加氢反应器制造有限公司调研时，习近平看到技术人员和工人攻克重重难关锻造出的一台台压力容器，他高兴地说，技术人员和工人是企业最宝贵的财富，要抓好队伍的稳定性，调动他们的积极性。同时，随着企业经济效益的不断提高，工人的待遇也要相应地提高。技术人员和工人是宝贵的人力资源财富，要尽最大力气培养和用好人才，要加大研发投入。尤其是年轻技术人员成长了，企业才有希望，国家才有希望。技术人员和工人处于生产的第一线，为社会创造了大量的财富，因而，他们理应获得相应的经济地位和社会地位，从而进入中等收入阶层的行列。

（四）促进和谐劳动关系

2013年11月25日，习近平来到山东如意科技集团有限公司调研。这家企业一方面依靠科技创新推动自身发展，另一方面努力为员工提供住房、医疗保障，还非常注重保持劳资关系和谐。对此，习近平叮嘱企业负责人要发挥社会主义制度优越性，多关心职工，多谋福利，促进和谐劳动关系，为社会和谐稳定多作贡献。和谐劳动关系对于企业的健康发展和维护员工的基本权益具有重要意义，能够为中等收入阶层的培育提供良好的社会环境。

（五）实现全体人民住有所居的目标

习近平强调，住房问题既是民生问题，也是发展问题，它关系千家万户的切身利益和人民安居乐业，关系经济社会发展全局以及社会的和谐稳定。加快推进住房保障和供应体系建设，是满足群众基本住房需求、实现全体人民住有所居目标的重要任务，也是促进社会公平正义、保证人民群众共享改革发展成果的必然要求。从我国国情看，住房保障和供应体系建设的总方向是构建以政府为主提供基本保障、以市场为主满足多层次需求的住房供应体系。要千方百计增加住房供应，同时要把调节人民群众住房需求放在重要位置，建立健全经济、适用、环保、节约资源、安全的住房标准体系，倡导符合国情的住房消费模式。

拥有房产是中等收入阶层的衡量标准之一。在房价畸高的形势下，采取有效措施解决居民住房问题，有助于缓解当前中等收入阶层的生存压力，也有利于促进中等收入阶层的健康发展。

（六）就业是永恒问题

2013 年 8 月 30 日，习近平在沈阳多福社区的座谈会上说，就业是永恒的课题，更是世界性难题。我国每年新增 1000 多万就业人口，必须大力促进就业创业，一是要集中精力抓发展，二是要把就业再就业工作做实，三是劳动者要转变观念。行行出状元，只要是劳动就值得尊重，大家都要尊重劳动。解决好每年新增就业人口的就业问题，是培育中等收入阶层的前提条件。当前，大学生就业难的问题也比较突出。大学生是潜在的中等收入阶层，只有解决好大学生就业难的问题，才能培育出更多的中等收入阶层后备军。

第三章　中等收入阶层的历史演变与现状特征

"二战"以后，世界各国中产阶级的人数不断增长，并在全球范围内呈现出日益扩张的趋势。综观世界各国的现代化进程，不难发现，中产阶级的兴起与发展是一个比较普遍的现象。在美国、欧洲、日本等发达国家和地区，第二次世界大战后的经济复苏与繁荣导致了新中产阶级的形成，进而使得以往的阶级结构形态发生了很大改变。20世纪80年代，东亚新兴工业化国家和地区（以"亚洲四小龙"为代表）都出现了中产阶级迅速崛起的现象。目前，中国和印度等经济增长较快的发展中国家，以及东欧和俄罗斯等社会转型国家，也出现了中产阶级兴起的现象。[①] 中产阶级在中国历史上有其独特的发展变迁轨迹。为了对当前我国中等收入阶层有一个全面而深入的了解，我们有必要从历史的纵向深度来梳理中产阶级在中国社会的发展演变历程。这里需要指出的是，今天我们所谈论的中等收入阶层，主要是指1978年改革开放以后在我国逐渐兴起的一个社会群体。改革开放30多年以来，随着社会经济的高速发展，我国的社会结构以及阶级阶层结构发生了深刻的变化。在传统的产业工人（改革开放初期又把知识分子称为"工人阶级的一部分"）和农民之外，我国出现了许多新的社会阶层，其中，中等收入阶层或者说是中等收入群体的兴起是一个引人注目的新变化。

---

① 李春玲：《比较视野下的中产阶级形成过程、影响以及社会经济后果》，社会科学文献出版社2009年版，第1页。

第一节　我国中等收入阶层发展变迁的历程

21世纪以来，中产阶层在中国已经成为一个热门的话题，社会各界对这一社会群体表现出越来越多的兴趣。总体而言，中国中产阶层的发展经历了一个曲折的历程，由最初萌芽期的短暂发展，到阶层固化时期的不复存在，再到改革开放之后的重生和崛起。

一　萌生：我国中产阶层的短暂发展

现代社会意义上的中国中产阶层产生于19世纪末20世纪初，并在20世纪上半叶有了一定程度的发展。这一阶层的成员主要包括如下几部分："新士绅"（即原先乡村中的一部分有文化和资本、进入城市从事现代民族工商业的士绅及其子弟）、洋行"白领"、民族工商业的管理者、政府官员、大学教授、律师、作家和艺术家等自由职业者。[①] 这一阶层主要是随着资本主义在中国的萌芽和发展而产生的，同时，外国势力和新文化思想的引入使得这一阶层具备了成长的环境。1949年前的上海中产阶级，就是现代意义上中国中产阶层萌芽和发展的最典型的例证。笔者分析上海中产阶级的产生发展历程，尝试从上海这个典型案例来透视中国中产阶层的早期发展状况。

上海中产阶级是随着上海的城市化和现代化进程而出现的，既具有外力推动的突发性，又留下了农业文明和上海这座城市文化的深刻烙印。首先，老中产阶级的产生与上海开埠后外力刺激下民族工商业的发轫直接相关。随着上海在19世纪50年代中后期成为国内外贸易中心，近代民族工商业逐渐兴起。从事民族工商业的中小企业家和小商人、小店主构成了传统意义上的中产阶级主体——老中产阶级。其次，随着上海外贸重心地位的确立，金融业、商业、加工业发展起来，许多新兴职业开始兴起。19世纪五六十年代以后，出现了凭借新式职业谋生的人，他们主要是洋行雇员、进出口商店伙计、新式学堂教员以及在银行、海关、电报、邮寄、铁路系统等从事新职业的人员。这些人成为最早的一批新中产阶级成员。进入20世纪以后，知识分子在上海文化事业及文

[①] 周晓虹：《中国中产阶层调查》，社会科学文献出版社2005年版，第3页。

化市场方面有了很大的发展空间。尤其是二三十年代迁入上海的知识分子堪称中国文化界最具有现代性的一支社会力量，他们几乎全是新式知识分子，其中还有大批海外求学归国的留学生。一个以知识和技能谋生的职员群体和知识分子群体成为中产阶级的另一个主体——新中产阶级。这一阶层逐渐成为引领上海发展方向和潮流的重要社会阶层。① 不过，由于中国长期处于战争状态，这一阶层常常被卷入战争中，导致其难以发展壮大起来。上海解放后，那些当年的中产阶级是消失在了历史进程中，还是与城市中的劳动人民一起获得了重生呢？事实上，中产阶级并没有随着旧政权一起消亡，他们中的大多数人仍然在新社会里继续从事着原有的工作或者是与之差别不大的工作。与社会的上层和下层相比，中产阶级的大多数或许是受到社会变革冲击最小的社会群体。他们仍然可以保持原有的生活状况，但是他们逐渐远离人们的视线，甚至都无法让人们感觉到他们曾是今天上海中等收入阶层的前身。②

二 消失：我国中产阶层不复存在

直到新中国成立初期，中国中产阶层主要是在萌生阶段形成的基本社会群体，即民族工商业者、知识分子、自由职业者等。然而，1949年新中国成立以后，中国中产阶层逐渐失去了长期存在的土壤和生长的环境。在经历了各种政治运动（从"三反五反"、反"右"斗争扩大化直到"文化大革命"）和经济改造（如对资本主义工商业的改造）之后，中产阶层实际上已经在中国消失了。从1949年新中国成立到1978年改革开放之前，在这长达30年的时间里，中国中产阶层由一种被专家学者称作的"类中产阶层"所替代，他们主要由国家与社会管理者阶层（党政军中层领导干部）、国有企业工人和知识分子构成。③

1949年，随着新中国的成立，中国的政治经济制度发生了重大的变化。官僚资产阶级和买办资产阶级被推翻，出现了在中国共产党领导下的四大阶级，即工人阶级、农民阶级、城市小资产阶级和民族资产阶级，进而形成了新中国的社会阶层结构。新中国的成立形成了一个新的

---

① 连连：《萌生：1949年前的上海中产阶层》，中国大百科全书出版社2009年版，第79—84页。
② 同上书，第416—418页。
③ 李强：《市场转型与中国中产阶层的代际更替》，《战略与管理》1999年第3期。

国家与社会管理者阶层。这一阶层的组成人员主要是军队转业干部，以及一部分从城乡积极分子中成长起来的、没有军队背景的地方干部。在1949年至1952年的国民经济恢复时期，新生国家政权一方面组建国有工业经济，使得工人阶级的人数大量增加，国有企业的工人已经成为政治和经济上的主人翁；另一方面对资本主义工商业实行利用、调整、限制政策，使得民族资产阶级获得了一定程度的发展，但也开始受到国家政权的约束，同时，个体工商业者也属于被改造的对象。

1956年，中国又发生了一次重大的制度变革，实现了对农业、手工业和资本主义工商业的改造，初步确立了高度集中的计划经济体制。制度的变迁使得原有社会阶级阶层结构发生了根本性变革。经过对民族资本主义经济的利用、限制和改造，城市小资产阶级和民族资产阶级已经不复存在了，他们被改造成自食其力的社会主义劳动者。当时中国社会只剩下"两个阶级、一个阶层"，也就是工人阶级、农民阶级和知识分子阶层了，这就是当时中国社会阶层的基本结构。其中，中产阶层的替代——"类中产阶层"的构成主要是党政军中层领导干部、国有企业工人和知识分子。

从1957年起，中国社会进入一个新的变动时期。经过一系列群众性政治运动、经济改造和国民经济管理体制的调整，中国高度集中的计划经济体制和城乡二元分割的社会体制最终确立起来。此后，中国社会基本上成了一种身份社会，中国居民具有了各种各样的身份，比如阶级身份、户籍身份、劳动人事身份和工作单位所有制身份。身份实质上是对既有利益、地位的固化。在这样一种封闭的身份社会，人们的社会关系日益被高度政治意识形态化，社会阶层关系开始被凝固化。

三 重生：我国中等收入阶层的崛起

1978年改革开放以后，中国当代中产阶层获得重生，开始重新出现在人们的视线里。随着我国改革开放和市场化进程的深入推进，原有的阶级阶层出现了大规模的分化，新社会阶层开始出现，其中，一个具有现代意义的符合中国国情的中等收入阶层逐渐兴起并发展壮大起来。我国中等收入阶层的形成和发展大致经历了如下三个阶段。

（一）重新成长与开始兴起期（1978—1992年）

从1978年党的十一届三中全会到1992年邓小平南方谈话发表之

前,随着改革开放和商品经济的发展,我国开始出现了以个体户、私营企业家为代表的中等收入阶层。中等收入阶层当然不仅仅是个体户和私营企业家,这里特别突出地论述这两个群体,主要原因在于:一方面,中国1956年的社会主义改造,使得个体经济和私营经济基本上消失了,改革开放后,这两个阶层代表了原有中产阶层的再生和复兴,而不仅仅是简单的新生社会阶层;另一方面,到目前为止,个体户和私营企业主阶层在中国经济社会发展中发挥着不可替代的推动作用。

1978年改革开放以来,个体经济和私营经济的发展经历了一个探索的过程。我们首先从中央的政策文件来分析个体经济和私营经济的发展过程。1979年9月28日党的十一届四中全会通过的《中共中央关于加快农业发展若干问题的决定》指出:"自留地、自留畜、家庭副业和农村集贸市场,是社会主义经济的附属和补充,不能当作资本主义的尾巴去批判。"① 这个文件的精神已经初步包含了允许非公有制经济发展的思想观点。1980年8月,中央在北京召开了全国劳动就业工作会议,会议认为:"鼓励和支持个体经济的适当发展,一切守法的个体劳动者应当受到社会的尊重。"1981年10月,中共中央、国务院作出《关于广开就业门路、搞活经济、解决城镇就业问题的若干决定》,鼓励发展集体经济,支持个体经营,文件指出"个体经营户,一般是一个人或家庭经营",是"自食其力的独立的劳动者","对个体工商户,应当允许经营者请两个以内的帮手,有特殊技艺的可以带两三个最多不超过五个的学徒",但是"请帮手,带学徒,都要订立合同"。后来出现了7人以上的个体工商大户,经过总结经验和权衡比较,1983年1月,中共中央印发《当前农村经济政策的若干问题》,文件指出,对雇工超过7人的,不应提倡,不要公开宣传,也不要急于取缔,要因势利导,使之向不同形式的合作经济发展。② 这就是"三不"政策,它标志着我们对个体经济迈出了第一步,同时,也使得我国城市和农村的雇工有了合理合法的依据。

此后,中共中央又颁布了一系列政策法规,为个体经济和私营经济的发展创造了更为宽松的社会环境和政策支持。1984年,中央拟定了

---

① 《三中全会以来重要文献选编》(上),人民出版社1982年版,第173页。
② 宗寒:《两只眼看中国资产层》,红旗出版社2012年版,第33页。

一年一度的对全国工作有宏观指导意义的中央1号文件,文件指出:"允许私人办企业雇工经营。"1987年6月,邓小平在谈到农村改革时指出,"农村改革中,我们完全没有预料到的最大的收获,就是乡镇企业发展起来了,突然冒出搞多种行业,搞商品经济,搞各种小型企业,异军突起","乡镇企业每年都是百分之二十几的增长率,持续了几年……解决了占农村剩余劳动力百分之五十几的人的出路问题","农民不往城市跑,而是建设大批小型新型乡镇"①。在这次讲话中,邓小平充分肯定了农村中个体经济发展的成果。党的十三大指出,要继续鼓励、支持个体经济和私营经济的发展,要让私营经济成为公有制经济的必要的有益的补充。②

党的十三大以后,个体经济和私营经济所具有的合法权利、合法地位又得到进一步确认。1988年4月,七届全国人大一次会议通过了宪法修正案,并且增加了关于私营经济的重要内容,即"国家允许私营经济在法律规定的范围内存在和发展。私营经济是社会主义公有制经济的补充。国家保护私营经济的合法的权利和利益,对私营经济实行引导、监督和管理。"③1988年6月,国务院颁布了《中华人民共和国私营企业暂行条例》,从此私营经济合法地位得到了正式确认。1991年7月,中共中央批转中央统战部《关于工商联若干问题的指示》的通知,指出"对现在的私企主,不要和过去的工商业者简单类比和等同,更不要像五十年代那样对他们进行社会主义改造",我们需要做的是对私营企业主、个体工商户进行爱国、敬业、守法教育,并维护他们的合法权益,反映他们的正确意见。④

总之,在国家政策法规环境的保护之下,我国的个体经济和私营经济有了突飞猛进的发展。这一时期我国社会阶层结构发生了实质性的变化,在全国范围内出现了以私营企业家、个体工商业者、乡镇企业家等为代表的社会群体。这些诞生于20世纪80年代的个体、私营企业主被有的学者称为中国的"旧中产阶层",他们实际上是我国中等收入阶层

---

① 《邓小平文选》(第3卷),人民出版社1993年版,第238页。
② 《十三大以来重要文献选编》(上),人民出版社1991年版,第31—32页。
③ 同上书,第216页。
④ 参见中共中央批转中央统战部《关于工商联若干问题的请示》,载中共中央统战部《新时期统一战线文献选编》,中共中央党校出版社1985年版。

的重要组成部分。

(二) 快速发展与基本定型期 (1992—2002 年)

1989 年,中国的经济发展陷入了低谷,个体经济和私营经济出现了短暂的萧条和萎缩。1992 年邓小平发表了一系列重要谈话,提出"发展就是硬道理"的论断。1992 年 10 月,江泽民在党的十四大报告中明确指出"我国经济体制改革的目标是建立社会主义市场经济体制","坚持以公有制包括全民所有制和集体所有制为主体,个体经济、私营经济、外资经济为补充,多种经济成分长期共同发展"[①]。党的十四大明确提出了社会主义市场经济体制的改革目标,并确定了个体经济和私营经济的社会经济地位,这在客观上为我国中等收入阶层的成长与发展扫除了障碍。此后,中国社会经济发展进入了第二轮高潮期,个体经济、私营经济也随之获得了突破性的发展。

1993 年以后,我国的中等收入阶层摆脱了短暂的发展低谷,开始正式形成并逐渐发展起来。1993 年 11 月,党的十四届三中全会通过《关于建立社会主义市场经济体制若干问题的决定》,会议强调:"必须坚持以公有制为主体、多种经济成分共同发展的方针。"[②] 1994 年,国务院在金融、财税、投资、外汇等领域的改革措施,促进了非公有制经济的发展。这一时期,我国加大了引进外资和先进科学技术的力度,大批跨国公司和国际资本进入国内市场,"三资"企业快速发展。于是就职于三资企业的"白领"们不断增加,成为中等收入阶层的一个重要构成部分。在宽松政策的鼓励下,"下海"潮逐渐形成,许多政府官员、知识分子纷纷下海经商,大批国有企业、集体企业在改革过程中转变成私营企业。这不仅壮大了我国的私营经济,还使得整个私营企业主阶层的素质有了很大的提高。1997 年,党的十五大把"以公有制为主体,多种所有制经济共同发展"确立为我国的基本经济制度,第一次明确提出"非公有制经济是社会主义市场的重要组成部分",同时还指出"对个体、私营等非公有制经济要继续鼓励、引导,使之健康发展"。

20 世纪 90 年代的中国,股份制企业逐渐增多,律师事务所、会计师事务所、技术咨询公司等机构纷纷建立起来,管理人员和专业技术人

---

① 《十四大以来重要文献选编》(上),人民出版社 1991 年版,第 180 页。
② 《十四大以来重要文献选编》(中),人民出版社 1991 年版,第 1371 页。

员不断出现。同时，中国社会的新中间阶层——"白领阶层"兴起并快速发展起来。白领阶层主要是就职于金融、投资、文化传播和商业交通等第三产业部门，从事非直接生产性的管理工作或技术工作，他们往往被人们称为经理、主管、业务员、制作人、技术人员和办公室职员等。这一阶层的兴起，表明我国市场经济改革的不断深化，使得许多人可以在更为广阔的行业空间谋求更多的发展机会。在这一阶段，随着社会主义市场经济体制改革的深入推进，我国的中等收入阶层遍布社会各行各业，且已经基本上定型：一个由民营企业家、个体工商业者、知识分子、三资企业的管理人员和技术人员、高科技人员、律师、会计师等所组成的受过较高教育、职业声望高的中等收入阶层已经成型并趋于稳定发展。

（三）迅速增长和多元发展期（2002年至今）

21世纪以来，我国社会主义市场经济体制日益完善，改革开放深入推进，社会阶层结构发生了深刻变化，阶层分化也进一步加快。早在2001年的"七一"讲话中，江泽民就指出："改革开放以来，我国社会阶层构成发生了新的变化"，涌现出一批新的社会阶层，"他们也是有中国特色社会主义事业的建设者"。[①] 这些新兴社会阶层是我国中等收入阶层的主要来源。在确定了新兴社会阶层地位和作用的前提下，我国又出台了一系列鼓励和支持非公有制经济发展的政策法规，在客观上加速了社会阶层的分化，促进了中等收入阶层的持续发展和不断成熟。

2002年11月，党的十六大报告提出："毫不动摇地巩固和发展公有制经济"，"毫不动摇地鼓励、支持和引导非公有制经济发展"，同时指出："以共同富裕为目标，扩大中等收入者比重，提高低收入者收入水平。"[②] 这是我们党首次将"扩大中等收入者比重"写进中央文件中，为我国中等收入阶层的成长发展提供了政策环境支持，也为国内学界研究中国中产阶层提供了合法性的话语体系。2004年3月，十届全国人大二次会议通过宪法修正案，并将"国家保护个体经济、私营经济的合法权利和利益""公民合法的私有财产不受侵犯"写进宪法。2007年3月，十届全国人大五次会议通过的《物权法》，强调了国家对私有财产

---

① 《江泽民文选》（第3卷），人民出版社2006年版，第286页。
② 同上书，第547—550页。

和私人所有权的保护等。党的十七大强调要把两个毫不动摇作为长期坚持的方针，提出"合理有序的收入分配格局基本形成，中等收入者占多数，绝对贫困现象基本消除"①。党的十八大进一步提出"毫不动摇鼓励、支持和引领非公有制经济，保证各种所有制经济依法平等使用生产要素、公平参与市场竞争、同等受到法律保护"，同时还指出要使"收入分配差距缩小，中等收入群体持续扩大，扶贫对象大幅减少"，"鼓励和引导新的社会阶层人士为中国特色社会主义事业作出更大贡献"②。

进入 21 世纪以来，我们党对在社会变革中兴起的新社会阶层给予高度关注，并科学评价他们的地位和作用。从 2002 年至今，党的历次代表大会不仅仅对新社会阶层十分重视，还对我国的中等收入者提出了发展要求，指明了发展方向。作为中国特色社会主义事业的建设者，新兴社会阶层遍布中国社会各个行业、各个领域，并在经济社会发展中起着越来越重要的作用。他们拥有一定的经济收入、家庭财产，受过较高的教育，从事体面的职业，具有较高的社会声望，构成了我国中等收入阶层的主体部分。

第二节　我国中等收入阶层的现状调查与分析

本次调研数据来源于对中央党校 2012 年部分主体班次学员的调查，以及从 2012 年 4 月以来对选定的被访者的跟踪访谈。

一　调查的基本情况介绍

（一）调查和访谈对象

本书的调查和访谈的对象，均是具有稳定工作和收入来源的人，他们在收入水平、职业声望、生活方式、受教育程度上都符合中等收入阶层的客观界定标准。他们的职业类型主要包括政府公务员、干部、教师、科研人员、事业单位与国企工作人员，以及部分民营企业工作人员和专业技术人员。

---

① 《十七大以来重要文献选编》，中央文献出版社 2009 年版，第 16 页。
② 胡锦涛：《坚定不移地沿着中国特色社会主义道路前进　为全面建成小康社会而奋斗——在中国共产党第十八次全国代表大会上的报告》，人民出版社 2012 年版，第 18—30 页。

调查对象。本书涉及的调查对象主要是中共中央党校 2012 年部分学员。

访谈对象。本次调研的访谈对象一共 10 人。被访者主要包括公务员、事业单位工作人员、中小企业管理人员与专业技术人员、私营企业、律师、大学教师等社会人员。从职业类别来看，他们都是属于社会职业的中上层，主要有如下人员：国家公务员 1 人，事业单位工作人员 3 人，大学教师 2 人，律师 1 人，投资公司项目经理 1 人，证券公司项目主管 1 人，私营企业主 1 人。从受教育程度上看，访谈对象都符合社会教育水平的中层标准，他们的受教育程度如下：博士学历 2 人，硕士学历 3 人，本科学历 5 人。访谈对象的年龄在 28—48 岁。

（二）调查和访谈内容

调研活动开始于 2012 年 4 月初，2013 年 4 月初结束，历时 1 年。调研的目的主要是为了真实地反映当前我国中等收入阶层的发展状况以及面临的发展障碍，以期为扩大中等收入阶层构建社会主义和谐社会提供有价值的对策建议。此次调查的内容涉及中产阶层的划分标准、数量规模、构成、作用、生存状态、发展障碍、成长动力、发展趋势等多个方面。

由于人力、财力、物力有限，不可能在短期内对全国范围内的中等收入阶层进行全方位的跟踪调查。因此，选择了部分符合中等收入阶层的典型代表作为调查对象。希望能够通过此次调查，统计分析出"关于当前我国中等收入阶层发展成长状况"的真实数据。

本书通过相关部门工作人员、大学教师、律师、投资公司项目经理、证券公司项目主管和私营企业等 10 名符合中等收入阶层标准的社会人员进行跟踪访谈，以求更准确地掌握有关我国中等收入阶层发展现状的数据，直观地了解关于这一阶层的生活状态、发展困境及未来趋势等方面的情况。

二 中等收入阶层基本状况的调查结果分析

扩大中等收入者比重，是全面建成小康社会、构建社会主义和谐社会的必然要求。在当前全面深化改革的新阶段，更需要通过持续扩大中等收入者比重，努力缩小城乡、区域、行业之间收入分配差距，逐步形成合理有序的"橄榄型"分配格局。当然，我国中等收入阶层的现实生活境遇就非常值得我们关注：这一阶层的生存状态如何？他们有没有形成统一的阶层意识？他们在社会稳定与发展中承担着什么样的角色……针对这些问题，课题组展开了这项关于中等收入阶层基本情况的调查。本次调查共发放问卷 210 份，回收 210 份，共设计了 23 道题，其中客观题 22 道（包括单选和多选），主观题 1 道。根据对回收问卷有效数据的整理和分析，现对我国中等收入阶层的基本状况作如下概括。

（一）中等收入阶层的划分标准

中等收入阶层不仅仅是一个经济学意义上的概念，也不应该仅仅以经济收入为划分标准。中等收入阶层的划分标准是多元的、综合性，除了经济收入之外，还要将职业、受教育程度、社会声望和地区差异等因素考虑进来。调查结果显示，关于"中等收入阶层的划分标准"，认为收入为划分标准占总人数 43%；认为财产为划分标准的占 37%；认为职业为划分标准的占 8%；认为文化程度为划分标准的占 9%；认为社会声望为划分标准的占 3%。其中，关于"中等收入阶层划分的第一标准"，认为是"持续稳定的收入"有 40%；认为是"人均收入"的有 14%；认为是"家庭平均收入"的有 33%；认为是"人均收入线的 2.5—5 倍"的有 13%。在"中等收入阶层划分标准应该考虑的因素"方面，有 25% 的人选择"以城市居民人均收入为标准"；4% 的人选择以农民人均收入为标准；69% 的人选择"分别划分城市居民人均收入和农村居民人均收入标准"；2% 的人选择"说不准"。

根据调查结果分析，与西方以收入、职业、教育程度与社会声望等综合标准来划分中产阶层有所不同，目前我国中等收入阶层的划分标准仍然以经济收入为主要划分标准。同时，由于我国城乡二元结构的长期影响，我国中等收入阶层表现出明显的城乡差异和地区差异。实际上，在我国，讨论中产阶层就蜕变为关注中等收入阶层。如今，中等收入阶层这一提法更适合我国的基本国情。

（二）中等收入阶层的数量规模

与西方发达国家的中产阶级相比，我国中等收入阶层的形成发展要晚许多年，并且其数量和规模有限。调查结果显示，"以我国城市居民人均收入为标准的话，我国目前中等收入群体占整个有劳动能力人群的 37%"。对于有关研究机构的这一项关于我国中等收入群体规模的数据，有 10% 的人认为这一比例偏大，有 12% 的人认为适中，有 71% 的人认为偏小，有 6.5% 的人选择"说不准"。对于"中等收入阶层存在的主要问题"的回答，10.2% 的人认为是经济地位下降，29.3% 的人认为是阶层认同度不高，56.2% 的人认为是发展太慢、人数太少，4.3% 的人认为是偷税漏税、制造网络谣言等不道德行为。

调查结果证明，绝大多数人认为中等收入阶层严重偏低、规模偏小，发展速度十分缓慢。同时，中等收入阶层的经济地位不稳定，并有下降的趋势，他们的社会认同程度或者自我认同程度并非人们想象的那么高。

（三）中等收入阶层的自我认同

认同是人们对自身角色以及与他人关系的一种定位，阶级的自我认同，就是指对自己属于哪个阶级的定位，这是一个主观层面的问题。这反映出当前"中产"的阶层意识，同时也折射出我国中等收入阶层的社会心态。① 中等收入阶层的自我认同主要以三个方面为标准，即职业、社会地位和收入水平。

调查结果显示，38.5% 的人认为自己是中等收入阶层，59.5% 的人认为自己不是中等收入阶层，2% 的人选择"说不准"。在"月平均收入"问题上，14% 的人选择 1500—4000 元，66% 的人选择 4000—8000 元，12% 的人选择 8000—12000 元，7% 的人选择 12000 元以上，1% 的人未作选择。其中，月均收入在 1500—4000 元的被调查者，有 75% 认为自己不是中等收入阶层，25% 认为自己是中等收入阶层；月均收入在 4000—8000 元的，有 66% 的人认为自己不是中等收入阶层，34% 的人认为自己是中等收入阶层；月均收入在 8000—12000 元的，有 65% 的人认为自己是中等收入阶层，35% 的人认为自己不是中等收入阶层；月均收入在 12000 以上的，有 75% 的人认为自己属于中等收入阶层，25% 的人认为自己不是中等收入阶层。在"自己社会地位"问题上，60.9% 的人选择"一般"，30.2% 的人选择"有些低"，7.4% 的人选择"非常低"，1.5% 的人选择"很高"。在"目前我国中等收入阶层包括哪些群体"问题上，公务员占 14.6%，经理阶层占 17.4%，私营企业主占 14.3%，专业技术人员 17.2%，办事人员占 2.1%，个体工商户占 8.2%，商业服务业工薪阶层占 1.3%，产业工人阶层占 1.9%，效益好的企业员工占 11.5%，大学生创业群体占 0.8%，新生代农民工占

---

① 沈晖：《当代中国中间阶层认同研究》，中国大百科全书出版社 2008 年版，第 135 页。

0.7%，农村先富人群（包括种养殖大户、农业合作社成员等）占10%。

根据调查结果分析，主观上认同自己是中等收入阶层的比例偏低，大多数人认为自己不属于中等收入阶层。在月平均收入上，有近2/3的人，其收入处于4000—8000元，但这些人并非都认为自己是中等收入阶层，而是有近2/3的人认为自己不是中等收入阶层。月均收入在8000元以上的人，认为自己是中等收入阶层的比例接近或者超过2/3。从月均收入来看，8000元是这些人判断自己是不是属于中等收入阶层的一个分界点。只有月均收入超过8000元，人们在主观上才能感受到自己属于中等收入阶层。在对自己社会地位的认同上，中等收入阶层认为处于一般水平，并没有感受到优越感。当前，中等收入阶层在职业认同方面，比较认同经理阶层、专业技术人员、公务员、私营企业主、农村先富人群以及效益好的企业员工，这些社会群体是当前中等收入阶层的主体人群。

（四）中等收入阶层的生存状态

通过对中等收入阶层生存状态的调查，可以最直观地揭示出当前中等收入阶层的基本特征和发展困境。据调查，在"比较恰当地描绘了中产阶层状态的词语"问题上，38.9%的人选择"工作紧张"，29.2%的人选择"房奴"，11.6%的人选择"时尚"，9.4%的人选择"小资"，10.9%的人选择"其他"。认为自己生存压力"很大"的占41.1%，"一般"的占37.1%，"非常大"的占18.8%，"很小"的占2.5%，"非常小"的占0.5%。对于"您感觉最大的生活压力"这一问题，42.1%认为是买房，28.2%认为是生病，17.8%认为是养老，6.9%认为是教育，5.0%认为是日常生活花销。对于"住房、医疗、教育成本的上升是否会影响到其他方面的消费"这一问题，63.4%的人认为有很大影响，30.2%认为有点影响，6.4%认为没有影响。

根据调查结果分析，当前中等收入阶层成长发育出现了一些"亚健康"状况，[①] 他们的生活工作节奏处于一种紧张状态，承担着来自住房、医疗、养老以及教育成本不断上升的生活压力。这将严重影响到中等收入阶层的消费欲望和消费潜力，对他们的健康发展极为不利，也对

---

① 沈瑞英：《转型期中国中产阶层与社会秩序问题研究》，上海社会科学院出版社2012年版，第185页。

启动我国消费经济的张力十分不利。中等收入阶层理应是一个成熟社会的中坚力量,是消费社会的主体,是最富有活力的社会阶层,但是现在,他们因各种生活压力而陷入了某种群体性的焦虑状态。一线城市高昂的房价成了中等收入阶层的最大烦恼,"一套房子消灭一个中产"不仅仅是戏言,在低福利、低保障的条件下,中等收入阶层显得十分"易碎"①。

(五) 中等收入阶层的社会作用

中等收入阶层在经济社会发展中的作用,主要表现为他们是经济发展的推手、大众消费的主体、政治民主的推动者、社会和谐稳定的中坚力量、社会价值规范的承载者等方面。然而,中等收入阶层社会功能需要在一定的条件下才能发挥出来。据调查,在"中国中等收入阶层的发展对中国未来的影响"这一问题上,有92.5%的人认为有很大影响,7%的人认为影响一般,0.5%的人认为无关紧要。对于"中国的改革和发展目前到了一个重要关口,您寄希望于?"这一问题,认为寄希望于顶层设计的占61.5%,寄希望于中等收入阶层的占29%,寄希望于精英集团的占16.5%。当回答"中等收入阶层在我国经济社会发展中的作用"时,认为中等收入阶层是经济社会的推动力量的占18.9%,认为是社会稳定的中坚力量的占37.8%,认为是消费的主体力量的占21.4%,认为是生活方式和文化观念的引领力量的占19.9%,认为中等收入阶层是社会不稳定因素的占2%。当回答"您认为党的十八大提出2020年全面建成小康社会宏伟目标,未来八年党和政府最应该选择如下那一项措施"时,选择"提低"的人占26.1%,选择"扩中"的人占53.1%,选择"限高"的人占20.8%。

根据调查结果分析,中等收入阶层对于中国未来的发展有着很大的影响,在中国改革和发展到了一个重要关口,中等收入阶层有希望成为经济社会的转型和进一步深化改革的推动力量。当前,我们离全面建成小康社会的目标越来越近了。与"提低"和"限高"相比,"扩大中等收入者比重"显得更为重要,我们党和政府对中等收入阶层在推动社会发展进步上寄予了很大的希望。然而,中等收入阶层社会作用的发挥需要依赖一定的条件。如果具备了健全与完善的制度和法治环境,以及党

---

① 方莹:《焦虑的中产》,东方出版社2013年版,第155页。

和政府的正确引导、规范和培育，中等收入阶层在经济社会发展中的作用就会有效地发挥出来，从而真正成为经济社会发展的重要推手，大众消费的主体以及生活方式和文化观念的引领者。

三 中等收入阶层主要问题的调查结果分析

近年来，中等收入阶层的规模和数量有了明显的增加，但客观地讲，我国处于社会主义初级阶段，人民生活才刚刚实现了小康，离中等收入阶层的发育成熟还有很长的一段路要走。在收入数量、生活质量、受教育程度和生活方式等方面，我国中等收入阶层与西方发达国家的中产阶级（middle class）相比还存在着不少差距。总的看来，培育和壮大中等收入阶层存在如下几个迫切需要解决的难题。

（一）如何准确确定中等收入阶层的划分标准

如果沿用西方划分中产阶层的综合标准，那么，中等收入阶层达标群体的规模数量一定比较小，而且会使中等收入阶层的培育过程变得十分漫长，这无疑不利于全面建成小康社会；如果我们仅仅以经济收入作为衡量标准的话，那么又会降低中等收入群体的整体标准，不利于这一阶层整体素质如文化程度、生活品位、阶层意识的提高。调查结果证明，我国中等收入阶层是以经济收入为首要的衡量标准。但是，我们不能将其作为唯一的衡量标准，而是需要将"财产"纳入到中等收入阶层的衡量标准。党的十八大提出"多渠道增加居民财产性收入"，因此我们将"一定的财产"作为衡量标准。其中，持续稳定的收入、家庭平均收入、家庭财产等是主要参考。然而，由于我国存在明显的城乡收入差距、地区差异等各种复杂因素，使得我们制定一个统一的划分标准显得尤为困难。对此，我们有必要分别划分城市居民人均收入和农村居民人均收入标准，区分城市的中等收入者和广大农村的中等收入者。

（二）如何增强中等收入阶层的自我认同

当前中等收入阶层认同具有盲从性、模糊性和片面性三个基本特征，这就给培育和增强中等收入阶层认同带来了较大难度。调查结果显示，在"中等收入阶层存在的主要问题"上，有29.3%的人认为是"阶层认同度不高"，有10.2%的人认为是经济地位下降，28.6%的人认为是发展太慢，27.6%的人认为是人数太少，4.3%的人认为是偷税漏税、不诚信、制造网络谣言等不道德行为。其中，阶层认同度不高所占比例较大,反映出中等收入阶层存在阶层意识缺失的问题。

第一,当前社会大众对中等收入阶层的概念及其内涵了解甚少,有限的了解绝大部分来自商业广告和媒体宣传。许多广告媒体过分渲染中产阶层的消费方式和生活品位,这就容易给社会大众造成一种误解,认为中等收入阶层就是"高收入、高消费"的社会阶层。第二,社会大众对中等收入阶层的界定表现出模糊性和不确定性。调查结果显示,对于中等收入阶层的提法,83.5%的人认为"中等收入阶层"有别于"中产阶层",仍有16.5%的人认为两种提法没有区别。对于"中等收入者的最恰当的名称"这一问题,11%的人认为是中产阶级,8%的人认为是中间阶层,38.5%的人认为是中等收入阶层,36.5%的人认为是中等收入群体,6%的人认为名称无关紧要。人们普遍感到,这个阶层就生活在自己身边,但由于当前中等收入阶层边界轮廓不清,人们对其认同也就出现了模糊性和不确定性。第三,当前社会大众对中等收入阶层认同表现出片面性。调查结果显示,当前中等收入阶层的认同主要集中在经济收入层面上,对这一阶层的文化教育、政治参与、社会功能、价值观念等诸多方面,还未给予足够的关注。目前中等收入阶层尚处于起步阶段,其自身特征还未充分表现出来,这就需要从更高的层面正确引导和培育中等收入阶层认同。[①]

(三)如何持续扩大中等收入阶层的比重

扩大中等收入阶层比重是全面建成小康社会的重要战略措施,如何持续扩大中等收入者比重是我们当前亟须破解的难题。当前,我国中等收入阶层人数少、比重低、发展缓慢是不争的事实。他们的生存状态并不是人们想象的那样高贵奢侈,而是充满着生活压力和种种忧虑。如何为中等收入阶层的发展壮大解除沉重的负担,持续扩大我国中等收入者的比重,应当提上我们政府的工作日程。

在回答"高等教育群体就业难是否会影响中产阶层的扩大"时,选择"有点影响"的占49%,接近人数的一半,选择"影响很大"的占36.1%,选择"没有影响"的占14.9%。在回答"收入分配关系调整对中产阶层有什么影响"时,有49.5%的人认为"有利于扩大中等收

---

① 沈晖:《当代中国中间阶层认同研究》,中国大百科全书出版社2008年版,第210—214页。

入阶层"，有29.7%认为有"负面影响"，有20.8%的人认为"没有影响"。在回答"住房、医疗、教育成本的上升是否会影响到其他方面的消费"这一问题时，有63.4%的人认为"住房、医疗、教育成本的上升对其他方面的消费有很大影响"。

调查结果证明，中等收入阶层的发展受到各种因素的制约，比如收入分配领域存在不合理的规章制度、高等教育水平滞后、社会保障制度不健全等因素。中等收入阶层比重的扩大，有赖于这些制约因素和发展障碍的解决。如果这些问题解决不了，不仅会使整个社会缺乏引领消费升级的消费主体，导致消费红利难以释放，而且会直接导致"中产信念"的缺失，社会结构失衡，进一步加剧不同利益群体之间的矛盾冲突。中等收入阶层是改革的受益者，其比重难以提升，意味着改革的受益者越来越少。这不仅不利于社会的和谐稳定，也不利于形成新的改革共识，制约着新一轮改革的全面深化和推进。[1]

第三节　我国中等收入阶层的基本特征

改革开放以来，我国的中等收入阶层逐渐兴起并日益发展壮大。中等收入阶层在我国的发展已经成为有目共睹的事实。这一备受关注的社会群体，经历了30多年从无到有、从小到大的发展过程，如今已经在我国经济政治生活中产生了重要的社会影响。那么，中等收入阶层有什么样的发展现状，从中又可以总结出这一阶层的哪些基本特征？我认为，主要有以下八点。

一　数量规模偏小

目前，关于我国中等收入阶层的数量规模到底有多少，至今还没有形成一个统一的、权威性的规模估量。由于中国特殊的国情，中等收入阶层的构成来源非常复杂，这就给统计数据带来了很大的难度，难以对其进行科学的数据分析和精确统计。但这并不是说我们就不能解释中等收入阶层的数量规模，至少我们可以借助目前学术界的研究成果，对中

---

[1] 迟福林：《改革红利：十八大后转型与改革的五大趋》，中国经济出版社2013年版，第153—155页。

等收入阶层的数量规模进行初步估算。

李春玲采用职业、收入、消费和主观认同四个指标来估计目前中国中产阶级的人员规模。以全国16岁到70岁非学生人口为基准，按照职业标准划分，中产阶级人数约占15.9%；按照收入标准划分，中产阶级人数约占24.6%；按照消费标准划分，中产阶级人数约占35%；按照主观认同标准划分，中产阶级人数约占46.8%。同时，符合职业、收入、消费和主观认同四个标准才可以称之为真正意义上的中产阶级，然而这样的中产阶级人数则非常少，大约占全国适龄人口的4.1%。①2001年中国社会科学院社会学研究所"当代中国社会结构变迁研究"课题组完成的全国调查研究表明，中国中产阶层的规模已经达到15%，其大约人数为8874.4万人，接近9000万人次。② 此后，中国中产阶层加快了成长的速度，规模不断扩大。2010年该课题组在研究中国社会结构深刻变化的基础上指出，中国当前中产阶层规模约为23%，同时，还指出社会结构调整目标是，到2020年要使中产阶层的规模比例达到35%左右。2010年11月8日，全球三大战略咨询公司之一的美国波士顿咨询公司发表报告指出，当前中国家庭年收入在6万—10万元人民币可称为中产阶级，中国中产阶级家庭所占的比例仅为24%。③ 这一预测与中国社会科学院社会学研究所"当代中国社会结构变迁研究"课题组2010年的预测相差不大，如果按照23%至24%的比例测算的话，我国中等收入阶层的规模大约为3亿左右。

然而，与发达国家相比，我国中等收入阶层的比重严重偏小，远低于发达国家水平。在现代发达国家，如美国、日本、欧盟等国家和地区的中等收入阶层占全社会家庭总数的比重都在70%以上。④ 在美国，一般都认为中产阶级的年均收入标准应该在2.5万—10万美元，以此为准，美国中产阶级大约占总人口的80%。⑤ 另外，与发达国家同等发展水平时期相比，我国中等收入阶层的比重仍然严重偏低。2011年，我

---

① 李春玲：《断裂与碎片：当代中国社会阶层分化实证分析》，社会科学文献出版社2005年版，第510—511页。
② 陆学艺：《当代中国社会阶层报告》，社会科学文献出版社2002年版，第255—256页。
③ 《全国"中产"家庭10年后过一半？》，《财富周刊》2010年11月9日。
④ 张茉楠：《飞跃"中等收入陷阱"——人均GDP超4000美元后需转变国家盈利模式》，《中国经济周刊》2011年9月14日。
⑤ 江山：《中产路线图》，长江出版社2005年版，第10页。

国人均GDP超过了5000美元，而中等收入阶层的比重还不到全国总人口的1/4。在20世纪70年代初期，美国人均GDP为5000美元时，中产家庭比重超过了60%；日本紧随美国之后，20世纪70年代中后期人均GDP达5000美元时，民调显示，有90%的日本人自认为是中间阶层，60%的人认为自己处于"正中间"①。

通过以上数据可以看出，与我国庞大的人口总数相比，我国中等收入阶层在人口比例上严重偏小，总体力量偏弱，因此，他们在社会结构中的地位和作用十分有限，这不利于形成"中间大，两头小"的橄榄型社会结构。

二 构成来源广泛

中等收入阶层由哪些人员构成呢？在当代中国，一般认为，"中产阶层"这一群体的人员构成主要有以下四个方面。

一是1978年以后新生的私营企业家和乡镇企业家、小业主、小商贩等自营业者以及其他形式的个体户。根据国家统计局截至2012年底的统计，全国私营企业达到1085.72万户，从业人员更是达到11296.1万人，城镇私营企业就业人数达7557.4万人；个体户数为4059.27万户，个体就业人员则达8628.3万人。②

二是传统的党政干部、国有企业的管理人员以及知识分子。这部分人是中国中等收入阶层中最为稳定的力量，他们的经济收入稳定，掌握着丰富的社会资源，保持着相当的优势地位，并且在住房、医疗、养老保障等方面都享有比较优越的待遇。

三是所谓的"新中间阶层"和"新白领阶层"，包括就职于三资企业的中方管理阶层和高级员工、新兴行业的专业技术人员和管理人员。以往的研究证明，中国大城市中正在形成一个新生的"中间阶层"和"新白领阶层"。这一阶层年轻、时尚、前卫，拥有高收入、高学历、高职位，有专业知识、懂技术、会外语，大多从事三资企业、新兴行业等方面的工作，如金融、证券、信息和高新技术等领域。根据国家统计

---

① 迟福林：《改革红利：十八大后转型与改革的五大趋势》，中国经济出版社2013年版，第152—153页。
② 参见国家统计局《中国统计年鉴（2013）》，中国统计出版社2013年版。

局统计,截至 2012 年底,我国外商投资单位城镇就业人员达 1246 万人,港澳台商投资单位城镇就业人员达 969 万人,两项合计共有 2215 万人。① 近年来,随着高等教育的普及,越来越多的大学生、研究生走上就业岗位,有很大一部成为都市"新白领阶层",在一定程度上充实了中等收入阶层的队伍,同时也造成了新中产阶层内部的激烈竞争。

四是效益比较好的国有企业、股份制企业和企业经营比较好的企业、公司、单位的职工层。从某种意义上讲,国有企业职工在改革开放前是中国社会典型的中间阶层,与广大的农民、非公有制企业的劳动者相比,他们具有明显的优势地位。然而,改革开放以来,尤其是 20 世纪 90 年代中期出现了国有企业职工失业、下岗的阵痛之后,到了 21 世纪初期,国有企业的分化大体结束,因此,那些效益好的企业、公司职工经济地位开始恢复并趋于稳定,他们中的大多数进入中等收入阶层的行列。据统计,这部分人占就业人口的 3% 到 4%。②

当然,以上四个社会群体是当前我国中等收入阶层的主要来源。然而,我们不能忽视,中等收入阶层在农村的分布和来源,尤其是农村的先富人群,比如种养殖大户、农业合作社成员。根据调查显示,认为"农村先富人群,包括种养殖大户、农业合作社成员"是我国当前中等收入阶层的人数占 10%。农民工,尤其是新生代农民工,是目前我国农村中等收入阶层的主要组成部分。他们不是依靠农业来发财致富,而是走出农村,在大城市从事建筑业、餐饮服务业、物流快递业等方面的职业。这一群体大量涌入城市,同时又面临着融入城市难的问题,如何实现农民工市民化既是对新型城镇化建设的考验,也是对培育城市中等收入阶层的挑战。另外,作为国家宝贵的人力资源,大学生就业群体有能力跃升为中等收入阶层,是我们培育中等收入阶层的重要潜在人群。

三 地域分布不均

中等收入阶层的分布呈现区域不平衡性。我国中等收入阶层主要聚集在大中城市和较发达地区,尤其是在改革开放较早的东南沿海地区、

---

① 参见国家统计局《中国统计年鉴(2013)》,中国统计出版社 2013 年版。
② 李强:《怎样看待中国当前的中产阶层》,载李春玲主编《比较视野下的中产阶级形成过程、影响以及社会经济后果》,社会科学文献出版社 2009 年版,第 162—163 页。

珠江三角洲地区、长江三角洲地区以及青岛、大连环渤海地区，还有武汉、成都、郑州等中西部的省会城市及其辐射带地区等。

改革开放以来，为了吸引外资和先进科学技术，发展国内经济，国家对东南沿海地区实行了一系列优惠政策，促进了东南沿海地区经济、政治、文化的发展，使得这些地区成了中等收入阶层的"聚集区"和"发源地"。从未来城市的发展趋势来看，大中型城市和沿海发达地区，比如北京、上海、广州、深圳等，仍将是中等收入阶层发展和聚集的核心地带。根据《2010年北京社会建设分析报告》对北京市社会阶层发展状况的分析，目前北京市中等收入阶层在社会阶层结构中所占的比例已经超过40%，大约有540万人，这一比例远远高于23%左右的全国平均水平。① 比如，有专家指出，上海的中等收入阶层在全国而言，比例是很高的。虽然上海的中小企业家比较少，但是上海的白领、公务员比较多。如果从职业结构来看，本地户籍的上海人口，就有超过1/2的人群可以属于中等收入阶层。2009年，在南京，家庭收入6万—50万元的居民家庭比例大约为45.7%，6万以下占54%，50万以上占0.3%，这意味着，如果按照国家统计局设定的"家庭年收入6万—50万元之间"的中产标准，南京收入达标的中产阶层家庭可达45.7%。② 像北京、上海、深圳、南京等这些大城市，中等收入阶层比例高、规模大，主要是因为这些大都市拥有优越的经济、政治和文化资源。有许多专家指出，在国内的大城市和沿海发达地区，中等收入者将会呈几何级数增长的趋势；而随着西部大开发的推进和东北老工业基地的振兴，这些地区的中等收入者也将会有所增加。

四 职业构成多样

随着经济的发展和产业结构的不断调整，中国社会的职业结构也不断趋向高级化和多样化。其中，农林牧副渔从业人员的比重呈下降趋势，而专业技术人员、商业服务人员、办事员、生产和运输设备操作人员则有不断增长的趋势。同时，职业结构中白领职业人群的比重也在明显上升。1982年全国18岁以上人口中只有6.9%的人从事白领职业，

---

① 《北京中产层约540万人》，《京华时报》2010年7月18日。
② 《南京收入6—50万元的中产阶层占45.7%》，《现代快报》2010年5月18日。

而 2005 年从事白领职业人员的比重上升到了 12.4%，尤其是城市白领人群的实际数量是一直在增长的。①

陆学艺认为，就现阶段中间阶层所涵盖的职业、职务成分看，主要有以下人员：科学家、工程师、专业技术人员、科研人员等科学、技术、研究等领域的专业人员；包括国有企业、集体企业、私营企业、外商及港澳台投资企业等在内的中小企业经理、企业家；各级公务员、办事员；行政事务、公共事业专职管理者；私营业主、小业主、小商贩等；包括"白领"工人、流动农民工中有一技之长者在内的技术工人；商业、服务人员；自由职业等。② 李强指出，从综合因素看，构成中国当前中产阶层的有五个重要集团：第一个集团是最典型的中产阶层，即专业技术阶层，该阶层包括传统的知识分子阶层；第二个集团是各类管理人员，包括广大干部阶层；第三个集团是所谓的"新中产阶层"，他们多从事新兴的或高新技术的职业；第四个集团是效益比较好的国有企业、股份制企业和其他经营比较好的企业、公司、单位的职工层；第五个集团是大量的中小产业、中小工商业的独立经营者、公司经理等。③ 李春玲认为，需要根据职业的标准来判断一个人是否属于中产阶层。其中，党政领导干部、企业经理人员、私营企业主、专业技术人员和办事员，这五类职业属于白领职业。从职业标准来说，他们符合中产阶级的条件，可以将其称为职业中产。个体工商户从业者则不能完全依据"白领"与"蓝领"的职业分类进行中产和非中产的划分，通常所说的职业中产并不包括个体工商户在内。④ 国家发改委宏观经济研究院关于中等收入者的研究表明，国家机关、党群组织、企业、事业单位负责人，专业技术人员，办事人员和有关人员等职业有相当比例的人已经进入了中等收入阶层。⑤《2010 年北京社会建设分析报告》指出，当前中国中产阶层主要包括党政机关事业单位中的中层领导干部、中小私营企业

---

① 李春玲：《比较视野下的中产阶级形成过程、影响以及社会经济后果》，社会科学文献出版社 2009 年版，第 119—120 页。

② 陆学艺：《当代中国社会阶层报告》，社会科学文献出版社 2002 年版，第 256—259 页。

③ 李强：《当代中国社会阶层：测量与分析》，北京师范大学出版社 2010 年版，第 165—168 页。

④ 李春玲：《断裂与碎片：当代中国社会阶层分化的实证分析》，社会科学文献出版社 2005 年版，第 490—491 页。

⑤ 陈新年：《中等收入者论》，中国计划出版社 2005 年版，第 65 页。

主、企业部门经理人员、教师、医生等专业技术人员、办事人员以及部分个体工商户。①

总的来说，我国中等收入阶层在职业构成上表现出多样化的特征，既有体力劳动者也有脑力劳动者，其中第三产业的快速发展催生了许多新兴职业，他们都是中等收入阶层的重要来源。在人们心目中，中等收入阶层从事的职业分布非常广泛。不论在城市还是在农村，人们普遍认为私营企业主、个体工商户、党政机关公务员、企事业单位管理人员、专业技术人员都是中等收入阶层的重要组成群体。根据相关调查（见表3-1）显示，中等收入阶层所从事职业排在前五位的是：私营企业主（77.9%）、企业事业单位管理人员（73.8%）、党政机关公务员（73.3%）、专业技术人员（70.6%）、自由职业者（45.7%）。②这说明社会大众对中等收入阶层的职业认同相对而言是比较一致的，人们普遍认为从事着体面、稳定和收入高的职业类型的才能称得上中等收入阶层。

表3-1　　　　社会公众认为中产阶层所应具备的职业地位　　　　单位：次,%

	频数	百分比		频数	百分比
党政机关公务员	2227	73.3	办事人员与职员	1042	34.3
企业事业单位管理人员	2243	73.8	个体工商户	659	21.7
专业技术人员	2145	70.6	企业人员/商业服务人员	410	13.5
私营企业主	2367	77.9	农林牧副渔劳动者	12	0.4
自由职业	1388	45.7			

五　文化观念多元

随着经济的发展和人民生活水平的不断提高，人们的价值观念也开始发生一系列转变。中等收入阶层的价值观念主要体现在如下几个方面：一是中等收入阶层在市场竞争中逐渐形成了崇尚个性自由的品质，有自己独特的奋斗目标、道德准则和生活方式，并具有强烈的主

---

① 《北京中产阶层约540万人》，《京华时报》2010年7月18日。
② 周晓虹：《中国中产阶层调查》，社会科学文献出版社2005年版，第40页。

体意识，主动承担社会道德与法律责任；二是市场经济体制激发了这一阶层的主体意识，使他们形成了勇于追求财富的观念，积极追求自身利益和实现自身价值，同时又不损害他人利益，这种对自身合法、合理利益的最大化追求的精神，成为这一阶层的重要阶层品质；三是这一阶层在市场竞争中讲究诚信，注重自身的良好信誉和社会形象，同时，他们的政治平等意识、竞争和合作意识、法治契约精神在不断增强。[①] 我国中等收入阶层绝大多数人员都具有从底层上升为社会上层的拼搏精神，他们通过后天努力等"后致性因素"来赢得自身的利益、地位和身份，在时代的大潮中脱颖而出，并主动承担起社会责任，适时回报社会。

　　当前，我国中等收入阶层的价值观念除了受中国传统和现代价值观影响外，还受到西方价值观的影响。在多种价值观的影响之下，我国中等收入阶层中西文化兼容，其信仰和价值观倾向于多元化，并且这一群体的内部群体利益也时常出现摩擦或融合，以及不同价值观念的碰撞。正如陆学艺在《当代中国社会阶层研究报告》中指出，在价值观的考察上，可以看出中间阶层存在着三种价值观：第一，传统的价值观，即安于现状，循规蹈矩，以个体户、小业主为主要代表；第二，现代性的价值观，即开拓进取，追求自身价值的实现，注重社会形象，典型的代表者为党政领导干部、办事人员等；第三，"后现代性"价值观，即强调个性自由、个性独立，敢于创新，不受社会规范的约束，比如受雇于三资企业的白领阶层、自由职业者等是这种价值观的典型代表。[②] 这种多元价值观，必然会导致中等收入阶层内部成员在思想观念和行为状态上的种种冲突和矛盾，使他们之间缺少统一的文化观念，相互之间并不十分认同，有时甚至会出现相互排斥的价值观念和行为选择。因此，这就需要我们对中等收入阶层的多元价值观加以引领与整合，使这一阶层能够在中国传统文化、西方价值观念和社会主义先进文化观念之间寻找到各种价值资源的共同点，从而形成并保持中等收入阶层积极的正面的文化观念和价值引导。

---

　　① 马海丽：《当代中国城市中间阶层文化观念研究》，硕士学位论文，西北农林科技大学，2009年。
　　② 陆学艺：《当代中国社会阶层研究报告》，社会科学文献出版社2002年版，第266页。

六 消费上的前卫性和发展性

（一）中等收入阶层消费的基本情况

根据 2013 年国家统计局提供的"按收入等级划分城镇居民家庭平均每人全年现金消费支出"，其中，以中等收入户为例，其消费结构主要有八类，即食品、衣着、居住、家庭设备及用品、交通通信、文教娱乐、医疗保健以及其他项目。具体消费支出比例，如表 3-2 所示：

表 3-2　　　　2012 年我国城镇中等收入家庭的消费支出比例

消费结构 指标	食品	衣着	居住	家庭设备及用品	交通通信	文教娱乐	医疗保健	其他
消费支出比例（%）	38.56	11.23	8.81	6.58	13.13	11.36	6.97	3.37

数据来源：国家统计局《中国统计年鉴（2013）》，中国统计出版社 2013 年版。

统计数据显示，中等收入阶层的食品消费比例占 38.56%。与国外中产阶级相比，可以看出我国中等收入阶层还处在初级发展阶段。衣着消费比例占 11.23%。中等收入阶层在服饰上有着较为独特的要求，他们更注重品牌，并将其看作品位和身份的象征。居住占消费总支出的比例为 8.81%。如今高房价给中等收入阶层带来了沉重的生活压力，尤其是在大都市，高昂的房价迫使大部分中等收入阶层人员选择租房。由北京工业大学、社会科学文献出版社于 2010 年 7 月联合发布的《2010 年北京社会建设分析报告》指出，月均收入 6000 元可为中产，月均收入万元可为上层中产，按现在的中产阶级家庭的收入标准和房价水平，买套 90 平方米的房子要 160 万元，需要花费 25 年的积蓄。[①] 交通通信占全部消费的比例为 13.13%，大部分中等收入阶层选择自驾车的交通方式，同时私家车也可以体现出其中产的身份。文教娱乐及其他方面的消费支出比例为 14.73%。中等收入阶层大多接受过高等教育，是高等教育的受益者，他们对教育保持较稳定的投入。在娱乐方面，他们选择旅游作为主要的休闲方式。

由于经济收入水平的差异，客观上形成了高、中、低三个消费群

---

① 《北京有 500 万中产阶级，月收入 6000 元算中产？》，《新京报》2010 年 7 月 23 日。

体,不同收入群体的消费分层已经出现。其中,高消费群体的消费需求是以追求更高档次的消费和生活质量为主,低收入阶层的消费绝大部分还处于满足基本生存性消费的需求上,而中等收入阶层的消费需求已经不再是满足生活必需品,而是向享乐型与发展型消费转变,追求理性炫耀消费、休闲消费和超前消费。中等收入阶层的消费结构和消费方式有了新的改变,他们开始注重追求生活质量和品位,消费结构升级的要求越来越强烈。

(二) 中等收入阶层消费上的前卫性和发展性

中等收入阶层具有较高的经济收入、稳定的社会职业以及对未来的良好预期,因而他们具有超前消费的能力和强烈的消费欲望,他们在消费上具有很强的前卫性。从消费结构看,这一阶层的消费中,食品消费等基本生活用品消费比例比较低,而服务性和发展性消费的比例较高。近些年,住房、汽车、旅游和通信等领域已经成为国内中等收入阶层的消费热点,这是中等收入阶层的重要标志。在现实生活中,中等收入阶层希望能够提前享受生活,因此他们倾向于信贷消费这种现代消费方式,尤其是在大城市里,他们成为个人信贷消费的主体人群。他们选择分期付款等信贷消费方式,提前购买商品房、汽车、家电和通信设备等高档消费品。据国家统计局的资料显示,2004 年,中等收入阶层购买汽车、住房及其他用途的借贷,户均为 6636.98 元人民币,是同期中等收入水平以下阶层借贷数额的 6.33 倍。[①] 可见,超前消费已经成为中等收入阶层的一种必然选择的消费模式,是这一阶层良好生活状况的现实体现。

中等收入阶层大多都有较高的教育水平,也是因为他们自身就是受教育而获益很多的社会阶层,因而他们对自身知识和技能提升的要求比较高,同时他们也更加注重对自己子女的教育投入。中等收入阶层在满足了生活必需品的需要之后,他们有剩余的资金用于满足自身素质提高的发展性消费,尤其是在教育投资方面。与中等收入水平以下的社会阶层相比,中等收入阶层的教育支出占总收入的比重要比中等收入水平以下阶层高出近 120%,其中,在家教费用、才艺培训班和补习班费用等方面,教育投入的比重要高出很多。如表 3-3 所示。

---

① 参见国家统计局《中国统计年鉴 (2004)》,中国统计出版社 2004 年版。

表 3-3　　　　　　各项教育支出占总收入的比重　　　　　　单位:%

项目	中产阶层	中产以下阶层
教育支出	7.34	6.62
家教费	4.5	2.2
才艺培训班	16.7	8.3
补习班费用	13.8	9.8

数据来源：刘毅《转型期中产阶层消费特征》，社会科学文献出版社2008年版。

七　政治上的依附性和建设性

在当代中国社会，中等收入阶层的形成路径有如下两种轨迹：一是在国家权力机制的影响之下形成，这类中等收入阶层主要包括国有企业的经理人员、事业单位的专业技术人员、党政机关的办事人员等；二是在市场权力机制影响下形成的，这类中等收入阶层主要是民营和外资企业的经理人员、非政府组织的专业技术人员、个体工商户和在私营实体中工作的办事人员等。根据卢春龙2008年在13个城市中进行的"中国新社会阶层政治参与调查"所获的数据显示，在体制内部门中工作的中等收入阶层，在中国新兴中等收入阶层总人数中所占的比重为58%；在体制外部门中工作的中等收入阶层，在中国新兴中等收入阶层总人数中所占的比例为42%。[1] 这两类中等收入阶层有着各自不同的政治态度和政治行为。

（一）中等收入阶层对现有体制的依附性

大多数发展中国家，中产阶级的兴起过程与西方发达国家有很大不同，并呈现出独特属性，也就是说，这些国家的中产阶级往往与国家权力有着密切的关系。同样，中国新兴中等收入阶层与国家权力也有着密切关系，可以说，中等收入阶层是在改革开放以来国家政策变化和国家权力鼓励的环境下产生的，他们对政府和体制权力有一定的依赖性和依附性。

对于在体制内部门工作的中等收入阶层来说，他们的形成过程存在着诸多不合理的非经济因素，带有明显的政府体制和国家权力色彩。在

---

[1]　卢春龙:《中国新兴中产阶级的政治态度与行为倾向》，知识产权出版社2011年版，第246页。

大都市里,有近 2/3 (63.5%) 的中等收入阶层就业于全民所有制单位。从单位类型看,党政机关工作人员成为现代中产的概率最高,其次是事业单位工作人员,大约超过 1/3 (34.4%) 的党政机关工作人员和接近 1/3 (30.4%) 的事业单位工作人员是现代中等收入阶层。① 这类体制内的中等收入阶层不仅集中在党政机关、科教文卫、银行、交通、财政和税务等体制权力的中心地带,而且集中于通信、邮电、石油、电力、航空、铁路和烟草等绝大部分由国家控制的垄断行业中。在体制内部门工作的中等收入阶层与国家或政府保持着紧密的联系,他们的社会政治意识不大可能朝着与现政府相抵触的方向发展,而是具有较强烈的政治主人公意识和政治积极性。目前种种迹象表明,体制内的中等收入阶层是现行经济改革政策的有力支持者和实施者,他们在很大程度上认同政府所奉行的基本原则和政府执行的具体政策,并且积极参与政治活动,对中国未来的发展充满信心。而在体制外部门中工作的中等收入阶层则表现出一定的政治冷漠性。他们更多是在市场机制的作用下诞生的,与国家权力或政府体制缺少紧密联系,也不占有足够的社会资源,这使得他们对政治事务保持谨慎和敬而远之的心态。

(二) 中等收入阶层政治参与的建设性

根据调查发现,无论是体制内的中等收入阶层还是体制外的中等收入阶层,在对中国这个政治共同体的认同上、对我国政府所奉行的基本原则和所执行的具体政策上、对政府具体机构的信任上,都比下层阶级表现出更为强烈、更高程度的情感,对我国政府有着更为正面的评价和更为强烈的认同感。由于我国新兴中等收入阶层是改革开放政策的直接受益者,在当前体制下有着更多的保障和资源,有更多机会去培育自身的公民能力、参与政治活动的兴趣、政治效能感,而这些又会强化他们政治参与的倾向,为他们参与政治的行为提供支撑。同时,新兴中等收入阶层大都拥有自己的财产,无论是小商业产权还是房屋产权,他们对社会动荡有一种恐惧心理,害怕政治民主建设所引发的社会动乱会危及自己的切身利益。因此,他们对于现有政府保有非常高的期待,希望现有政府能够继续带领中国走向繁荣富强。

---

① 李春玲:《断裂与碎片:当代中国社会阶层分化实证分析》,社会科学文献出版社 2005 年版,第 510—511 页。

我国的中等收入阶层在政治参与上有着较强的需求,他们希望政府进一步扩大政治参与渠道。根据调查数据发现,中等收入阶层对政治参与有强烈的需求,同时政治参与行为是有差异的。例如,卢春龙将中国的政治参与划分为四类:一是制度性的社会参与,即对社会团体的参与和对单位职工代表大会的参与;二是制度性的选举和投票,即区(县)、乡(镇)两级人大代表选举、城市基层社区居委会选举;三是为解决和改善人们日常生活问题而采取的非制度性的与政府官员和人大代表的联系和接触;四是围绕公民经济利益和政治权利而展开的非制度性的公民维权行动。在这四种参与形式中,我国中等收入阶层认为前三种政治参与活动是重要的,所以就积极参与这些政治活动。但是,中等收入阶层并不愿意参与那些他们认为琐碎、并不重要的政治活动,比如他们对参与社区民主建设就没有显示太大的积极性,对社区居委会选举也缺乏热情。同时,还应该注意到,中等收入阶层的政治参与诉求是一种建设性、稳定性的诉求。对于非制度性的公民维权活动,他们显示出回避利益表达的倾向,并希望能够在体制允许的范围内寻求温和的、建设性的利益表达方式。从长远看,中等收入阶层的这种政治参与方式对于我国民主政治建设是非常有利的。[1]

八 自身发展的不稳定性

马克思在分析资本主义社会结构时强调,中间阶级是"社会上最不固定的阶级",在革命斗争中表现出动摇性和不确定性。在当代资本主义社会,中间阶级的主体在不同时期,其构成也可以由不同的成分组成。这也表明,中间阶级的稳定性要比阶级本身差得多。[2]

具体到我国中等收入阶层的特殊情况,我们发现,这一阶层的形成发展随着改革和发展的深入而不断变化,表现出较大的不稳定性。

首先,我国中等收入阶层的成长发展受政策性因素影响比较大。我国中等收入阶层,是随着改革开放进程的推进而逐渐兴起的,并随着改革的深入而发生深刻变化。比如,在国有企业改革政策的影响下,原来

---

[1] 卢春龙:《中国新兴中产阶级的政治态度与行为倾向》,知识产权出版社2011年版,第248—251页。

[2] 段若鹏:《中国现代化进程中的阶层结构变动研究》,人民出版社2002年版,第210页。

在社会上具有优势地位的国有企业员工,很大一部分遇到裁员、下岗、买断工龄等问题,成为城市失业人员的主体,并被淘汰出中等收入阶层的队伍。

其次,从现有构成来源分析,我国中等收入阶层内部的构成群体具有很大的不稳定性。在市场化改革进程中,中等收入阶层并没有形成统一的一个整体,而是分化成了不同的构成群体。中等收入阶层内部的不同构成群体,在经济收入、社会地位、占有资源上是不平衡的,因此这一阶层内部就有了上层、中层、下层之分。比如,在外资企业工作的"白领阶层",其发展情况与国际形势有着紧密的关系,一旦发生一次全球金融危机,他们就很容易因经济的衰退而失去原有的工作,从而由中产阶层跌入社会的下层。2008年的全球金融危机就是很好的例证。金融危机的直接后果就是金融行业的裁员失业,空前激烈的岗位竞争让白领们时刻处在紧张、焦虑的"高压"环境下,有关被裁员、减薪的担忧不断瓦解着工作的安全感,亚健康、心理抑郁已成了甩不开的"流行病"[①]。这使得一部分白领阶层人员因裁员、减薪等而陷入生活困境,甚至滑落到了社会底层。另外,随着城市化进程的加快,我国长期处于社会底层的农民则有了进城务工的更多机会,从而使他们率先发家致富,提高了生活水平,成为农村的中等收入阶层。在未来新型城镇化的进程中,这些农民工有成为市民的机会,进而将来可能上升为社会的中产阶层。然而,如果上层社会对于社会资源过度垄断,则会挤占社会底层进入中等收入阶层的空间和资源,造成中等收入阶层某种程度上的萎缩,从而导致社会阶层结构的不稳定。

---

① 《后金融危机时代白领生存状态调查》,《东方早报》2009年9月1日。

第四章　中等收入阶层发展的瓶颈问题及原因分析

改革开放以来，随着社会主义市场经济体制改革的深入，一个被称为"中产阶层"的社会群体逐渐形成，尤其是党的十六大提出"扩大中等收入者比重"以来，我国中等收入阶层的规模日益扩大，其经济地位不断提高，社会影响力也有较大增长。党的十八大将"中等收入群体持续扩大"作为2020年实现全面建成小康社会的重要战略措施，为培育和壮大我国中等收入阶层指明了方向。作为一种新兴的社会力量，中等收入阶层在我国经济社会发展中起着越来越重要的作用，它构成了我国现阶段构建社会主义和谐社会、全面建成小康社会的阶层基础，是推进我国现代化进程和人民群众走向共同富裕的重要环节。在中国改革和发展的重要关口，他们有希望成为中国经济社会转型和进一步深化改革的推动力量，但是，其发展现状令人担忧，存在着划分标准不一、规模比重偏小、自我认同度低、群体性忧虑等迫切需要解决的难题。

第一节　中等收入阶层发展的瓶颈问题

马克思曾经说过："问题就是公开的、无畏的、左右一切个人的时代声音。问题就是时代的口号，是它表现自己精神状态的最实际的呼声。"[①] 改革开放30多年来，我国的经济结构和社会阶层结构发生了深刻变化。在这种社会结构变迁的过程中，中等收入阶层逐渐兴起并发展壮大，成为维护社会稳定、推动经济社会发展的重要阶层力量。但是，与西方发达国家的中产阶级相比，我国真正意义上的中等收入阶层发展起步要晚

---

① 《马克思恩格斯全集》（第40卷），人民出版社1982年版，第289—290页。

许多年,并存在着许多发展上的瓶颈问题,面临着诸多阻碍自身发展的不合理因素,以致限制了其进一步发展成熟及其社会功能的正常发挥。正如有学者指出,当前中产阶层发育不良,其在发展过程中出现的"亚健康"问题已经比较严重,中产阶层的社会功能也难以发挥出来。①

一 中等收入阶层有进一步萎缩的苗头

我国的中产阶层发育得还相当缓慢。除了在经济发达地区,特别是大城市之外,中产阶层数量还是不多,中等收入者在整个社会中所占的比例还很小,中国还未形成一种以中间阶层为主体的"橄榄型"社会结构。从根本上说,中产阶层的发育与经济社会发展的水平密切相关,比如产业结构、受教育水平等。

中等收入人群比重持续下降。1988—2007 年我国中等收入人群的比重持续下降,从 24.06% 下降到 18.97%。进入 2012 年以来,《人民日报》连续刊文讨论收入分配改革,其中特别谈道:中等收入群体的个税负担沉重,使社会结构的金字塔特征更加明显。文章指出,2006 年国家提出的"提低""扩中""调高"的战略思想,几年之后"提低"确有成效,但是"调高"却乏善可陈。于是,执行难度最小的"提低",成为当前缩小贫富差距的主要手段,政府"给钱"几乎成了调节收入分配的同义词。但是,政府的钱也不是从天上掉下来的。由于政府财政比以前承担了更多"给钱"的功能,迫使财政部门挖空心思,四处找钱。在金融危机影响严重时期,中国的税收不减反增,增速达 20%。据世界银行的最新报告显示:在美国,5% 的人口掌握了 60% 的财富;而在中国,1% 的家庭掌握了 41.4% 的财富,中国的财富集中度甚至远远超过美国,成为全球两极分化最严重的国家之一。② 在"高"调不下来,甚至还越来越"高"的情况下,"提低"只能依靠"压中",让中间阶层承受牺牲"高""低"两端的压力,迫使中间阶层不得不萎缩,甚至有些人因此重回低层。

从收入状况而言,中等收入群体当然好于低收入群体。但是,中等

---

① 沈瑞英:《转型期中国中产阶层与社会秩序问题研究》,上海社会科学院出版社 2012 年版,第 185—186 页。

② 《收入分配失衡带来社会风险需遏制政府与民争利》,《经济参考报》2010 年 5 月 31 日。

收入群体中的很多人承受着来自供房、孩子上学、赡养老人、不断攀升的生活成本等方面的压力，他们对住房、医疗、教育"三座大山"感受明显，而且是当下个人所得税的主要负担群体。这一群体的"中间"位置并不稳定，经济危机、行业波动、政策变化和个人困难，都可能使他们跌落低层。因此，中等收入群体普遍处于高压力的精神状况，这种状态又放大了他们生活和工作上的压力与难题。据《人民日报》调查显示，很多中等收入者并不认为自己属于"中等收入群体"。在中国，身为"中产"，可谓是考验重重。其一，社会保障体系仍待完善，"中产"后顾之忧尚存，教育、医疗、住房"三座大山"，让中产者们也如同低收入阶层一般，终日算计，不敢娱乐、旅游，担心生病、失业，更没时间好好享受生活，身体有了着落，心却失去了安全感；其二，生计压力蚕食民生的改善空间。通胀压力之下，收入涨幅已追不上 CPI，柴米油盐之生活种种，一跃成为家庭消费的主力。光鲜的工资单，已比不上持续上扬的物价。如此意义上的"中产"，早已是"虚有其表"①。根据有关专家调查，"当前我国中等收入群体比例为 23%—25%，规模约为 3 亿人。但从国内收入结构看，50% 以上城乡居民收入低于平均水平；与目前发达国家相比，我国中等收入群体比重严重落后"②，在现实生活中，他们的生存现状不容乐观，"普遍感受到某种隐忧、压力和焦虑"③。

二　中等收入阶层的内部结构差异过大

根据《2010 年北京社会建设分析报告》发布的数据显示，北京中产阶层收入的内部分化程度比较严重，明显要高于全社会的总体水平。其中最高收入群体是中小企业主群体，月平均收入达到 9666.67 元，最低的则是办事人员等群体，为 2947.76 元。调查结果表明，中产阶层 20% 最低收入组与 20% 最高收入组的收入差距为 9.09 倍。④ 当前我国中等收入阶层不仅在家庭背景、职业声望和经济收入上有比较大的差异，而且其内部结构不合理，存在着明显的代际差异、城乡差异，这也

---

① 周兼明：《警惕中等收入群体萎缩》，《凤凰周刊》2010 年第 18 期。
② 苗树彬、方栓喜：《扩大中等收入群体是个大战略》，《光明日报》2013 年 4 月 23 日。
③ 李春玲：《中产阶层的现状、隐忧及社会责任》，《人民论坛》2011 年第 5 期。
④ 《北京中产阶层约 540 万人》，《京华时报》2010 年 7 月 18 日。

使中等收入阶层内部结构产生非同质性因素。

一是"传统中间阶层"与"新中间阶层"在经济、生活、职业、文化和思想观念上存在着很大差异。一方面,"传统中间阶层"的地位相对下降。社会转型期中国"传统中间阶层"主要是指改革开放以前由干部、知识分子、专业技术人员、国有企业职工等构成的旧中间阶层。他们中的绝大多数就职于体制内的核心部门,对体制具有明显的依附性。然而,改革开放以后,尤其是到了20世纪90年代中期以后,随着公务员、行政事业单位和国有企业改革的推进,这一社会群体的经济状况、社会地位将会发生较大变化,并因此在数量和地位上产生明显波动或起伏。比如,随着社会经济发展和职业分化的加速,国有企业员工阶层在20世纪80年代和90年代前期担任社会生活重要角色的时代已经一去不复返了,到了90年代后期,他们的社会影响力有了明显下降。不仅如此,在企业改制后,很大一部分国有企业员工开始失业、下岗、离岗,沦落为社会弱势群体。所以,"传统中间阶层"社会经济地位的下降是当前构建社会主义和谐社会的潜在威胁。另一方面,由独立经营者构成的"新中间阶层"才刚刚起步,其人数比例还比较低。这一阶层主要是由改革开放以来的三资企业白领、专业技术人员、企业管理人员、第三产业服务人员等组成。与西方发达国家新中产阶级不断增长并成为主体阶层不同,我国"新中间阶层"人数不多,且其社会地位、教育水平、消费收入等还没能达到社会中上层的标准。以城市白领为例,他们主要集中在中国大城市里,即使是在大城市里这一群体的数量规模仍旧十分有限。

二是在社会资源配置格局中,我国中等收入阶层被不同发展水平的地区所分割,呈现出明显的地区差异。区域发展水平不均衡是中国经济社会发展的一个基本特征,在此基础上形成了社会结构的区域差距以及阶层分布的地区差异。我国中等收入阶层主要聚集在大中城市和较发达地区,而广大农村和不发达地区的中等收入阶层数量比较少,并且他们与城市里的中等收入阶层相比还有很大的差距。尤其是在我国东部沿海大中型城市,以及中西部省会城市和资源丰富地区,这里聚集着大量的中等收入者。在这些地区,金融、房地产、教育文化、餐饮等第三产业服务业比较发达,相应的投资者、企业经理阶层、白领阶层、专业技术人员、自由职业者等新社会阶层人数比较多,他们是中等收入阶层的重要组成部分。

三是长期的城乡二元分割体制造成城市和农村中等收入阶层之间存在明显差距。改革开放以后，市场经济为农村经济发展注入了活力，使得农村的经济面貌有了很大改观，农村居民收入也有了很大提高，有一部分农村率先脱贫致富，成为农村的先富人群。但从总体上看，农村居民收入仍然与城市居民收入有着很大差距。根据国家统计局调查数据显示，2000年我国城镇居民家庭人均可支配年收入是6280元，农村居民家庭的人均年纯收入是2253.4元，城镇居民人均收入是农村居民人均收入的2.7倍。十多年之后，国家统计局公布了2012年城乡居民家庭人均收入的情况，2012年我国城镇居民家庭人均可支配收入为24564.7元，农村居民家庭人均纯收入为7916.6元，城镇是农村的3.1倍。① 城乡居民收入差距并没有缩小，而是有继续拉大的趋势，社会的贫富差距还是比较明显。从经济收入方面来看，进入中等收入阶层的人员多数还是在城市，而不是在农村。

三 中等收入阶层的阶层意识难以形成

阶层意识，是指具有一定社会阶层地位的个人对社会不平等状况的感知，对本阶层共同利益和共同地位的认同，以及为维护本阶层利益而采取集体行动的倾向。简单地说，一个社会阶层是否有阶层意识，主要看其成员之间是否具有相互的身份认同，以及其成员是否意识到他们具有共同的利益。② 通过实际调查发现，有一些人常常被人们视为中等收入阶层，从客观上讲，他们也基本符合中等收入阶层的界定标准，但是他们主观上并不承认自己属于中等收入阶层。由此可以看出，当前我国中等收入阶层缺少一种相互的身份认同和共同的利益意识。

一是中等收入阶层内部各群体的利益不一致，很难形成一个利益共同体。在当前中国社会，利益分配方面的冲突是普遍存在的，也就是说，大多数中国人都具有阶层利益冲突意识，不但每一个阶层中多数成员都感觉到阶层之间存在利益冲突，而且阶层内部各群体之间也存在利

---

① 参见国家统计局《中国统计年鉴（2013）》，中国统计出版社2013年版。
② 李春玲：《断裂与碎片：当代中国社会阶层分化实证分析》，社会科学文献出版社2005年版，第267—268页。

益冲突。中等收入阶层并不是铁板一块,其内部各群体还存在一些利益矛盾和摩擦。现阶段中等收入阶层内部出现了分化迹象,即有中上层、中层、中下层之分。其中,中等收入阶层的上层包括私营企业主、专业技术人员群体,约占中等收入阶层的18.49%,人数相对较少。中上层与"高收入"群体紧密相关,他们凭借其资源和地位上的优势,成为上升流动最快的一个层级。而中等收入阶层的中层(包括公务员、办事员与小业主、个体户)和下层(包括商业、服务业人员及白领工人),约占中等收入阶层的81.51%。① 他们大多来自于较低层的社会人员,占有的社会资源有限,并且没有社会地位上的优势,这使其本身欠缺继续向上层社会流动的原动力。同时,他们的利益逐渐被上层所挤占,其向上流动的渠道常常被堵塞,很容易就被上层人士"挤"到社会的下层。根据《2010年北京社会建设分析报告》对北京中产阶层的分析,在北京市中产阶层内部,有170万人,即30%左右处于中上层,他们在文化资源、组织资源和经济资源拥有方面处于优势;另外,还有近70%处于中下层,他们承受着工作和生活的双重压力。由于消费需求旺盛,用并不高的收入水平面对高房价、汽车等大宗消费,他们往往成为"房奴""车奴"②。由于中等收入阶层内部分化出不同的层次,且各个层次存在一定的利益差别,这就决定了他们在经济政治上的不同利益诉求,进而使得中等收入阶层很难形成一个利益共同体。

二是中等收入阶层各组成部分有很强的差异性,没有形成共同的阶层意识。从中等收入阶层的构成来源看,一部分是包括小业主、小商贩等自营业者、个体户在内的传统"中产阶级",一部分是计划经济体制下的"中间阶层"分化出来的部分干部、知识分子,一部分是改革开放以来新生的私营企业主、乡镇企业家,以及由"外资"及高新技术人才组成的新兴中间阶层。③ 中等收入阶层的各组成部分在行业、职业、职位、收入以及自身技能和素质方面存在较明显的差异,表现出内部经济成分的复杂性及其价值观念的复杂化、多元化。这就导致了中等

---

① 陆学艺:《当代中国社会阶层研究报告》,社会科学文献出版社2002年版,第259—260页。

② 《北京中产阶层约540万人》,《京华时报》2010年7月18日。

③ 陆学艺:《当代中国社会阶层研究报告》,社会科学文献出版社2002年版,第255页。

收入阶层内部意识形态之间的重大差异性。中等收入阶层内部的大多数人都想通过职业和职位晋升等多种方式进入更高层的社会位置，他们缺乏整体的阶层认同感，难以形成共同的阶层意识。要想使整个中等收入阶层都具有共同的阶层意识，仍需要长时期的磨合。

四 中等收入阶层的社会功能发挥不足

中等收入阶层社会"稳定器"的作用没有发挥出来。中等收入阶层要成为社会"稳定器""平衡轮""安全阀"，必须具备一定的前提条件，离开了一定的前提条件，其社会功能就难以发挥出来。中等收入阶层并非因其数量众多、掌握知识技能等就有了稳定的社会功能，也并非解决社会和谐稳定问题的万能钥匙。我国的中等收入阶层数量规模过小，这直接意味着社会资源分配的不平等，贫富差距的不断拉大，以及社会两极分化的不断加剧。长此下去，中等收入阶层社会"稳定器"的功能不但不能充分发挥出来，而且还会成为社会稳定的潜在威胁，进一步加剧社会的两极分化，给构建社会主义和谐社会造成极为不利的影响。

中等收入阶层的消费功能发挥不足。中等收入阶层本应该成为大众消费的主体人群，但是其自身的局限性以及现实中的各种生活压力使得中等收入阶层难以发挥其消费功能。我国中等收入阶层自身的局限性造成了中产阶层消费的现实困境。中等收入阶层在消费层次上不是停留在生活必需品的需求上，而是注重追求生活的品质和消费品牌，但是，这一阶层规模较小、力量较弱等自身的局限性，使其对社会整体消费的影响力明显不足。另外，中等收入阶层的消费观念表现出一定的模糊性和不确定性。比如，中等收入阶层渴望有丰富的精神生活，但总的来说，他们的精神消费层次还是比较低的，他们对精神消费的理解大多停留在消遣、娱乐的层面，而不是那些发展、完善自我和不断提高自身素质等方面的发展性消费。[①] 当前，我国中等收入阶层的消费需求和消费能力在整个消费市场上还没有起到大众消费主体的作用。这就需要我们不断增加中等收入阶层的数量规模，提升中等收入阶层消费对于经济的拉动

---

① 黄庐进：《转型时期中国中产阶层消费行为研究》，华东理工大学出版社2011年版，第193—197页。

作用，努力推动中等收入阶层发展成为大众消费的主体人群。

中等收入阶层对民主政治的推动作用还没有充分发挥出来。中等收入阶层具备了推动民主政治发展的社会品质：他们是一种典型的新生社会力量，具有较高的政治参与能力，倾向于社会变革，要求政治体制作出相应的调整，并提供充分表达阶层利益的渠道。① 相对于社会底层，中等收入阶层对政治事务有着更浓厚的兴趣和高度的关注，他们有着更多资源去参与政治活动，对民主政治也有更加强烈的诉求。然而，我国中等收入阶层毕竟是一个刚刚形成与发展起来的新社会阶层，在政治上，他们还远远没能达到其应有的优势地位，因此，这一阶层在我国民主政治发展进程中所起的作用还是很有限的。尽管他们有着十分强烈的政治参与愿望，但是他们参与民主政治的动机层次较低，其主要目的大多围绕自身经济利益而展开，很少是为了国家民主政治建设和政治发展而积极参与政治。另外，从中等收入阶层自身发展情况来看，其内部各组成部分的政治价值取向也是有差异的，没有形成统一的政治意识。究其原因，主要是中等收入阶层内部各群体利益上的不一致，彼此之间难以形成紧密联系和统一的阶层意识。所以，在我国民主政治发展进程中，中等收入阶层需要在努力提高自身经济政治地位的同时，形成一致的阶层意识和利益诉求，只有这样才能更好地参与社会主义民主政治建设。

中等收入阶层还难以成为社会主流文化的承载者。中等收入阶层不仅具有社会矛盾的缓冲作用、市场经济行为的示范功能，而且还在现代社会价值观及社会规范上起到创建和引导作用。然而，当前我国中等收入阶层的文化观念正处于形成时期，至少有三个方面阻碍了他们成为社会主流文化的承载者和推动者。一是中等收入阶层意识还不十分明确，正如前文所说中等收入阶层内部的群体利益不一致，难以形成统一的阶层意识。二是中等收入阶层缺少西方中产阶级的成长背景，大多数人来自社会底层家庭，社会地位比较"脆弱"，难免有向社会底层下滑的趋势。同时，中等收入阶层承载和引领社会主流文化的能力不足，虽然他们都有着相对稳定的工作和较高的收入，但是他们也都有着对未来的担

---

① 张伟：《冲突与变数：中国社会中间阶层的政治分析》，社会科学文献出版社2005年版，第439—441页。

忧,同样存在着对社会地位下降的焦虑和恐慌。因此,他们基本上处于向更上一层的社会层级奋斗的阶段,目前最大的希望就是以自己的努力积累更多社会财富,竭力充实自己尚不丰富的文化资本,从而为下一代提供良好的教育和成长环境。三是中等收入阶层存在着先天的文化资本不足。与西方中产阶级不同,我国中等收入阶层产生于现代中国社会发展史上的特殊历程之中,这就造成其发展的先天不足,尤其是缺少家庭文化资本的积累。[①] 在文化、精神、人格、意志等方面,中等收入阶层还没能形成一致的文化观念和行为方式。这使得中等收入阶层难以发挥社会主流文化承载者、引导者的功能。

五 中等收入阶层认同存在一定的局限

一个成熟的社会必定是以中产阶层为主体的社会。构建社会主义和谐社会需要有一个庞大的中等收入阶层为社会基础。然而,学术界、官方、社会大众对于中等收入阶层的认知,仍然存在一定程度上的模糊性和片面性,这使得中等收入阶层的社会认同模糊不清。

一是国家意识形态上的认同和支持不够。党的十六大报告中首次出现了"扩大中等收入者比重"的命题,之后,在党的十七大、十八大报告中分别出现了"中等收入者占多数""持续扩大中等收入者比重"的命题。同时,党的十六大报告中还首次使用了"阶层""社会阶层"的概念,之后,党的十七大、十八大继续沿用这组概念。然而,中央文件仅仅使用了"中等收入者""中等收入群体"等字眼,并没有将其与"阶层""社会阶层"联系在一起使用,而是避免谈"中等收入阶层"或"中产阶层",更不用说"中产阶级"这一富有西方话语权的概念了。中等收入阶层面临政治话语困境,"者""群体"的说法更符合官方的话语体系。实际上,官方话语体系之下的"中等收入者"或"中等收入群体"仅仅是从经济收入的角度来界定的,并没有将政治功能、文化功能、社会功能等考虑进来。由此可见,在官方话语体系之下承认"中等收入阶层"或"中产阶层"的存在,并为其提供一系列政策和制度支持还需要很长一段路要走。然而,中等收入阶层的成长和壮大是不可避免的,他们在构建社

---

① 许荣:《中国中间阶层文化品位与地位恐慌》,中国大百科全书出版社2007年版,第268—270页。

会主义和谐社会进程中发挥着重要的社会作用,鉴于此,官方又要重视这一社会群体的存在和发展。另外,我国政府至今还没有从理论上给予中等收入阶层应有的地位,这使得中等收入阶层的发展壮大缺少了国家法律政策上的承认和支持。虽然党的十六大以来多次强调"扩大中等收入者比重"的战略任务,但这与我国中等收入阶层快速发展的需求还存在一定距离。如果在政治形态上得不到应有的社会认同,那么中等收入阶层的发展仍然面临成长的尴尬困境。

二是中等收入阶层的认同存在一定的误区。一方面,在对中等收入阶层概念的理解上,还有较大的分歧。通过访谈发现,当前社会大众对中等收入阶层的概念及其内涵了解甚少,他们对中等收入阶层的了解绝大部分来自广告和媒体的宣传,缺少正面的引导。这就容易造成社会大众对中等收入阶层认同的片面性和极端性。人们普遍认为中等收入阶层就是"高收入、高消费"的社会群体,也就是说"有钱便是中产"或者"中产很有钱"。更有甚者,在社会大众中还存在"中等收入阶层的收入来路不正"的认识误区,也就是说,大多数中等收入阶层靠着不法手段发财致富。这种认识误区显然是十分有害的,不利于中等收入阶层的健康成长。另一方面,人们对中等收入阶层本质属性的认识还比较肤浅。当前,社会大众认为中等收入阶层是"有房有车"一族,他们讲究生活格调追求生活品位。这说明当前社会大众仅仅把经济条件作为中等收入阶层的衡量标准,除此之外,还没有对中等收入阶层的阶层素质、职业属性、生活方式等有足够的认识。实际上,中等收入阶层除了其自身的经济属性之外,还应该具备较高的教育水平、良好的敬业精神、现代的个人主体价值意识以及社会责任感等阶层素质。另外,中等收入阶层自我认同偏低。通过调查发现,当前我国中等收入阶层的主观认同表现出"中产认同下移"倾向,也就是说中等收入阶层的自我认同比较缺乏。不管是中等收入阶层社会认同上的局限还是他们自我认同的缺乏,都会给我国中等收入阶层的健康发展带来消极的影响。①

---

① 沈晖:《当代中国中间阶层认同研究》,中国大百科全书出版社2008年版,第223—224页。

六　中等收入阶层焦虑限制其素质提高

中等收入阶层应是和谐社会的中坚力量，在经济上他们被看作拉动经济增长和促进社会消费的重要群体，在政治上被看作民主政治的推动力量，在社会上被看作社会和谐稳定的基石，在文化上被看作承载现代先进文化的载体，这在学术界已经成为一种基本共识。然而，当前我国中等收入阶层正陷入一种群体焦虑的"亚健康"状态。对很多中等收入群体来说，他们都普遍感受到生活的巨大压力："好不容易才凑足首付买了房，却要沦为房奴；贷款买车，又还贷又买车，成为不折不扣的车奴；生了孩子，更是被深度套牢，沦落成为孩奴……"居高不下的房价透支了很多人半辈子的财富，再加上不健全的社会保障、高强度的工作、子女教育、家庭养老、户籍门槛等，使得国内所谓的"中产"背着繁重的生活压力，浸透着无限的苦恼和无奈，充满着群体焦虑和地位恐慌。他们丝毫没有感觉到一个"比上不足、比下有余"的阶层应有的体面和高品位生活，焦虑成为这一阶层普遍心态和最显著的群体标签。[①]

中等收入阶层的群体焦虑不仅仅体现在他们在经济收入与消费预期之间形成的心理落差，还体现了他们在收入增长缓慢、生活成本不断增加方面的现实困境。中等收入阶层对自身经济收入情况并不十分满意，他们对收入的增长显得忧心忡忡，担心有限的工资难以应付沉重的生活压力。通过访谈，有人这样回答，"从1999年参加工作，10多年过去了，工资是涨了10多倍，可是生活为啥总是很紧张？"，"买了房子，就那点存款，每月工资的一半交了房租……"这些朴实的话语反映了中等收入阶层内心对经济收入的不安和无奈。

在经济收入增长缓慢的同时，中等收入阶层的生活负担和压力却在不断增加，严重阻碍了这一阶层成长发展的进程。就目前我国个人税收制度而言，由于税收制度的欠缺，中下收入阶层成为个税缴纳主力，而有的富裕阶层反而游离于个税之外，从而加剧了贫富分化，严重影响了社会公平。因此，个人所得税成为加重中等收入阶层负担的一大原因。有资料显示：在我国目前个税总收入中，工薪阶层税收所占比重已经超

---

① 参见方莹《焦虑的中产》，东方出版社2013年版。

过了50%，这在一定程度上说明中低收入者仍是个税的主要承担者。①富裕阶层可以通过各种方式逃税避税，绝大多数的低收入者不用缴纳个税，而中等收入阶层成了纳税的主力军，承担着过重的税负，使其难以成为经济社会发展的推动力量。另外，其身上背负着住房、医疗、子女教育、老人养老等沉重的经济压力之"壳"，呈现出"亚健康"的病态发展状况，这使得中等收入阶层在焦虑中艰难爬行。如果这种群体焦虑或"亚健康"状态不能有效缓解，那么它将对中等收入阶层的健康发展造成极为不利的影响，以致限制这一阶层素质的提高。

从西方发达国家的发展历程来看，中产阶级也常处于焦虑状态之中，只不过西方中产阶级发育得已经非常成熟，他们还有健全的社会保障制度作支撑。而我国中等收入阶层本身发育还不十分成熟，同时面临着社会保障制度不健全、收入分配制度不完善、社会资源配置不均衡等多方面的发展困境。目前我国社会保障制度存在着覆盖面窄、低保标准太低、社会保障城乡二元差异明显等方面的缺陷。比如现存养老保险制度的低覆盖率和低收入，使得我国中等收入阶层承担着沉重的养老压力。通过访谈发现，有些人虽被看作是体面的中等收入阶层，但是一场大病袭来，看病所需的高额医疗费用就可能使他们下滑到社会的底层。还比如，作为中等收入阶层重要组成部分的中小企业主，也表现出因资源配置不均衡而引起的群体焦虑，尤其是中小企业面临发展资金不足的困境。作为中等收入阶层最重要的"孕育基地"，中小企业的生存和发展却陷入了融资困难的境地。在调查中发现，有不少中小型企业处于"社会关怀"的盲区，他们希望国家能够给予更多的关注，比如在资金上加大扶持力度，在税收政策上给予更多的优惠，因为中小企业已经成为推动我国经济社会发展的重要社会力量，也承担了很大的社会责任。

第二节 我国中等收入阶层发展瓶颈问题的原因分析

伴随社会转型的加速和改革进程的推进，中国社会结构发生了深刻的变化，中等收入阶层应运而生，同时，社会结构的改善和中等收入阶

---

① 《工薪阶层个税占比超过50%》，《杭州日报》2012年9月1日。

层的崛起促进了经济社会的发展，构成了社会主义和谐社会建设的重要基础。和谐社会建设的一个基本条件，就是要形成一个以中等收入阶层为主体的现代社会阶层结构。社会主义和谐社会建设对扩大中等收入阶层有着强烈的呼吁和需求。但是，我国社会主义和谐社会建设出现了许多问题和不足，成为当前中等收入阶层成长发育的主要障碍。社会主义和谐社会的建设是一个长期的过程，同样，中等收入阶层的发展和成熟也需要经过一个长期的过程。

一 收入分配差距拉大趋势仍未根本扭转

自20世纪90年代开始，收入分配差距过大成为中国社会的焦点之一。目前，我国人民生活水平总体上达到小康水平，但是收入分配差距拉大的趋势还没有根本扭转。2013年1月，国家统计局向社会发布了2003年至2012年全国居民收入基尼系数（见表4-1），2003年是0.479，2004年是0.473，2005年是0.485，2006年是0.487，2007年是0.484，2008年是0.491。2008年之后，中国居民收入基尼系数逐步回落，2009年降低至0.490，2010年为0.481，2011年为0.477，至2012年降到0.474。[①]

表4-1　　　　　2003—2012年全国居民收入基尼系数

项目＼年份	2003	2004	2005	2006	2007	2008	2009	2010	2011	2012
基尼系数	0.479	0.473	0.485	0.487	0.484	0.491	0.490	0.481	0.477	0.474

从2003年至2012年全国居民收入基尼系数的变化趋势中可以看出：我国加快收入分配改革、缩小居民收入差距的紧迫性。我国居民收入基尼系数在0.47到0.49的高位徘徊，这表明我国居民收入分配差距过大，并已成为影响社会主义和谐社会建设的突出问题。2008年金融危机以后，随着我国各级政府采取了以改善民生为重点的社会建设的若干措施，我国基尼系数从2008年最高的0.491开始逐步地有所回落。

[①]《国家统计局首次公布2003年至2012年中国基尼系数》，2013年1月18日，人民网（http://politics.people.com.cn/n/2013/0118/c1001-20253603.html）。

但是，总体上看，我国居民收入分配差距仍然比较严重，收入差距拉大的趋势仍没有从根本上发生改变。

党的十六大以来，党和政府高度重视民生问题，特别是其中的收入分配差距问题，并颁布了一系列改革和完善收入分配制度、缩小收入分配差距的政策措施。比如，2004年7月，全国农村税费改革试点工作开始，取消专门面向农民征收的各种税费。2005年，中央一号文件下发前后，全国26个省、市、自治区宣布取消农业税。2006年全面取消了农业税后，每年减轻农民负担总额约1335亿元。政府采取多项措施连续上调最低工资、基本养老金，大幅度提高国家扶贫标准和城乡最低社会保障补助水平。2011年6月30日，通过了全国人大常委会修改个人所得税的决定，将个税起征点提到3500元等。这一系列缓解收入差距的措施使得目前我国收入分配进入转折期，但并不意味着我国收入分配差距到了拐点并步入逐渐下降的通道，收入差距可能在一段时间内继续保持在高位。根据上海大学上海社会科学调查中心的一项民意调查显示：认为近几年收入没有增加的占39.2%，对收入感到"不满意"和"很不满意"的占46.2%和12.7%；认为目前收入分配现状"不合理"和"很不合理"的分别占51.9%和15.6%；被调查市民认为收入"高得不合理"的行业和阶层分别为，房地产行业（35.9%）、垄断行业（28.8%）、金融证券行业（7.1%）、国企高管（20.3%）、上市公司高管（8.0%）、金融证券行业（7.1%）。①

目前，我国居民收入分配差距不断拉大的趋势并未得到有效遏制，严重威胁着社会主义和谐社会的建设。这主要体现在城乡收入差距、地区收入差距、行业收入差距和企业内部工资性收入差距等方面。比如，2002年，我国城镇居民人均可支配收入与农村居民人均纯收入之比为3.11:1；2007年，这一比例扩大到3.33:1；2008年，这一比例小幅下降为3.31:1；2009年，这一比例再度上升为3.33:1；2010年，尽管这一比例再度小幅下降，但依然高达3.23:1；2011年，这一比例又小幅下降为3.12:1，2012年，再次小幅下降为3.10:1。如表4-2所示。

---

① 《您对自己的收入满意吗？》，2010年3月8日，新浪网（http://news.sina.com.cn/o/2010-03-08/074517182466s.shtml）。

表4-2　　　　2002—2012年中国城乡居民人均可支配收入比较

年份	城镇居民家庭人均可支配收入（元）	农村居民家庭人均可支配收入（元）	城乡居民收入差距（元）	城乡居民收入比（%）
2002	7702.8	2475.6	5227.2	3.11
2003	8472.2	2622.2	5850.0	3.23
2004	9421.6	2936.4	6485.2	3.21
2005	10493.0	3254.9	7238.1	3.22
2006	11759.5	3587.0	8172.5	3.28
2007	13785.8	4140.4	9645.4	3.33
2008	15780.76	6760.62	11020.14	3.31
2009	17174.65	5153.17	12021.48	3.33
2010	19109.65	5919.0	13190.0	3.23
2011	21809.8	6977.3	14832.5	3.12
2012	24564.7	7916.6	16648.1	3.10

注：2002—2012年数据来源于国家统计局。

由上表可以看出，我国城乡居民之间的收入差距长期居高不下，在2002—2012年，城乡居民收入差距之比一直高达3∶1以上。相对于世界上多数国家城乡居民收入差距处于1.6∶1以下的比例，我国城乡之间的收入差距显然是非常严重的。我国城乡之间的收入差距成为影响我国居民收入差距的主要原因。从我国目前的收入分配格局来看，中低收入阶层的比重仍然偏大，收入分配的基本格局还是金字塔型结构，与人们所期望的以中等收入阶层为主体的"橄榄型"结构还有很大差距。

二　贫富分化开始从单纯的量变向阶层分隔的质变转化

在收入分配差距不断拉大的同时，社会贫富分化已开始从单纯的量变向阶层分隔的质变转化。

仅从中国居民收入基尼系数接近0.5的水平看，中国已经居于世界上贫富差距最大的国家的行列之中了。从社会现实看，中国在社会财富增长加速的同时，出现了财富向少数富人手中高度集中的现象，同时，中国富人阶层与穷人阶层的分化现象也变得非常突出了。比如，根据

2007年波士顿咨询公司发布的《2006全球财富报告》显示，中国有0.4%的富人家庭占据着70%的国民财富；而在日本、澳大利亚等成熟市场，一般是5%的家庭控制着国家50%到60%的国民财富。无独有偶，2008年，美林集团与欧洲最大的咨询公司凯捷咨询公司联合发布的《2008亚太财富报告》认为，截至2007年底，中国拥有超过100万美元金融资产的富人为42.5万。从财富平均拥有量来看，中国百万富翁人均掌握资产高达510万美元，远远高于亚太地区340万美元的平均值。专家指出，目前中国的财富集中度高于美国，已经成为全球财富集中度最高的国家。① 然而，在中国财富分层中，居于另一个极端的是我国众多的贫困人口。根据国务院扶贫开发领导小组办公室公布的贫困人口数据显示，按2011年提高后的贫困标准（农村居民家庭人均纯收入2300元人民币/年），中国还有1.28亿的贫困人口，占农村总人口的13.4%，占全国总人口近十分之一。② 虽然2010—2012年全国贫困人口减少了6700万人，重点县农民人均收入从2373元增加到4602万，但其人均纯收入也只有全国平均水平的58%。③

贫富分化造成"社会结构紧张"，而结构紧张使富有阶层和贫穷阶层之间的关系处于敏感状态，容易引起社会阶层分隔或阶层利益固化。在这种情况下，阶层之间的界限逐渐形成，社会下层群体向上流动的比率下降。在20世纪80年代初至90年代中期，也就是市场改革初期，我国社会各群体之间的流动比较频繁，有一大批社会底层人员通过在市场中的辛苦经营跃升为富有阶层的成员。然而，到了90年代后期和21世纪以来，阶层之间的界限越来越明显，由社会底层进入富有阶层的条件越来越严格，其准入标准成为难以跨越的鸿沟。从产业结构看，90年代中期以后，诸如房地产、金融、高新技术等新兴产业兴起，进入这些产业的准入条件日益严格，一般社会群体上升到该阶层的难度大大提升。从经验判断，经济状况较好的家庭，他们拥有一定的优势资源，可

---

① 《中国0.4%的人掌握了70%的财富 有钱人都是谁》，《时代周报》2009年6月26日。
② 《中国贫困人口1.28亿占全国总人口近十分之一》，2012年10月17日，人民网（http://www.022net.com/2012/10-17/473824273113864.html）。
③ 刘永福：《到2012年底贫困人口仍有近1亿人》，2013年12月25日，中国新闻网（http://www.chinanews.com/gn/2013/12-25/5664032.shtml）。

以帮助其子女谋得较好的就业岗位；而经济状况一般或较差的家庭，由于缺少特殊的社会资源，其子女就业明显处于弱势地位。这在一定程度上说明，当前中国社会在开放性不断增加的同时，其阶层封闭性和阶层固化的趋势也在加强，市场经济本身所具有的开放性和公平性受到了某种程度上的压抑。

三 劳资关系矛盾成为我国社会的主要矛盾之一

恩格斯曾强调指出："资本和劳动的关系，是我们全部现代社会体系所围绕旋转的轴心。"[①] 从某种意义上讲，市场经济最本质的矛盾是劳资矛盾，而当代中国最基本的关系是劳资关系，劳资关系稳定与否、和谐与否可以看作现代社会的晴雨表和风向标。劳资关系反映的不仅仅是一种利益矛盾关系，而且还是一种基本的社会关系、阶层关系。党的十一届三中全会以来，随着市场化改革的深入推进，我国社会逐渐兴起多元化、多样化的利益主体，并逐渐形成了"强资本弱劳动"的社会格局。在这种情况下，我国社会的劳资关系日益紧张、劳资矛盾日益尖锐、劳资冲突日益加剧。劳资关系矛盾已经成为我国社会的主要矛盾之一，并且已成为当前社会的一种常态。劳资关系矛盾不仅成了制约我国社会经济发展的"瓶颈"，而且对社会主义和谐社会建设已经构成严重威胁。作为一种社会风险，它还对社会秩序和社会结构有着很强的破坏作用。不仅如此，劳资关系矛盾还会诱发其他社会矛盾，诸如社会阶层结构扭曲、贫富差距拉大、城市化进程受阻、干群矛盾加剧、引发不公正感和相对剥夺感等。日益加剧的劳资纠纷已经成为引发群体性事件的重要原因，并严重威胁到我国社会的安全运行与稳定和谐。

企业是劳资关系的载体，各种类型的劳动关系发生于企业内部。从矛盾的内容看，主要是工资争议、工伤争议、解雇争议、保险福利等。以北京市为例，2011年上半年，因工资争议和劳动报酬而发生争议的案件共15564件，占全部案件总数的53.8%；因工伤方面的经济补偿而发生争议的案件共8173件，占28.25%；因保险福利发生争议的案件共3305件，占11.42%；这三个方面的案件占总数的93.47%，并且

---

① 《马克思恩格斯文集》（第3卷），人民出版社2009年版，第79页。

案件涉及的范围广，常规案件日趋疑难化，新型案件不断增多。① 从矛盾的形式看，主要有不满、申诉、争吵、罢工等。其中，企业欠薪成为严重的社会现象，比如在浙江温州等地，2011 年 1—9 月共发生 288 起企业主逃逸事件，这些企业共拖欠 14644 名员工 7593 万元薪酬，欠薪人数和欠薪数额均为历史之最。② 当前，劳资关系矛盾和冲突问题在中小企业里表现得更为突出。比如，中国中小企业存在劳动合同不规范、劳动时间超时加班、生产安全存在隐患、劳动者权益保障困难，以及拖欠和克扣劳动报酬等问题，为讨薪激起劳资冲突的现象普遍存在。2005 年全国人大常委会执法检查组对《劳动法》实施情况检查显示，非公有制中小企业签订劳动合同率不足 20%。2010 年国家统计局发布《2009 年农民工监测调查报告》显示，2009 年度全国有 1.45 亿农民工，月平均工资 1417 元。以受雇形式从业的外出农民工平均每个月工作 26 天，每周工作 58.4 小时。总的来说，有 89.9% 的农民工每周工时超过劳动法规定的 44 小时，其中，住宿餐饮业农民工每周工时超过 60 小时。③ 2012 年吉林省受理农民工工资拖欠案件 3025 件，为 65795 名农民工解决拖欠工资 5.79 亿元。仅 2013 年第一周就接到投诉举报拖欠农民工工资案件 80 起，涉及农民工人数 1746 人，涉及金额 0.32 亿元。④

如果没有新的强有力的协调模式出现，劳资关系紧张的状态有可能长期延续下去。近些年来，各级政府积极推进和谐劳动关系的建立工作，然而劳资关系矛盾却仍无法化解。劳资矛盾的不断积累，不但激起了整个社会的仇富心理，而且引起了中等收入阶层的分化。一部分专家学者成为上层阶层利益集团的代言人和鼓吹者；一部分知识精英"愤青化"，在民粹主义潮流中起到推波助澜的作用；而另一部分知识分子则坚持站在社会底层人士一边，为下层群众争取应得的利益。

---

① 北京市劳动争议仲裁委员会：《抓住重点，协调创新努力开拓调解仲裁工作新局面》，《劳动与社会保障》2011 年第 3 期。
② 《浙江今年 9 个月 288 名老板逃逸员工欠薪 7593 万》，2011 年 10 月 11 日，新浪网（http://news.sina.com.cn/c/2011-10-11/035123281984.shtml）。
③ 《九成农民工劳动时间超过劳动法规定》，《北京商报》2010 年 3 月 22。
④ 《11 起恶意拖欠农民工工资案件已移交公安司法部门》，《新文化报》2013 年 1 月 24 日。

四 群体性事件处于高位运行的态势

当前,中国社会的群体性事件仍处在高位运行的态势。群体性事件是在当前我国社会转型、社会结构发生重大变化的背景下产生的,是现阶段社会诸多矛盾和问题的集中表现。21世纪的头几年,我国群体性事件呈现高发态势,数量不断上升,规模不断扩大,基本上每年以万起的速度增长。从发生的主要领域来看,这些典型的群体性事件主要发生于征地拆迁、劳资纠纷、官民矛盾、企业改组改制、执法人员违法、司法不公、环境污染、交通事故、房产纠纷、医患冲突等领域,表现为集体上访、进京上访等突出问题,甚至出现在重要场所发生的自焚、自残等极端行为,对整个社会造成很不好的影响。如果这些群体性事件没有得到恰当的处置,就非常容易走向极端,造成干群矛盾,引发社会冲突。从群体性事件的参与主体来看,大多数是普通人民群众,特别是其中有老工人、老干部、老教师、老战士参与,同时,还有一些掌握信息技术、维权意识较强的青年群体。比如,发生在城镇的典型性群体事件,90%的参与者都是青年,有不少青年大学生成了大学生群体性事件的一大主体力量,有的还充当了网络群体性事件的网络水军。从群体性事件的发生动因来看,绝大部分群体性事件都是因现实物质利益受损而引起,同时,在改革过程中出现的贫富差距悬殊现象引发了人们的不公平感,很容易导致部分群体心理失衡和情绪宣泄。[①] 一些困难群体的利益诉求成为引发群体性事件的主要原因。随着经济体制改革的深化和结构不断调整,虽然大多数社会成员总体上从改革中受益,但是确实有一部分社会成员利益受到侵害,从而形成了一些弱势群体。[②] 比如,国有企业下岗职工、失业人员、农村失地农民、城镇低保贫困人员,除此之外,还有一些值得特别关注的社会群体,包括进城务工人员、城市拆迁涉及人员、活跃在大都市的"蚁族"群体,这些群体中的一些人员较容易因为利益受损而成为群体性事件的参与者甚至组织者。目前,我国已经进入社会不稳定因素的多发期,群体性事件势头在发展,成为影响

[①] 张明军、陈朋:《2011年中国社会典型群体性事件的基本态势及学理沉思》,《当代世界与社会主义》2012年第1期。

[②] 王伟光:《社会主义和谐社会理论基本问题》,人民出版社2007年版,第195页。

社会稳定和谐的突出隐患,这就对我们积极妥善处置群体性事件提出了更高的要求。

近年来,群体性事件的一个明显的新动向是医患纠纷。2012年4月30日,卫生部、公安部联合发出《关于维护医疗机构秩序的通告》,明确警方将依据《治安管理处罚法》,对医闹、号贩等扰乱医院正常秩序的七种行为予以处罚,乃至追究刑责。2012年5月4日,卫生部发布紧急通知,要求各级卫生行政部门要协同公安机关向二级以上医院等重点医疗机构派驻警务室,配合公安机关依法严厉打击侵害医患双方合法权益的涉医违法犯罪行为。据统计,北京72%的医院发生过殴打、威胁、辱骂医务人员等"医闹"事件,77%医院出现过患者在诊疗结束后拒绝出院且不交住院费用的问题;而在以往通过双方协商解决的医疗纠纷赔偿案件中,医院无过错补偿或超高赔偿案件约占20%。[1] 全国各地近年来发生的数起患者伤医事件,更让激化的医患矛盾添加了血腥气味。

当前我国群体性事件仍高位运行,劳资关系引发诸多社会矛盾,医患纠纷导致社会冲突,加上我国正处于群众上访和信访的高发期,这就使得我们国家在维护公共安全方面的成本大幅提升。根据2010年"两会"上的政府工作报告,2009年,我国在公共安全方面投入的财政金额增加了16%;而2010年在公共安全上的预算增幅为8.9%,这已经超过了在国防开支上的增幅,在公共安全上投入的总金额也已经逼近国防财政支出,达到了5140亿元人民币之高。[2] 当前,从中央到地方,信访维稳专项资金都已经被纳入政府财政预算,有了较为稳固的保障。不仅如此,在信访机构设置方面,不仅机构和人员数量增多,而且信访机构级别和地位也较之前大大提高。此外,信访考核和监控体系也越来越精细和复杂。在科层体制内部,从中央到地方再到基层都创制出一整套非常严密的监控和考核体系,敦促下级和基层重视信访工作。信访机构的人员、资源和权力不断得到增强,既表明各级政府对信访维稳工作的高度重视和解决信访维稳问题的重大决心,同时也从一个侧面表明政府对当前社会稳定问题的焦虑与忧心。

---

[1] 《北京72%医院发生过"医闹"事件》,《新京报》2012年5月3日。
[2] 樊红敏:《城镇化进程中的社会风险》,《人民论坛》2011年第14期。

五 腐败现象在多个领域蔓延

2013年以习近平同志为核心的新一届中央领导集体针对领导干部作风建设和反腐败工作打出一系列组合拳,既"打老虎",又"拍苍蝇",形成了对贪腐的强大震慑。十八大以后,短短一年多的时间,中国省部级以上高官被查处19位之多。从最开始的四川省委原副书记李春城,到四川省政协原主席李崇禧,见证着新一届中央领导集体"打老虎"的决心和魄力。

当前,中国社会的反腐败斗争呈现出领导职务高的案件多、案件涉及金额数量大、查处案件中的"一把手"多等突出问题。这些腐败案件主要集中在"体制内阶层"。所谓"体制内阶层",指的是由依靠与享受体制资源获得既得利益的社会群体。一些网民称其为"黑领"。"体制内阶层"是依赖体制的"利益生态链"而形成的,可以说是"计划经济的最坚固堡垒",其组成人员主要包括党政领导干部、国营垄断企事业单位管理人员等社会群体。他们生活在体制之内,有机会凭借手中掌握的公共权力、公共资源为自己及其亲属谋取各种私利。"体制内阶层"腐败问题已经形成一种制度性、结构性的怪象。这种腐败是权力不受监督与制约、权力寻租、权力市场化的必然逻辑,将给整个社会造成极为严重的负面影响。

一部分领导干部的腐败和官僚主义问题,引起群众的强烈不满,令广大群众深恶痛绝。一是在生活待遇、利益享受上严重脱离群众,贪图安逸、享乐成风,甚至贪污腐败、职务犯罪、以权谋私、权钱交易、执法犯法,从根本上侵害了群众的利益;二是跑官要官、买官卖官,任人唯亲、拉帮结派,是一些地区出现的严重的吏治腐败现象;三是严重脱离群众,事业心、责任心不强,思想作风不端正,官僚主义、形式主义、主观主义严重,决策失误,简单粗暴,不代表甚至违背群众利益。[①] 2009年2月,北京大学廉政建设研究中心的一项统计报告显示,过去10年间逃往北美和欧洲等地的中国腐败官员达1万人,携带出逃款项达6500亿元以上。在外逃官员中,有不少是金融系统、国有公司、

---

① 王伟光:《社会主义和谐社会理论基本问题》,人民出版社2007年版,第156页。

企业的管理人员。①

国企腐败高发多发的问题突出,一些国有企业部门已经退化为部分官员的"采邑""封土","拔出萝卜带出泥"的集体腐败成为区别于其他形式腐败的最大特点。在近年来形形色色的腐败案件中,有两种类型最引人注目:一种是涉事官员位高权重,当事人权倾一时;另一种是涉事官员牵连成串,腐败成窝。2013年中石油的"地震",更是史无前例的"老虎"窝案。国务院国资委原主任、党委原副书记蒋洁敏以及王永春、李华林、冉新权、王道富等4名中石油高管涉嫌严重违纪,先后落马,他们都是"一条线"上的人,这条线上应该还有其他人会不断浮出水面。② 2009年,中石油工程建设公司一建公司总经理顾满林一案,就引出该公司原副总经理付红雁等41人均涉嫌贪污、贿赂;兰州石化公司物资采购系统15人涉嫌受贿;辽宁销售丹东分公司6名领导班子成员中有4人涉嫌贪污受贿;黑龙江销售大庆物流配送中心设立"小金库"、涉嫌私分油款,有12人被检察机关查办……③

高校的腐败现象也非常令人担忧。大学在中西方社会各界都被公认为"制造中产阶级的机器"或者"中产阶级孵化器""中产阶级的摇篮"。然而近年来,高等教育已经积弊太深,成为持续"发酵"的社会问题,比如科研经费流失、高校债务问题和腐败大案等丑闻不断出现、乱象丛生。一是在高校招生中,不仅存在乱加分、权钱交易、艺术体育类招生营私舞弊以及乱收费等现象,而且还有丑陋的"肉弹贿赂"。2009年8月,中央音乐学院70岁的教授梁茂春在招博过程中,不仅收取了沈阳音乐学院女研究生的10万元贿赂,还与这位报考者发生了肉体关系。在很长一段时间里,人们认为学术腐败主要是围绕学术内容而形成的腐败行为,如伪造成果、交换评奖等。实际上,大学学术权力的腐败,并非只发生于学术官员,也并非只发生于学术本身,而是发生在与学术相关的整个过程之中。④ 二是利益集团对学术界的渗透。利益集团对学术界不断进行渗透,使得不少学者成了利益集团的代理人。随着商业化和全球化的深入发展,一些学者为"前途"所困,已经沦为国

---

① 邓海建:《外逃贪官究竟卷走了多少钱》,《新民晚报》2010年4月26日。
② 《中石油案是史无前例"老虎"窝案》,《光明日报》2013年9月3日。
③ 《中石油下属企业高管纷纷落马 窝窜案浮出水面》,《检察日报》2010年10月12日。
④ 刘洪波:《教授接受"性贿赂"令人鄙夷》,《新民晚报》2009年8月19日。

内外利益集团的"御用"专家或代言人。三是争名逐利使高校成为腐败犯罪新高发区、重灾区。高校腐败案在不少地方出现增长势头，尤其是基建、财务、招生和后勤等已经成了高校腐败高发频发的领域。2010年爆出了令人震惊的武汉大学后勤部窝案，整个大学的后勤系统里，部长、副部长，总经理、副总经理，一般干部纷纷倒下，即使在高校腐败案频发的今天，这份被不断拉长的名单还是有些骇人听闻。①

综上所述，腐败现象尤其是"体制内阶层"腐败，在短期内难以得到根治，反腐败斗争形势依然严峻，有些地方和部门还相当严重，反腐败斗争将是长期的、艰巨的和复杂的。同时，一定要特别注意防止产生既得利益集团或者特权阶层，苏联的失败已给我们提供了深刻的教训。

六 社会组织建设发展比较滞后和混乱

在中等收入阶层的发展过程中，市民社会为中等收入阶层的发展提供了稳定的环境、空间场域和组织资源，构成了中等收入阶层生存和发展的重要社会基础。作为市民社会的重要细胞，社会组织则是中等收入阶层的"孵化基地"。社会组织，主要包括社会团体、基金会和民办非企业单位三种类型。其中，新兴的中介组织有了突飞猛进的发展，遍布各行业各领域。中介组织是改革开放后出现的一个大类的社会组织，其内涵和外延中有相当一部分与第三部门、非政府组织（NGO）、非营利组织的概念相重叠。这些中介组织的从业人员是当前我国中等收入阶层的重要组成部分。因此，中介组织活动的领域构成了"中等收入阶层的地盘"，中介组织及其从业人员是典型的中等收入阶层聚集领域。

从理论预设上讲，中介组织是监督和制约公共权力、保证个体自由的重要力量。中介组织是活跃于政府、市场之外的第三领域，对于社会公正、法治社会的建构起着重要的作用。市民社会的中介组织能够成为国家权力的重要制衡力量，是捍卫个人自由和权利的重要武器，是中等收入阶层成长发展的重要载体和各项权益的重要保障。然而，目前在社会组织尤其是中介组织建设方面，还存在着很多亟待解决的问题。一是社会组织数量比较少，发展不平衡。从世界范围社会组织发展的情况来看，随着市场化改革和政治民主化进程的加快，各个国家的民间组织都

---

① 雷宗叶、铁桥：《武大后勤部窝案的腐败生态》，《中国青年报》2010年12月13日。

处在快速发展的阶段。大多数国家都普遍存在一个民间社会组织结构，这些社会组织总支出占各国 GDP 的 4.5%，其中，发达国家民间社会组织的总支出相当于国民生产总值的 10% 左右，而我国的大约占 4.8%。与发达国家相比，我国社会组织数量偏少。从每万人拥有民间非营利性组织的数量来看，法国拥有 110 个，日本拥有 97 个，美国拥有 52 个，阿根廷拥有 25 个，新加坡拥有 14.5 个，巴西拥有 97 个，而中国仅仅拥有 2.1 个。① 二是社会组织存在监管不力等问题。尤其是中介市场缺乏监管与规范，执业状况混乱，已经严重影响到了社会秩序的稳定。北京中介行业协会统计数据表明，2011 年，北京活跃着 8 万名左右的房屋中介经纪人，约有一半的从业人员没有相关资格证书。近几年，随着房地产行业的迅速发展，房产中介成了一个迅速膨胀的赚"快钱"的行业，服务无监管，入职无门槛，穿上一套西装就能干。② 三是中介组织腐败日益严重，甚至成为新的"社会腐败主体"。当前，中国社会"政社不分"的情景严重影响着中介组织的成长，为社会中介组织提供了可以腐败的空间和条件。实际上，大多数社会中介组织都是社会转型过程中政府职能转化、权力下移的产物，成为披着第三方外衣的"准政府""二政府"。据统计，我国现有行业协会 10 万家左右，其中官办、半官办的占多数。这些行业协会常常垄断着行政审批的前期资格选拔、审计、鉴定、参评、评估、注册和公正等多项职权，更有甚者，利用公权延伸的特点，假借中介市场化的行为，为行业协会提供了腐败的温床和便利。行业协会腐败的方式五花八门，强制企业入会、摊派会费是常见的腐败方式之一。比如，2009 年 5 月，广西 6 家厂商 7 个品牌的桶装饮用水经过广西壮族自治区产品质量监督检验院检测均为合格的产品，然而在一个月之后，广西壮族自治区瓶装饮用水行业协会发出公告称，这些桶装水全部是不合格产品，其间的诡异之处就在于厂商因为没有缴纳"保护费"而被"潜规则"了。③

透过上述问题的表象进行学理反思，我们发现，这些影响社会社会主义和谐社会建设的诸多问题呈现出新特点：一是社会主要问题正从生

---

① 郑杭生：《中国人民大学中国社会发展研究报告 2006：走向更讲治理的社会 社会建设与社会管理》，中国人民大学出版社 2006 年版，第 279 页。
② 《北京约 8 万名房屋中介经纪人半数无资格证书》，《北京晚报》2011 年 3 月 30 日。
③ 《社科院专家揭秘行业协会"非典型腐败"》，《中国青年报》2010 年 6 月 14 日。

存性到公平性转变；二是广大民众的不满情绪在增加，利益诉求、利益表达的愿望越来越强烈，维权意识在增强；三是掌握资金、权力、资源的强势群体成为社会不满的主要对象；四是政府在构建和谐社会上的投入巨大，但仍面临越来越艰巨复杂的局面，而且解决起来往往面临两难处境。需要特别指出的是，在影响社会和谐稳定的诸多因素的影响下，我国中等收入阶层的成长也必然会受到不利影响，容易在发展过程中出现发育"亚健康"的问题，使中等收入阶层的社会功能难以有效发挥出来。一个和谐、稳定、成熟的社会必定是一个以"中产阶层"为主体的社会。社会主义和谐社会需要有一种"中间大、两头小"的橄榄型社会结构作为支撑，因此，呼吁有一个不断成熟壮大的中等收入阶层作为其主体阶层。

第五章　和谐社会条件下中等收入阶层的发展和培育

社会主义和谐社会建设，需要一个以中等收入阶层为主体的现代社会阶层结构为支撑。和谐社会条件下扩大中等收入阶层，需要坚持一定的发展理念和原则，按照一定的发展路径，使中等收入阶层主体人群稳定发展的同时，加强培育中等收入阶层的潜在人群（包括效益好的企业职工、小微企业主、大学生创业群体、新生代农民工、农村先富人群等），进而建立起社会主义和谐社会条件下我国中等收入阶层发展壮大的制度机制。

第一节　中等收入阶层的发展理念和原则

中等收入阶层与和谐社会之间，有着许多相通的价值理念和基本原则。中等收入阶层发展的价值理念，在一定程度上是对社会主义和谐社会核心价值的反映。将中等收入阶层的发展理念融入构建社会主义和谐社会的整个运行过程当中，是社会主义和谐社会在新阶段新时期的现实需要。

一　中等收入阶层发展的基本理念

在社会主义和谐社会条件下，树立中等收入阶层发展的基本理念，应该明确中等收入阶层的发展目的，掌握中等收入阶层的发展程度，认清中等收入阶层的发展结果，树立中等收入阶层的发展意识，并找准中等收入阶层发展的切入点。

（一）中等收入阶层的发展目的

在建设富强、民主、文明、和谐的社会主义现代化强国的背景下，培育和壮大中等收入阶层已经成为构建社会主义和谐社会的重要战略举措。中等收入阶层的发展不仅仅是一种推动经济社会发展的重要措施，还是一种形成"中间大，两头小"的橄榄型社会结构的发展理念，一种体现和谐社会"公平正义"的基本精神。中等收入阶层发展壮大，必须建立在社会各阶层之间和谐相处的基础之上，并通过不断提高人们的收入水平、职业声望、社会地位和受教育程度等，使得中等收入阶层不断发展与成熟起来，进而形成一个以中等收入阶层为主体的社会阶层结构。这是培育和壮大我国中等收入阶层的最直接目标。也就是说，要使这支成熟、稳定的中等收入阶层队伍能够在社会主义和谐社会中更好地发挥中坚力量的作用。

（二）中等收入阶层的发展程度

中等收入阶层的发展程度，就是指中等收入阶层在社会主义和谐社会运行环境中，其数量规模、构成比例、社会作用、发展壮大等在多大程度上能够符合社会主义和谐社会建设的要求。中等收入阶层的发展程度，一方面反映了这一社会阶层在不断扩大自身规模、提升阶层素质、发挥社会作用上的努力程度；另一方面反映了社会主义和谐社会建设对于这一社会阶层是否认可，或者认可的程度如何。如果我们能够对中等收入阶层的发展程度加以测量或评估，将有利于人们对中等收入阶层的成长状况，及其在构建社会主义和谐社会中发挥社会作用的大小作出全面客观的评价。对中等收入阶层的发展程度进行测量和评估，需要我们从多个维度进行量化指标的分析和衡量，着重考察社会主义和谐社会的建设要求与中等收入阶层的发展相结合的情况，并对中等收入阶层的发展与社会主义和谐社会建设要求相符合的各项指标，有一个全面的认识和把握。比如：现阶段我国中等收入阶层要全面地融入社会主义和谐社会建设的各个方面，还是融入社会主义和谐社会建设的某一个方面？在中等收入阶层的发展过程中，中等收入阶层的不断增长对于社会主义和谐社会建设起到推进作用，还是威胁到社会的和谐稳定？中等收入阶层是将其全部的社会功能都在构建社会主义和谐社会进程中发挥出来，还是只将其中的一部分社会功能发挥出来？

（三）中等收入阶层的发展结果

根据事物量变和质变的相互关系原理，量变达到一定程度必然引起事物性质的变化，也就是说，另一种新事物的产生或者原有事物的一种新属性的形成。那么，在社会主义和谐社会条件下，不断地培育和壮大中等收入阶层，会产生什么样的新生事物呢？这一新生事物是一项与原来完全不同的新社会元素或结构，或者仅仅是对传统社会结构的复制或延续呢？从培育和扩大中等收入阶层的基本过程来看，中等收入阶层数量规模的不断增长必然会引起社会阶层结构的质变，进而形成一个以中等收入阶层为主体的社会阶层结构。

和谐社会条件下培育和壮大中等收入阶层，其目标就是为了使这一阶层的社会功能和作用能够得以有效发挥，进而为我国经济社会的发展贡献出更多力量，但是，并不能因此就忽略了社会主义和谐社会与中等收入阶层各自的独立性。作为两种不同的社会元素，社会主义和谐社会与中等收入阶层既相互联系，又相互独立而存在。两者不可能相互替代，也不可能完全融合为一体。通过培育和壮大中等收入阶层构建社会主义和谐社会，并不会导致中等收入阶层的消失或者中等收入阶层社会功能的衰退。实际上，两者是相互促进共同发展的，社会主义和谐社会的建设在一定意义上又会增强中等收入阶层的社会功能，推进中等收入阶层的发展成熟。培育和壮大中等收入阶层，并不是在历史的舞台上唱独角戏，而是在寻求社会主义和谐社会与中等收入阶层之间最佳结合点的基础上，借助中等收入阶层本身的优势和社会建设的有益经验与方法，进而推动社会主义和谐社会建设向着更深入更高层次的阶段发展。

（四）中等收入阶层的发展意识

通过培育和壮大中等收入阶层建成社会主义和谐社会，是一项艰巨而美好的事业，需要人们长期的、艰苦的努力才能实现。随着中国社会结构的深刻变化，中等收入阶层在经济社会发展中的功能和作用越来越突出，社会主义和谐社会对中等收入阶层的需求也越来越凸显。因此，应该高度重视中等收入阶层在构建社会主义和谐社会中的重要作用，并将中等收入阶层的培育和壮大作为构建社会主义和谐社会的一项重要任务，同时，也很有必要将其纳入到党和国家的发展规划和发展战略之中，制定出科学、合理的中等收入阶层发展的大战略。

不断增强中等收入阶层的发展意识，要求人们树立一定的阶层意识、整合意识和渗透意识。一是应该注意在中等收入阶层的培育和壮大过程中，有意识地培养作为中等收入阶层的群体意识或阶层意识，努力使中等收入阶层具备应有的群体素质或阶层特质，同时，还要具有一种从低收入群体跻身于社会中上层的强烈意愿；二是防止中等收入阶层形成和壮大之后出现阶层意识和阶层利益的固化，要将和谐社会建设与中等收入阶层的发展贯穿于经济社会发展的各个领域和各个环节，从而在全社会形成一种阶层和谐的理念和阶层之间自由流动的环境氛围；三是注意培养和谐社会建设与中等收入阶层发展相互结合、相互渗透的意识，也就是要防止在加强中等收入阶层的培育过程中忽视或淡化社会主义和谐社会，也要防止在加强社会主义和谐社会建设时弱化或者摒弃中等收入阶层的培育。总之，需要实现两者的有机整合和相互渗透，努力实现中等收入阶层的培育和壮大，进而建成社会主义和谐社会，使中等收入阶层的发展与社会主义和谐社会建设相互推动，以实现发展上的同步共进。

（五）中等收入阶层发展的切入点

通过培育和壮大中等收入阶层构建社会主义和谐社会，一定要寻找到扩大中等收入阶层与构建和谐社会的最佳结合点，从而使两者在实现过程中相互影响，相互渗透，相互促进，同步发展。比如通过培养中等收入阶层的参政议政意识，增强他们对当前我国渐进式改革的支持和推动作用，从而使得民主法治理念深入人心。作为现代化社会价值观及社会规范的创建者和引导者，中等收入阶层在市场经济中讲究公平交易、平等交换，注重市场规则，遵守法治精神；在公共生活领域重文明、讲秩序，热心社会公益，适时回报社会，主动承担社会责任等。这些正是社会主义和谐社会必须具备的价值元素，在这些方面，两者是相通的，有着最佳的结合点。

1. 应给予中等收入阶层的发展以准确定位

这就要求将工作的着力点放在培养中等收入阶层的潜在人群上。这并不是说对已有的中等收入阶层不重视，而是要在"稳中"的基础上进一步"扩中"。也就是说，在保证已经形成的中等收入阶层稳定发展的基础上，进一步培养那些中等收入阶层的潜在人群，使得更多的社会底层人士上升到中等收入阶层的行列。如果将扩大中等收入阶层的着力点放到中等收入阶层的潜在人群，对每一个低收入群体的成员都不放弃，就可以将这项工作深入到每一个群众当中，能够最大限度地发挥广大群众跃升为中等收入阶层的积极性、主动性，最大限度地促进社会各基层之间的合理有序的流动。我们要高度重视以改善民生为重点的社会建设，不断提高人民物质文化生活水平，缩小收入分配差距，增加低收入者收入，使中等收入群体持续扩大，多谋民生之利，多解民生之忧，在"学有所教、劳有所得、病有所医、老有所养、住有所居"方面持续取得新的进展，努力让普通民众过上更美好的生活。同时，我们需要将促进经济社会全面协调可持续发展、提高经济效益与社会效益作为扩大中等收入阶层构建社会主义和谐社会的出发点和落脚点，从而使得发展成果更多更公平惠及全体人民。

2. 注重培育中等收入阶层的群体特质

中等收入阶层的群体特质主要表现在收入、职业、消费方式、受教育程度和文化观念等方面。我们可以从中等收入阶层的群体特质出发，寻找社会主义和谐社会建设与培育壮大中等收入阶层在内容原则、方法载体、制度机制等方面的最佳结合点。

（1）从经济收入层面入手

经济收入是中等收入阶层首要的衡量标准。许多专家学者都是以收入标准来界定中产阶级人群的，李春玲把以收入标准定义的中产阶级称为收入中产。[①] 在人们看来，收入水平处于平均收入之上、能够维持体面生活的人，才可以称得上是中等收入阶层。只有不断地提高社会中低收入者的收入水平，才能更好地扩大中等收入阶层的比重。因此，我们应该千方百计地增加居民收入，尤其是提高城镇居民工资收入和农村居民收入水平。要多渠道增加居民的财产性收入，规范收入分配秩序，保护合法收入，调节过高收入，增加低收入者收入，扩大中等收入者比重，使中等收入者占多数，努力缩小城乡、区域、行业收入差距，从根本上扭转贫富差距拉大的趋势，并逐步形成合理的橄榄型收入分配格局。

（2）从职业层面入手

在现代社会，职业声望是判断一个人是否属于中等收入阶层的重要标准。因此，中等收入阶层必须是由居于社会中间地位的职业群体构成。职业对于塑造一个人的生活方式和行为方式起着重要作用，所以，只有形成中等收入阶层的职业结构，才能形成中等收入阶层的政治态

---

① 李春玲：《比较视野下的中产阶级形成过程、影响以及社会经济后果》，社会科学文献出版社 2009 年版，第 129 页。

第五章 和谐社会条件下中等收入阶层的发展和培育

度、政治行为、生活方式和价值观念。可以说，只有形成现代职业结构，才能使得中等收入阶层真正形成与发展。① 我国中等收入阶层主要由传统的干部和知识分子阶层、从事新兴或高新技术产业职业的"新中间阶层"、效益好的企业职工层以及大量的个体户、私营企业主等构成。从职业的角度看，扩大中等收入阶层不仅仅是管理人员、干部队伍的扩大，而且需要努力扩大那些在生产一线为社会创造财富的群体，特别是专业技术人员和商业服务人员。对此，我们需要大力发展第三产业，努力形成现代化的职业结构，不断扩大中等收入阶层的职业群体。

（3）从消费方式层面入手

消费方式是体现中等收入阶层的一个重要特征。中等收入阶层的职业模式和收入优势，决定了他们在消费上的前卫性，使得他们在消费行为上有着很强的高消费倾向，在生活方式上也开始追求所谓的新"格调"。当前确定中等收入阶层的消费标准和生活方式的特征是十分困难的，个人的消费活动也是千差万别的。一方面，中国还没有发展成为一个成熟的消费社会；另一方面中等收入阶层文化还没有在中国形成，而且消费水平和消费行为模式存在着很大的地区差异。② 对此，我们除了需要建立一个成熟的消费社会之外，还要对消费进行引导和调控，努力形成中等收入阶层的消费文化，使消费者的消费行为更符合社会规范，更符合社会主义消费模式的要求，更有利于加强社会主义和谐社会的建设，这是关系到经济社会发展的重大问题，必须正确处理好。

（4）从受教育程度层面入手

教育在社会流动中起着重要的作用。一般情况下，家境贫寒的孩子可以通过接受大学教育改变自身命运，跻身于一个比自己的出身更高的等级，并能够被这个阶层所吸收和同化。中等收入阶层需要具有较高的教育水平，一般应该是接受过高等教育。这样可以通过自己的教育传承，为子女创造比较好的教育机会，并通过教育水平的提高而使子女获得较高的职业地位，成为中等收入阶层中的一员。③ 然而，由于我国城

---

① 李强：《转型时期中国社会分层》，辽宁教育出版社2004年版，第309—310页。
② 李春玲：《断裂与碎片：当代中国社会阶层分化实证分析》，社会科学文献出版社2005年版，第495页。
③ 陈曙红：《中国中间阶层教育与成就动机》，中国大百科全书出版社2007年版，第64页。

乡差异很大以及资源分布很不平衡，教育优势资源主要集中在大城市，而占我国总人口多数的农村人口受教育程度普遍较低。因此，总体上看，在中国总人口中具备中等收入阶层教育条件的人口所占比例还是很低的。随着我国高等教育规模的不断扩大，我国城市里多数人口的教育文化素质将达到中等收入阶层的基本要求，而广大农村人口文化素质并没有明显的提高，与中等收入阶层的文化素质要求还有很大的差距。如果按这种趋势发展下去，城市中等收入阶层就会很快形成并发展壮大，而广大农村则难以形成中等收入阶层甚至呈现中等收入阶层缺失的状况。因此，要实现中等收入者占多数的发展战略，就必须实现教育资源的合理配置和城乡二元结构的重大调整。

（5）从文化观念层面入手

中等收入阶层的文化观念，对于中等收入阶层的形成和发展具有不可忽视的作用。中等收入阶层能否健康顺利地发育成熟，能否担当起历史赋予的重任，在一定程度上有赖于中等收入阶层文化观念的形成。只有形成了现代的中等收入阶层文化观念，才能使这一阶层真正具有凝聚力，才能让中等收入阶层这一社会群体形成认同感和归属感。[①] 然而，中等收入阶层是一个"混合物"，是一个按照收入、职业、消费、教育等多元标准综合考察的结果，其成员在"综合地位"上相似，但是在价值观上还存在一定的差异，他们的文化诉求也并非都是合理的。鉴于此，我们需要把握中等收入阶层文化观念的发展方向，用社会主义核心价值观对中等收入阶层的文化观念进行整合。[②] 中等收入阶层将成为社会主义和谐社会的主体阶层或中流砥柱，对于社会经济发展有着不可替代的历史作用，将中等收入阶层文化观念进行整合不仅仅是其自身发育成熟的现实需要，也有利于社会主义和谐社会主流价值观的更新、丰富和发展。

二 中等收入阶层发展的主要原则

在树立中等收入阶层发展理念的基础上，我们还应该确立和谐社会

[①] 沈晖：《当代中国中间阶层认同研究》，中国大百科全书出版社2008年版，第223页。
[②] 马海丽：《当代中国城市中间阶层文化观念研究》，硕士学位论文，西北农林科技大学，2009年。

条件下培育壮大中等收入阶层的基本原则。中等收入阶层的发展原则，指的是中等收入阶层的培育和壮大在不同范围、不同层次以及不同方面必须遵循的基本准则。它是在中等收入阶层培育壮大的实践中逐步形成的，是对中等收入阶层成长发展规律的能动反映。中等收入阶层的发展原则，主要包括方向性原则、主体性原则、层次性原则和示范性原则等。

（一）坚持方向性原则

方向性原则，是指中等收入阶层的发展应具有明确的根本方向或政治方向，并始终坚持中等收入阶层发展的目的原则。培育和壮大中等收入阶层的目标，就是要在全社会形成一个以中等收入阶层为主体的成熟社会，促进社会各阶层的全面发展，进而培养和造就中国特色社会主义事业的建设者和接班人，为建成富强、民主、文明、和谐的社会主义现代化国家，实现中华民族伟大复兴的中国梦作出贡献。和谐社会条件下扩大中收入阶层，应该坚持正确的方向性原则，也就是说，中等收入阶层的发展需要始终坚持以人为本的根本方向和为社会主义服务的政治方向。

坚持以人为本的根本方向。与构建社会主义和谐社会一样，中等收入阶层的发展也必须坚持以人为本，这也是培育和壮大中等收入阶层的出发点和落脚点。

坚持为社会主义服务的政治方向。构建社会主义和谐社会与扩大中等收入者比重，都具有鲜明的政治性，它们为一定的经济、政治所决定，又为一定的经济、政治服务。因此，构建社会主义和谐社会与扩大中等收入者比重，必须为实现党的路线、方针和政策服务，必须坚持社会主义的发展方向。

（二）坚持主体性原则

主体性原则，实际上是主体转化原则，是发挥主体能动性的重要体现。中等收入阶层发展的主体性原则，指的是尊重社会各阶层的主体地位，发展各阶层的主体意识，增强社会阶层之间的自由流动，提高广大人民群众在推动经济社会发展中的积极能动性和主观创造性，使得中等收入阶层的发展与社会主义和谐社会建设能够得以顺利地推进和更好地实现。

1. 尊重中等收入阶层的主体性地位

坚持以人为本，就是坚持人民群众在社会实践活动中的主体地位，在一定程度上讲,也就是坚持中等收入阶层在构建社会主义和谐社会中的主体地位。和谐社会应该是一个社会各阶层和谐相处、共融共生的社会,是一个以中等收入阶层为主体的社会,但过去很长一段时间,对于中等收入阶层的自主性,对他们在推动经济社会发展中的主体地位,没有给予足够的重视,导致了中等收入阶层的主体性缺失和成长空间的挤压。构建社会主义和谐社会,很重要的一点就是尊重社会主体阶层的自主性,充分发挥这一阶层的独特的社会功能和历史作用。中等收入阶层在构建社会主义和谐社会中完全可以成为积极的能动主体,成为自己意识和行为的承担者,成为社会经济发展的引导力量。

2. 培养中等收入阶层的主体意识

坚持中等收入阶层发展的主体性原则,就是要培养中等收入阶层的主体意识,提高他们的阶层素质,调动起他们的参与热情,发挥他们在构建社会主义和谐社会中的主导性作用,增强他们的整体认同感,强化他们的共同阶层信仰和共同阶层意识。作为单个的中等收入阶层个体,虽然有较大的行业差异、贫富差异、文化差异等,但是也需要正视这种差异,不能让行业性的中间阶层意识逐渐取代或消解全社会中间阶层的共同意识。[1] 实际上,这种个体意识的增强以及整个阶层共同意识的强化,就会使得中等收入阶层发展成为一种巨大而持久的社会力量,并在社会经济发展中起到应有的社会作用。同时,需要注意的是,坚持中等收入阶层发展的主体性原则,并不是让中等收入阶层任意自我发展,而是要对中等收入阶层的成长发展加以适当引导,使得中等收入阶层真正成为构建社会主义和谐社会的中坚力量。

(三)坚持层次性原则

所谓层次性原则,是指培育和壮大中等收入阶层要从培育对象的特点出发,根据培育对象的不同状况,有所区别,有针对性、有层次性进行培育的原则。社会生活中的人,是有层次性和差异性的,其发展状况是不平衡的。这是扩大中等收入阶层的一个现实立足点和起点。

坚持中等收入阶层发展的层次性原则,首先,应该深入调查研究,准确区分培育对象的类别和层次,科学地确定扩大中等收入阶层的目标。了解中等收入阶层培育对象的特点,是贯彻层次性原则的前提条

---

[1] 何小燕:《中国社会转型期中间阶层培育研究》,硕士学位论文,福建农林大学,2011年。

件。要充分认识和了解中等收入阶层的培育对象，必须全方位、多维度、多层次进行考察，既要考察他们的经济状况、职业类别、工作环境、生活方式等客观条件，也要结合他们的受教育程度、品格特性、文化观念等主观条件加以认识；既要考察不同社会阶层的群体特质，又要考察同一阶层内部成员的品质特征。比如，作为一个备受关注的群体，新白领阶层的经济状况、职业、生活方式以及价值取向，对于社会的发展具有重要的代表性意义。人们一般认为，新白领阶层具有较高的受教育水平，有一定的专业技术和文化知识，有较稳定的职业和较高的社会地位。而在白领阶层内部，随着生活成本的增加，很多新白领阶层背负上了难以承受的经济负担。从早期的"月光族""年清族"，到现在的"收入安全感"降低等，都在一定程度上反映了这一阶层的经济状况。[①]这就为我们全面把握中等收入阶层的培育对象，进行分层次的培育做好了前期铺垫和准备。其次，要按照中等收入阶层培育对象的特点，正确地选择培育的内容和方式方法。中等收入阶层培育对象发展程度和自身状况的不同，决定了培育的目标和内容、培育的途径、培育的方式方法、培育的效果等各有差异。对于不同的培育对象，要采取具体问题具体分析的方法，按照中等收入阶层的既定标准来选择培育内容及方式方法。坚持分层次性原则，不是将中等收入阶层的培育对象进行僵化的等级排序，而是要依据他们的不同发展状况，分层次地进行培育，做到鼓励先进、照顾多数，使不同层次和起点的人都能够通过努力改变现实困境，从而实现向社会中上层的跃升。

（四）坚持示范性原则

示范性原则，指的是中等收入阶层的发展要充分发挥先进典型的榜样作用和示范作用，影响和感染中等收入阶层的培育对象，以促使其自身素质和能力不断提高的工作准则。中等收入阶层发展的示范性原则，是通过榜样人物的言行，以先进的、正面的价值观念引领和带动其他社会阶层，尤其是给社会底层人士带来向上流动的希望。

培育和壮大中等收入阶层要坚持示范性原则，首先，作为中等收入阶层的个体必须要以身作则，起到模范带头的榜样作用。正如邓小平在谈到

[①] 李友梅：《上海调查：新白领生存状况与社会信心》，社会科学文献出版社2013年版，第11页。

思想政治工作时强调,"最重要的条件,就是凡是需要动员群众做的,每个党员,特别是担负领导职务的党员,必须首先从自己做起"[①]。要想形成一支成熟的中等收入阶层队伍,作为中等收入阶层的每一个体都要用自己的言行去影响和带动其他阶层人士,要用自己成功的经验和人格力量吸引更多的普通民众,使越来越多的普通民众达到中等收入阶层的标准。其次,要善于发现和树立中等收入阶层的先进典型,以先进人物的先进事迹、优秀品质和模范行为来激励中等收入阶层的培育对象。比如,力帆实业(集团)股份有限公司董事长尹明善,没有显赫的家世,没有傲人的学历,没有富有的背景,原来一无所有,如今却身家百亿。在他看来,财富的来源真是"七分社会赐予,三分个人打拼"。他原是重庆出版社的一名普通编辑,然而,1986年,时年49岁的尹明善毅然选择下海经商。因为他怀揣着实业报国的梦想和对改革开放的信仰,梦想着总有一天能够振兴实业,使国家富裕。他做到了致富思源,对社会和员工有着挥之不去的责任感,既要实业报国,也要回馈社会。作为一个成功的民营企业家,尹明善的榜样作用激励着许多普通人走上实现梦想之路。[②]

第二节 我国中等收入阶层的发展策略和对策

一 我国中等收入阶层的发展策略分析

正确选定并重点培育中等收入阶层的潜在人群或后备力量,是当前培育和壮大我国中等收入阶层的关键选择。党的十六大以来,我国收入分配政策形成了"提低""扩中""调高"的基本思路,为中等收入阶层的发展壮大指明了正确方向,提供了政策环境支持。同时,我们还应看到,在"扩中"的基础上保持中等收入阶层主体人群的稳定发展,也就是说,要做到"扩中"与"稳中"相结合。所谓"稳中",也就是要使现有中等收入阶层的发展保持一种稳定的状态,防止他们因各种原因而滑落到社会底层。所谓"扩中",指的是在原有中等收入阶层的存量基础之上,进一步扩大中等收入阶层的比重,促进中等收入阶层的健

[①] 《邓小平文选》(第2卷),人民出版社1994年版,第342页。
[②] 中华工商联合出版社编:《民营企业家与中国梦》,中华工商联合出版社2013年版,第141—143页。

康成长和不断壮大。在"扩中""稳中"的同时，还必须做好中等收入阶层后备军的"储备"工作，不断发现并培育中等收入阶层的潜在人群，从而进一步拓宽我国中等收入阶层的主体范围。

对此，需明确中等收入阶层的"稳中""扩中"和"储备"对象，并结合每一个对象的实际发展情况，选择有针对性地执行策略，以求实现中等收入阶层主体人群的稳定发展，在此基础上进一步培育和壮大我国中等收入阶层，并保证更多的中等收入阶层后备军有望跻身于中等收入阶层的行列。在全面深化改革的新时期，在我国社会阶层结构发生深刻变化的形势下，越来越多的社会群体能够通过后天的努力等"后致性因素"实现向中上层社会的自由流动。目前，这些社会群体至少包括我国工人阶级的主体、小微企业主、大学生创业群体、新生代农民工以及农村先富人群，他们是中等收入阶层的潜在人群和后备军，理应成为当前我国中等收入阶层发展策略的重点执行对象。

二 工人阶级主体的发展策略和对策

（一）工人阶级构成的新内容

改革开放后，随着计划经济体制向社会主义市场经济体制的转变，尤其是随着国有企业改革的深化，中国工人阶级发生了一系列的变化，其内涵和外延较以往都有所不同。社会主义新时期的工人阶级已经成为国家的领导阶级，它不仅是企业的主人，还是国家的主人。同时，工人阶级的内部成分也发生了分化，主要包括：一是以产业工人为代表的物质生产劳动者。其中，产业工人，是指在第二产业（制造业、建筑业、电子、煤气等生产领域）中从事体力、半体力劳动的生产工人及相关人员。产业工人是推进先进生产力发展的基本力量，是近代以来中国经济社会特别是社会化大生产的产物。2013年国家统计局的数据显示，截至2012年底，全国就业人员76704万人，第二产业就业人员23241万人，占全部就业人员总数的30.3%，而第二产业从业人员又以产业工人为主体成员。[①] 二是国有企业、集体企业、私营企业和三资企业中工作的劳动者。其中，集体所有制企业职工主要在规模较小的中小企业，是产业工人的重要组成部分。乡镇企业属于集体所有制，从理论上讲，

---

① 赵瑞政：《阶层关系和谐发展之路》，人民出版社2012年版，第73—74页。

乡镇企业职工是集体所有制工人的一部分。三是知识分子阶层。另外，随着我国农村大批剩余劳动力大规模向城市迁徙，一个新的阶层——"农民工"阶层大批涌入产业工人的工作领域，成为产业工人阶层的重要组成部分。

（二）工人阶级在社会阶层中的新变化和新问题

总的来说，随着我国从农业社会向工业社会的转型，我国工人阶级队伍日益壮大，广泛地存在于各行业中；工人阶级内部结构不断优化，科技文化素质明显提高，职工所依存的经济组织的所有制形式多样化；工人阶级内部的岗位流动或社会流动提速，加强了工人阶级各个阶层的积极性；工人阶级内部不同群体之间收入差距有所拉大，并出现群体分化趋势和利益矛盾多样化，比如普通企业员工与管理者之间的矛盾、企业职工（包括下岗失业困难职工）与外来劳动者群体之间的矛盾、企业职工与知识分子群体之间的矛盾、工人阶级与非公有制企业主之间的矛盾等；工人阶级主体意识淡薄，比如主人翁意识淡化，劳动自觉性减弱，集体意识弱化，小群体意识增强，阶级使命意识缺失，失落感增强。

除此之外，产业工人的教育程度虽然普遍提高，但职业技能和技术水平却相对下降，已经面临发展的"瓶颈"，在一定程度上制约着我国迈向制造业大国和强国的步伐。他们的工资虽然逐年稳步提高，但工资的增加与物价的增长不成比例，造成了实际购买力的相对下降。20世纪90年代中期的国有企业改革导致大批工人下岗、失业，产业工人的社会经济地位明显下降，其"老大哥"的地位不再。到了21世纪初期国有企业分化基本结束后，工人阶级包括产业工人阶层的地位近年来有所提高，有向好的方向发展的趋势。

（三）解决工人阶级主体发展问题的思路和对策

中国工人阶级是构建社会主义和谐社会的基础、骨干和领导力量。工人阶级的主体为中国现代化建设作出了重大贡献，其创造精神能够转化为社会经济发展的强大动力。

1. 把握工业技术革新的方向和产业工人阶层发展的新路子。工业化与环境危机对产业工人造成了一系列负面影响。工厂生产加工必然对自然环境造成影响，加剧了工业化快速发展与环境保护之间的矛盾，进而影响到工业的可持续发展和工人的生产生活。要想保证工业的可持续发展和工人的生产生活，就得走新型工业化道路，建立低能耗高效率的资源节约型工业经济体系和循环经济体系。

2. 建立保护工人权益的制度。近年来，产业工人尤其是农民工权益被侵害的现象日益增多，并具有一定的普遍性，而制度保护、政府保护、生产安全等一系列保护工人权益的制度严重缺失，或没有发挥应有的作用。对此，党和政府需建立起保护工人权益的制度机制，保证工人阶层各项权利和权益不受侵害。

3. 增强工人对企业的归属感和认同感。随着国有企业改革的深化、经济和产业结构的调整，工人阶级开始在不同产业、不同行业及不同所有制企业之间自由流动。很多工人经历了一个由被动下岗、转岗到主动竞争择业的转变过程，就业观念也开始自觉地与市场经济接轨。在这一过程中，一些企业要摒弃急功近利、片面追求经济效益的不良观念，重视保护工人民主参政、民主管理的权利，注意培养和维护工人阶层的主人翁精神，从而增强工人阶层对企业的归属感和认同感。

4. 继续推进产业结构优化升级。产业结构的合理化、高级化过程，呼唤产业工人阶层的现代化。随着劳动力成本逐年上升，发达国家开始向发展中国家转移部分资本、技术双密集型产业，甚至向少数国家转移某些高技术产品生产工序。我国将承接部分产业转移，及时调整产业结构策略，通过加强自主创新积极应对国际经济结构调整对我国工人阶级的影响。同时，产业工人阶层必须不断完善自我，提高知识水平和技术技能，抓住机遇，迎接挑战。

三 小微企业主的发展策略和对策

（一）小微企业及其经营主体的概况

2011年7月，工信部、国家统计局、国家发改委和财政部四部门联合发布了《中小微企业划型标准规定》，根据企业从业人员、营业收入、资产总额等指标，将中小企业划分为中型、小型、微型三种类型。这是首次增加"微型企业"这一类型。其中，小微企业（即小型微型企业的简称），是小型企业、微型企业、家庭作坊式企业、个体工商户等的统称，它们是中国产业链中数量最多、分布最广、富有创新能力的企业群体。小微企业已经成为国民经济和社会发展的重要基础，在推动经济增长、增加就业、激发民间活力、促进社会和谐稳定上发挥着不可替代的作用。据统计,我国中小企业提供了大约65%的专利发明、74%以上的技术创新和82%的新产品开发,已经成为科技进步和技术创新的主力军。①

小微企业主,也就是小微企业的经营主体。作为一个新兴的社会群体,小微企业主在中国已经开始得到社会的普遍认同。可以说,这一社会群体在客观上和主观上都正在被建构起来。从客观上而言,虽然不同的企业主所掌握的经济资源有着非常大的差异,但在中国的经济社会生活中,这个群体已经逐渐形成雏形,具有了为人们所感知的形态。例如,小微企业成为国民经济发展的主力军,其健康发展关乎国计、惠及民生。目前,我国中小微企业正在迅猛发展,其总数已达1100多万户,占全国私有企业总数的99%以上,提供了80%的城乡就业岗位,最终产品和服务占国内生产总值的60%以上,上缴税收占全国企业的50%以上。② 从主观上而言,不同小微企业主对自己经济社会地位的认同不尽一致,但对于一些涉及他们共同利益的问题,正在形成一些相对一致的看法。③

(二) 小微企业主发展面临的困境分析

小微企业主是近年来我国经济最活跃的群体,也是经济生活中的弱势群体。在市场经济改革进程中,中小企业面临着诸多发展难题,概括而言,集中体现为"三高两难"。小微企业背负着"劳动成本上升、原料和基地生产成本上升、税负过重"的"三座大山",同时,面临着"融资难""政策支持力度不够或落实难"这"两难"境地。④ 2010年以来,小微企业的融资难问题越来越突出,如今"融资难、融资贵"已经成为小微企业普遍面临的大难题。据统计,小微企业贷款额在国内商业银行全部贷款余额中占比仅为22.5%,但贷款利率要比大型企业高出30%到50%。⑤ 另外,人力资源匮乏,创新能力不足严重削弱了小微企业的发展后劲,"用工贵、招工难、留工难"成为小微企业最为头

---

① 《工信部:中小企业提供了我国65%的发明专利》,《中国对外贸易》2012年第7期。
② 《关注小微企业系列报道之一:小微企业怎么样?》,《光明日报》2012年2月27日。
③ 李拓:《和谐的音符——中国新兴社会阶层调查与分析》,中国方正出版社2008年版,第76页。
④ 许宝建:《中国小微企业生存报告(2012)》,中国发展出版社2012年版,第6页。
⑤ 《扶持小微企业 信用体系需完善》,《中国产经新闻报》2012年3月7日。

疼的问题之一。人才的匮乏直接影响了小微企业创新活动的开展，导致了其创新能力不足。这些问题都严重束缚着小微企业的健康发展。

同时，小微企业自身资金规模有限，缺乏核心竞争力，抵御风险的能力差，总体素质和水平不高。多数小微企业处于产业链的低端，他们主要从事劳动密集型的传统制造业，尤其是从事资源依赖型、能源消耗型等技术含量低的产业，很难形成自己的关键核心技术和自主品牌。①只有部分科技型小微企业，由于在生产、经营、研发、管理的人力资源方面具有相对优势，取得了比较好的发展和进步。这在一定程度上说明，当前小微企业自身发展面临转型与升级的紧迫任务。

（三）解决小微企业主发展问题的思路和对策

当前，小微企业在经营过程中面临着诸多发展难题，这是中国市场化改革和工业化深入发展所难以避免的现象。为了打破小微企业面临的发展困境，促进小微企业不断发展壮大，需要从以下几个方面着手。

第一，加大对小微企业财税、金融的支持力度，助推小微企业实现健康发展。各级政府继续提高对小微企业的财政、金融支持力度，设计出多层次的政府金融支持制度与策略，探索建立小微企业的多层次、广覆盖、可持续融资服务体系，适当放宽民间资本投资于小微企业的担保基金，引导民间资本、民间融资规范有序发展。②

第二，为小微企业的成长搭建公共服务平台。推动各类实验室和研发中心向小微企业开放，实现小微企业与国内外科研机构、大专院校的对接，为小微企业提供新技术的应用咨询、论证服务；建立健全各类小微企业技术服务中心，鼓励小微企业建立自己的研发中心，在促进成果转化和技术转移的同时，不断提高自身技术的创新和科技研发能力。

第三，小微企业要努力提高自身素质。在人们的传统观念中，个体工商户的学历较低、素质有限。但是，宜信公司《2011小微企业调研报告》显示，超过50%的企业主拥有专科以上学历，仅有15%的小企业主只有基础教育水平。③ 这说明，小微企业主的自身素质在逐渐提

---

① 万良杰：《破解小微企业发展的困境》，《盐城师范学院学报》（人文社会科学版）2012年第3期。

② 童小琴：《小微企业发展的要素瓶颈及其突破》，《成都理工大学学报》（社会科学版）2013年第1期。

③ 《半数小微企业主专科以上学历》，《北京晚报》2012年6月27日。

高。作为经营主体,小微企业主不但要提高自身受教育程度,还要在经营过程中加强诚信意识,保证产品质量,增强法律意识和风险意识,主动承担社会责任,树立自身信誉和社会良好形象。

第四,促进小微企业自身的转型升级。按照企业成长的规律,任何一个大企业的成长都有一个由小到大、由不成熟到成熟的阶段,也就是要经过一个从小企业脚踏实地地成长起来的过程。对于小微企业而言,一方面要保证自身的健康成长;另一方面当小微企业发展到一定程度后必须努力突破发展瓶颈,实现产业升级和转型,从而进一步培育自身的竞争能力。

四 大学生就业群体的发展策略和对策

(一) 大学生就业群体面临的主要问题

自 1999 年政府实施大学扩招政策以来,我国的高等教育规模迅速扩张,大学毕业生人数逐年增长,2012 年高校应届毕业生人数高达 680 万,是 1998 年(大学扩招前)高校毕业生人数的 8 倍之多。同时,我国高等教育毛入学率也从大学扩招前的约 10% 上升到 2011 年的 26.9%,大学生将成为主导中国社会未来走向的主要力量。根据测算,2013 年,我国高校毕业生数量增加到 699 万人。未来 5 年,高校毕业生就业规模保持在年均 700 万左右,约占每年新进人力资源市场劳动力的一半,且这一比例将进一步提高,再加上中等职业院校毕业生、城镇未能升学的初高中毕业生和退役士兵,人力资源市场劳动力总量近 1600 万人。[①] 目前,大学毕业生群体面临着严峻的就业压力和激烈的市场竞争。当 2003 年大学扩招之后第一届毕业生遭遇就业困难时,毕业生及其家长几乎是措手不及,大学扩招政策使大学毕业生由"天之骄子"变为"落地凡人"的过程瞬间显现,快得令人无法接受。之后,大学毕业生失业现象逐年凸显,部分毕业生和他们的家长对大学扩招政策感到不满。[②] 即使大学毕业生失业率能够控制在一定范围之内,但在绝对数量上依然会使得越来越多的大学毕业生流入就业困难群体。大学

---

① 《史上最难就业季或再持续五年》,《京华时报》2013 年 6 月 18 日。
② 李春玲:《大学毕业生就业难问题的新变化》,载陆学艺、李培林等主编《社会蓝皮书 (2013):中国社会形势分析与预测》,社会科学文献出版社 2013 年版,第 164—165 页。

毕业生就业困难近年来愈演愈烈，大学毕业生失业人口从2003年的56.3万上升到2010年的近200万，大学毕业生失业群体已经在社会上形成并有一定的规模。

（二）当前大学生失业的主要表现与原因分析

当前大学生失业是一种新型的结构性失业。造成大学生结构性失业的原因是多方面的，它包括：大学生供求结构矛盾突出；我国区域经济发展不平衡和产业结构不合理；教育资源短缺、专业设置、培养模式不合理造成毕业生综合素质整体下降；企业作为劳动力市场的需求方门槛高，缺乏人才储备意识；作为劳动力市场上的特殊商品，有部分大学生本身素质不高，就业心态存在一定的问题；社会保障制度不健全，等等。

（三）解决大学生群体发展困境的对策分析

解决当前大学生就业难的问题是一项复杂的系统工程，需要从多个维度进行路径选择，制定科学、合理的解决方案，需要来自国家、学校、大学生自身和用人单位以及整个社会的共同努力。

要加强宏观调控，拓宽就业渠道，改善就业环境。政府在解决高校毕业生就业问题中处于主导地位，各级政府需加大毕业生就业相关制度的改革力度，打破地方保护壁垒，畅通就业渠道；调整产业结构，创造更多的就业需求；改善就业环境，提供优质的就业服务；完善社会保障制度，培育和规范大学生就业市场。

高校方面，需要继续深化教育改革，合理调整专业设置，大力加强创业教育和就业指导。

大学生自身要转变就业观念，提升综合素质，增强就业竞争力。大学生要努力提高自己的专业能力、实践能力、求职能力、就业资源利用能力等多方面的素质和能力，尤其注重创新和创业能力的培养。要转变就业观念，端正就业心态，调整自己的心态以适应劳动力市场需求结构的变化。要做好职业生涯规划，充分发挥个人的长处，努力克服弱项，为进入社会做好方方面面的准备，规划好自己的人生。

要动员社会各界力量，为大学生创造一个良好就业环境。要加强和规范就业市场的中介组织建设，畅通大学生就业渠道。

当前，大学毕业生的人数越来越多，他们接受过高等教育，具有新的专业知识，是我国中等收入阶层的重要潜在人群。我们需要通过社会各方的共同努力,解决大学生就业难的问题,从而为这一社会群体进入中等收入阶层行列扫清障碍。

五 新生代农民工的发展策略和对策

(一)新生代农民工的含义与主要特征

新生代农民工,是出生在 20 世纪八九十年代,在城镇主要从事非农产业的农业户籍人口。新生代农民工,是我国改革开放后出生、成长的一代,主要包括从小在农村长大进城务工的青年劳动力、随打工父母在城市中长大的青年劳动力人口,其中,出生在农村、从学校毕业后进入城市就业的传统农村家庭子女在新生代农民工中占多数。新生代农民工与上一代农民工相比,有着明显的不同:他们大多数不会种地,缺少对土地的感情,没有对农村的依恋,他们来到了城里,就不想再回到农村;他们受教育程度明显高于父辈,获取外部信息的方式更加现代化,对城市生活更加向往和认同;他们大多数为了寻求更好的机会而外出打工,对就业有更高的预期,但与父辈相比,他们的工作忍耐力、吃苦精神和心理平衡度较差,普遍不满足现有生活状况,同时,他们的公平、平等和维权意识更为强烈。

(二)新生代农民工面临的发展问题

当前,新生代农民工,是边缘性特征明显的社会群体,是传统二元社会结构中衍生出来的"第三元"。与上一代农民工相比,他们面临的问题已经远远超出"有工作、能拿到工资、有社会保障、有住房、能送子女上学"等范围,并涉及更为广泛、更为深层次的问题。

就业上缺少稳定性。据统计,2010 年新生代农民工中只有 20% 在城市稳定就业,近 80% 处于不稳定状态。没有稳定的就业,新生代农民工就很难有自身的成长积累,那么,产业工人素质的整体提升就难以实现,和谐稳定的劳动关系也就难以形成。如果新生代农民工在城市的就业问题不能得到解决,那么,他们就会处于无业或者游荡状态。当这种状态积累到一定程度时,就会构成社会不和谐、不稳定的隐患。

自身合法权益容易受到侵害。农民工权益受到侵害比较集中地表现为:劳动合同签订率低,拖欠、克扣工资、强迫超时工作,工伤事故和职业病发病率高,各项社会保险参保率低,民主政治参与程度低,有时还存在农民工人身权利和自由受到侵害的问题。维护自身合法权益成为新生代农民工反映最突出的问题之一。目前，农民工权益保障机制还不健全，权益诉求渠道还不畅通。一旦新生代农民工采用现行政治法律体制之外的手段来维权，或者被非法组织所利用，就可能成为社会上的不稳定性因素。

精神文化生活比较贫乏。新生代农民工在情感上常常是孤独的，在文化上是相对贫乏的。新生代农民工正处于婚恋年龄阶段，婚恋问题成为新生代农民工生活中面临的现实问题。据农研中心调查，超过70%的新生代农民工暂时没有结婚。如果婚恋问题得不到解决的话，将不利于这个群体的持续稳定。新生代农民工有的是刚刚走出校门，处于学生身份向社会身份转换的阶段，心理还不成熟，需要思想沟通和情感交流等方面的人文关怀。如果不能为新生代农民工提供更多健康丰富的文化生活，他们将很难融入主流文化价值观。

职业发展上面临困境。新生代农民工有理想追求，希望成为城里人，他们积极向上，渴望成功。但总体而言，农民工发展上升的问题并没有得到足够重视，他们接受的职业教育、技能培训等严重不足，身份和地位上升的渠道也并不畅通，新生代农民工的未来发展还没引起人们的真正关注，他们对此是非常焦虑和无奈的。

这些在融入城市社会过程中出现的问题处理是否得当，不仅关系到新生代农民工群体的自身发展，而且关系到经济社会发展的全局。在推进我国经济社会现代化转型与构建和谐社会进程中，必须高度重视并解决好新生代农民工问题，推进这一社会群体与社会整体的良性互动，并使其上升为社会结构中的中等收入阶层，成为一支推动社会进步的积极力量。

(三) 解决新生代农民工发展问题的对策

要解决新生代农民工问题，使他们中的成员越来越多地上升为中等收入阶层，需要从以下几个方面着手。

1. 畅通新生代农民工成长、上升的社会通道

通过创新社会管理体制，进一步解决城乡二元分割的社会结构，扩宽社会阶层之间的流动渠道，从制度上淡化身份差别和身份意识。加强户籍制度的改革，逐步放宽大城市落户政策，加快落实中小城市、小城镇落户政策，促进符合条件的农业人口在城镇落户并享受同等的市民待遇。在全社会建立起新生代农民工的上升流动渠道，使新生代农民工能够通过自身后天的努力和不断奋斗，真正在城市谋得一份稳定职业，逐

步实现在城市社会的融入。

2. 开辟新生代农民工就业、创业的多种渠道

新生代农民工大多数在劳动密集型的第二、三产业中就业，尤其是当前中小型企业成为新生代农民工就业创业的主要渠道。因此，扶持劳动密集型的中小企业就是当前扶持新生代农民工的关键一招。一方面，需要在税收、金融、用地和用工等方面给予中小型企业一定的政策支持，尤其是要解决中小企业融资难的问题。另一方面，要积极鼓励和引导新生代农民工自谋职业、开店办厂、回乡创业或者兴办工商服务类小型企业等。

3. 加强新生代农民工的职业教育和技能培训

新生代农民工的教育培训，需要政府的积极引导，形成政府、企业、社会共同推进新生代农民工劳动力素质提高与职业发展帮扶的良性互动发展局面。各级地方政府需要设立专项基金，对于提升新生代农民工素质的相关政策和项目给予支持；加强企业内部技能培训和职业发展规划，为新生代农民工的职业发展奠定良好基础；积极鼓励、严格规范面向新生代农民工的职业技能培训专业机构的发展。一方面注重与鼓励职业培训市场主体的健康有序发展，提升各种职业培训机构的专业水平，适当发展相关培训业务外包；另一方面严格规范有关培训的市场秩序，制定严格的培训市场准入标准和监管办法。

4. 保障新生代农民工的各项基本权利和权益

新生代农民工进入城市而又不能完全脱离农村，因此，农民工权益既包括其在农村的合法权益，也包括在城市享受的平等权益。在农村，关键是要保障新生代农民工的土地权益，农民工落户城镇是否愿意放弃农村宅基地、耕地，必须要尊重他们的意愿。在城市，关键是要保障新生代农民工的公共服务和民主政治权利。这就要使养老、医疗、失业等保险制度和最低生活保障制度最大范围地覆盖农民工，改善新生代农民工的住房、子女教育等公共服务，同时建立农民工权益救济机制，在农民工中普及法律知识、提供法律援助。总之，要维护新生代农民工的各项基本权益，推进权益知识普及教育工作，建立起良性有序的权益申诉和维护机制。

5. 丰富新生代农民工的精神文化生活

在全社会树立社会主义核心价值观引领社会思潮的同时，要构建起

与新生代农民工相匹配、令人信服的精神信仰体系,从而让他们的内心成长有所参照。相关文化产业部门可以开发针对新生代农民工的文化作品,借助现代媒介,在全社会推进现代社会的精神信仰体系建设。鼓励用工企业或农民工集中居住区开展符合新生代农民工特点的文体活动;社区文化站和综合服务中心开展有助于农民工从感情和生活上融入社区、城市的活动和服务;加强对农民工的心理疏导和人文关怀;重视网络媒体的作用,正确引导新生代农民工文明上网,积极疏导网络上的社会情绪。通过以上切实的措施,新生代农民工的精神文化需求才能更好地得到满足。

总体而言,新生代农民工是一个年轻的群体,是一个充满活力、成长性和可塑性强的社会群体,是特殊历史阶段的产物。一方面,他们在相当长的时间内作为一个群体而存在和发挥作用;另一方面,这一群体又需要加以引导,促进其与社会的适应和融合。全社会如何对待、引导新生代农民工,将直接影响到这一特殊群体的发展走向。[①] 如今,新生代农民工群体不断壮大,已经成为中国社会结构中的一支重要力量,我们有必要针对他们的特点,将其培育成中等收入阶层的组成人员。

六 农村先富群体的发展策略和对策

(一) 什么是农村先富群体

一般而言,先富群体,即率先致富的群体,是指我国改革开放以来形成的具有较高收入的社会群体,是相对于低收入群体而言的。先富群体主要包括那些在勤劳基础上的合法致富者。从相对意义上讲,先富群体是指分别在温饱、小康和富裕阶段率先达到或者超过目标的人群的总称。在改革开放初期实现温饱的阶段,万元户就是先富者,然而,到了小康阶段万元户就不能算是先富者了。同样,即使到了比较富裕阶段,中国实现了人均 GDP 超过 5000 美元,但与发达国家相比,中国的富裕阶层却算不上富裕了。从这个意义上讲,先富人群是一个动态的、变化的、相对的概念。从绝对意义上讲,先富群体是一个拥有庞大个人资产,其收入水平和生活水平明显较高的群体。

[①] 韩长赋:《新生代农民工融合是个重大问题:关于新生代农民工问题的调查与思考》,《光明日报》2012 年 3 月 16 日。

在我国的城市和农村都有一批率先致富的群体。农村先富群体主要是指随着农村经济体制改革的推进，一批具有经济眼光、管理才能和特殊胆识的私营企业主、个体工商户、乡镇企业家、种养殖大户和承包大户等，他们通过辛勤劳动拉大了与其他农民的收入差距，率先走上了致富道路。[①] 农村的先富群体，被称为经济能人或者致富能手，他们基本上脱离了传统农业的生产方式，靠从事非农经济活动而发家致富。农村富裕群体直接得益于党的富民政策，他们通过自己的辛勤劳动和经商办企业先行富裕起来。与一般群体相比，农村先富群体具有鲜明的特征：一是有较强的经营管理能力，在经商、办厂和专业种养殖方面取得较大成功；二是生活殷实，有较高的经济收入水平和优越的家庭生活条件；三是他们在市场竞争中形成了较强的开拓创新精神和公平竞争意识，敢于冒险和尝试，并有很强的进取心；四是他们具有开放的思维意识，眼界开阔，思想活跃，在思想观念、价值取向和政治追求方面与普通农民有着较明显的区别。

（二）农村先富群体的变化及其主要问题

改革开放以来，在我国社会结构中形成了一个先富人群。这一群体的出现首先得益于政策上的驱动和理论上的突破，我们把实现共同富裕作为社会主义的最终目标，提出"让一部分人、一部分地区先富裕起来"，然后先富者和先富地区带动大多数人和地区逐步实现共同富裕。这一政策和理论上的突破意味着改革实践在不断推进。随着市场化改革的深入，我国先富人群开始出现。生产力的发展、经济体制的改革、政府政策的作用使得相当数量的先富者发展起来，当然，这一过程中也难免有通过不正当竞争手段和途径致富的。

改革之初，我国先从农村寻找突破口，在广大农村实行家庭联产承包责任制。一方面提高了农业的生产效率，一方面把农民从土地上解放出来，使得农民有机会从事非农产业，从而出现了一大批个体户、个体摊贩、建筑包工头、长途贩运商。他们靠经营非农产业发财致富，是农村中最早的先富群体。最初的先富者虽然整体素质不高，人数不多，致富手段也比较单一，但是他们大多数通过辛勤劳动致富，是我国改革开放初期致富的先驱，在社会上形成了良好的示范作

---

① 廖永红：《论先富群体与农村科学发展》，《消费导刊》2010年第8期。

用和社会影响。随着农村改革的深入,农村中的各种能工巧匠通过自己的辛勤劳动纷纷走上了致富的道路,他们有的还掌握了先进的科学技术,踏上了科技致富的征程。概言之,农村先富人群的结构类型主要包括:一是通过工业致富,这也是一部分农民的致富之路。比如,温州、石狮等地的农民靠生产小商品、服装等致富。温州桥头镇的纽扣,柳市镇的低压电器,龙岗镇的中低档毛毯,水头镇的皮革制造等,他们经过专业化生产和分工协作,实现了小商品、大市场的战略,走上了致富之路。二是靠建筑业致富的群体。农村中有许多能工巧匠,比如木工泥工等,他们尝试进城务工。其中有一部分精明能干的农民大胆揽活儿,逐渐成为接揽工程的包工头,并带领一批农民完成一项项工程。这帮承揽工程的包工头不但自己率先致富,同时,他们还为本地许多劳动力提供了摆脱贫困、发财致富的机会。三是靠城镇商业发家致富的群体。他们一开始摆地摊,后来租个门面,多数是开夫妻店。经过一段时间的发展,他们再雇佣几个人,其中有一部分人因经营有方或机会较好而发财致富。四是依靠科技致富的群体。那些依靠科技种植养殖的农民迅速走上了致富的道路。如今,依靠先进的科学技术、经营管理方法而发家致富,已经成为新生富裕人群的关键选择。

(三) 引导农村先富群体健康发展的思路和对策

农村先富群体在中国农村的规模不是太大了,而是太小了。作为一个整体,他们在全国总人口中的比例并不高,与西方发达国家相比,更是相差甚远。在建设社会主义新农村的进程中,只有农民的财富增加了,国家才能稳定和富裕。[1] 目前,我国的收入分配政策不仅仅限于"鼓励一部分地区、一部分人先富起来",而是要鼓励多数地区、多数人都富裕起来,让一切创造社会财富的源泉充分涌流。

第一,积极营造一个公平合理、有序竞争的社会环境,为更多的人实现富裕创造均等的机会。促进社会的自由流动,能够增强社会各阶层的融洽关系,打破城乡二元分割的壁垒,从而为每个公民提供公平发展的机会。当前,我们需要改革现有的户籍制度,促进社会公平合理的流

---

[1] 郑逸芳、刘淑兰:《理性看待先富阶层》,《福建师范大学学报》(哲学社会科学版) 2004 年第 1 期。

动，打破城乡二元分割的格局，使广大农民群体享有平等参与、平等发展的权利，尤其是要促进进城农民在公平、平等的竞争条件下获得劳动和工作权利，实现劳动力的合理流动和公平竞争。另外，在农村致富的过程中，要加强社会主义法制和制度建设，警惕并严厉打击和遏制那些非法致富者，在社会上营造一种依靠辛勤劳动合法致富的良好社会环境。

第二，大力发展农村教育，提高农村劳动者受教育水平和技术技能，增强他们发家致富的本领。农村教育落后，在一定程度上反映了我国教育资源分布的不平衡性，大中型城市教育资源集中，而广大农村教育资源严重短缺。这就需要大力推进农村教育事业的发展，加大对农村义务教育的投入，不断改善农村教学条件，尤其是要帮助贫困家庭的子女接受合乎标准的义务教育；同时，要在农村建立一种普及性的教育机制，使文化素质教育与劳动技能教育相结合。不仅要加强文化知识教育的普及，而且还要加强职业技术技能培训，使更多的农民学到一技之长，培养其适应市场就业的能力，从而改善其就业状况和就业地位。

第三，着力推进农业产业化，培养新型的农村经营主体。推进我国农业产业化经营，需要充分发挥龙头企业对农业发展的引领和带动作用，帮助更多的农民掌握和运用先进的农业科技，提高农业生产效益，并及时与市场沟通有无，促进产销对接，保证农民合理分享农产品加工、流通增值收益。鼓励农村发展专业合作和股份合作，扶持发展规模化、专业化和现代化经营，鼓励和引导工商资本到农村发展适合企业化经营的现代种养殖业，建立新型农业经营体系，培养新型的农村经营主体，使他们越来越多地进入农村先富群体。

第四，健全与建立完善的农村社会保障制度。目前，我国社会保障制度主要针对的是城市居民，而广大农村的社会保障还没有完全建立起来，广大农民仍没有类似城市居民的社会保障待遇。对此，需要建立健全包括农民养老、劳动就业、医疗、卫生和保险等内容的社会保障体系，将农民全部纳入到社会保障体系中。随着农民阶层的分化，农村的先富群体如乡镇企业家、个体户和外出务工的农民，其经济收入主要来自第二、三产业所得，他们尤为需要工伤、疾病和养老等方面的保险。对于农业劳动者而言，还需要继续完善农村医疗合作和养老保险制度。

第三节 国外中产阶级发展的经验及其对中国的启示

总结和借鉴国外中产阶级发展的经验，可以为我国中等收入阶层的发展提供可借鉴的思路和参考，对我国构建合理的社会阶层结构，推进社会主义和谐社会具有重要现实意义。

一 英国中产阶级的发展经验

英国中产阶级形成于18世纪后半叶和19世纪早期，他们主要分布在内地和北部的工业城市。作为工业革命的受益者和政治改革的胜利者，英国中产阶级在这一时期获得了充分的发展。"二战"后，英国中产阶级广泛兴起，在整个人口中的比重迅速增加，在缓和当时的社会矛盾中发挥了重要作用。英国中产阶级形成和发展得益于经济发展战略的指导、税收和福利政策的调节、产业结构的升级等。

制定有利于中产阶级的经济发展战略。英国的经济发展战略依次经历了15世纪到17世纪的重商主义、17世纪中叶到20世纪初的自由主义、20世纪30—70年代的凯恩斯主义和"福利国家"理论。在经历了两次世界大战后，英国债台高筑，国际收支逆差剧增，整个经济陷入困境。为了恢复和发展经济，英国政府采取凯恩斯主义为政策核心，并以微观经济思想和收入政策为补充。这种经济发展战略促使英国经济在不断寻求平衡中稳步向前发展。

税收和福利政策对家庭收入的再分配起到重要调节作用。20世纪40年代至今，英国不断完善社会保障制度，缓解了家庭收入之间的差距。据统计，英国上层20%的家庭与下层20%的家庭在收入差距上大幅缩小，从初始收入的19.8倍下降到3.7倍。英国全部家庭之间收入差距的缩小，为中产阶级的发展壮大奠定了良好的基础。

产业结构的升级和转型为中产阶级的壮大奠定了坚实的物质基础。在产业升级过程中，受教育程度和专业知识成为影响劳动者收入的主要因素，也就是说，产业结构的升级需要较高的教育程度和紧缺的专业知识训练与之相匹配，意味着必须提高劳动者的自身素质。

20世纪70年代末以后，英国中产阶级内部不断发生分化，一部分滑落到社会底层,导致了中产阶级数量规模的萎缩。由于当时家庭经济条件恶化、社会失业率上升和养老金不足等问题,造成了中产阶级生活水平严重下降,难以维持原先富裕安逸的生活,甚至有的已经无法维持生计。与此同时,一部分中产阶级跻身于上流社会,变得越来越贵族化了。一方面,随着工业革命的完成,工人阶级教育水平的提高,中产阶级越来越关注自身经济地位的改善;另一方面,中产阶级对自己的价值准则有所怀疑。在相当多的英国人生活在贫困之中时,那些中产阶级中有良知的人感到自己没有尽到相应的社会责任。

二 美国中产阶级的发展经验

(一) 基本状况

美国被称为世界上最具典型性的中产阶级国家。同样,美国的社会学家也认为,美国是世界上第一个出现庞大中产阶级的国家。据1940年《财富》杂志的民意测验显示,80%的美国人自称为中产阶级,甚至于一些看起来应该是社会上层或下层人士的美国人也都认为自己属于中产阶级。虽然人们普遍认为美国是以中产阶级为主体的国家,但是,美国中产阶级的规模、比重和界定标准仍然存在争议。有学者认为,在美国凡是年均收入在3万—10万美元的人,都应该属于中产阶级,如果按照这个标准来推算,那么美国中产阶级的人数大约占总人口的95%以上。还有学者认为,美国中产阶级的人均年收入标准应该处于4万—20万美元,凡是年收入达到这一标准的,都属于中产阶级的范围。如果以此标准来推算,美国中产阶级的人数就与《财富》杂志的测验结果相一致,达到总人口的80%左右。可见,不同社会学家对中产阶级比重的估计是不同的。

美国中产阶级的组成人员庞杂,除了众多白领阶层以外,还有一部分从事工业体力劳动的蓝领工人、从事高档服务工作的粉领人员。现在美国中产阶级的主要构成人员,是那些适应科技发展的专业与技术人员,他们有日益扩大且占据主导地位的趋势。据调查,随着信息时代的到来,专业与技术人员人数自1950年以来已经增长近300%,达到2100万人,大约占就业总人口的1/5。[①]

[①] 陈新年:《中等收入阶者论》,中国计划出版社2005年版,第90页。

(二) 发展经验

美国之所以成为庞大的中产阶级帝国，与其中产阶级文化传统有着紧密的关系。早在1831年，法国社会学家托克维尔对美国进行考察时，就指出了美国的民主氛围，并且认为，民主是美国中产阶级成长的重要保障。在美国，出身和职业的不同并不妨碍社会的流动性，任何阶级都能够实现自由流动，这些都成了美国中产阶级形成的最佳土壤。首先，美国社会体制造就了美国的中产阶级。自由土地成为北美建立新中产阶级社会的首要条件，农场主阶层的出现使得当时美国中产阶级队伍进一步扩大。在美国工业化的进程中，美国的自由和民主思想受到了种种挑战，垄断势力日益强大。与此同时，美国反垄断的呼声一直不断，中产阶级则成了其中激进的反垄断代表。中产阶级出于对自身利益的保护，他们强烈反对政治腐败与经济巨头对政治的操纵。于是，中产阶级在美国历史上发动了第一次改革运动，即"市政改革"。其目的在于改革市政管理，建立负责任的好政府。中产阶级担当了改革的启蒙者和领导人，并在改革中壮大了自身的力量。

工业化和城市化的推进，促进了美国中产阶级的发育和成熟。在短短的一个世纪里，美国经历了三次大的工业革命，完成了机器化大生产所需要的一切改造。新中产阶级则是伴随着工业化的发展而来的。工业化还是一个公司化的过程，公司的发展与新中产阶级的形成和转变有着紧密的关系。中产阶级逐渐进入工业体制之内，他们由农业社会的中产者（农场主阶层或者小企业主等）转变为依托公司、依靠脑力劳动的雇佣劳动者。在工业化过程中，技术的进步推动了美国经济的繁荣发展，而物质财富的增加则使中产阶级队伍不断扩大。与此同时，美国的城市化进程也随之加快，从1901年以后，美国的经济社会重心由乡村转向城市，并在半个世纪内完成城市化。有不少移居城市的农民以及他们的子女，通过接受大学教育实现了从社会底层上升到中产阶级的转变。城市化和工业化的深入发展，使得工人阶级进一步分化，白领雇用者阶层逐渐从工厂工人中分离出来。白领雇用者，也就是企业中的各种管理人员，包括经理、推销员、簿记员、办公室人员以及企业内的专业人员等，他们处于社会的上层与下层之间，是城市的中等收入阶层，即新的中产阶级。

教育是美国中产阶级崛起的重要原因，教育造就了美国的中产阶级。首先，公共教育是民主传统的重要组成部分，在中产阶级的形成过程中起着至关重要的作用。教育系统所提供的职业技能训练为中产阶级的兴起提供了社会条件。通过教育，使那些中产阶级的后备军掌握某种职业技能，从而进入中产阶级的行列。如果说教育系统的培养目标在19世纪中期是为了培养"民主共和国"的"好公民"，那么到了20世纪，这个目标就变为"在职业稳定的专业人员组成的社会里"做一名"成功者"。正如米尔斯所言："在新社会中，教育的意义已经从地位和政治领域转向经济和政治领域。在白领阶层的生活及其成功的模式中，个人生涯中教育所占的比例成了决定其整个职业命运的关键因素。"[1] 美国的高等教育是向社会敞开的、普及的和民主的。教育的投入使得美国公民普遍受益，最大限度地缓解了社会阶层差异，同时，教育的民主化还使得社会上的弱势群体受益最深。随着教育的普及，包括移民在内的社会下层有机会使自己或者自己的子女获得必要的教育，同样可以跨进不断开放的经济大门，从而促进了中产阶级的扩大。

（三）发展趋势

中产阶级的发展壮大，曾被看作是美国社会贫富差距缩小与社会稳定的重要标志，但如今美国收入差距拉大，中产阶级家庭破产的现象越来越严重，甚至有不少人认为"中产阶级正在式微或者已经消失，美国只有穷人和富人，没有中产阶级"[2]。据美国知名民调机构皮尤研究中心近期公布的一份报告显示，自2000年以来，美国中产阶级继续萎缩，2011年，只有51%的美国人属于中产阶级，远低于1971年61%的比例。[3] 随着美国社会经济变迁，美国平等、民主的"中产阶级社会"的神话逐渐在人们心中幻灭。20世纪70年代开始，美国社会的贫富差距不断拉大、社会阶层之间的流动日益困难。

近年来，美国的贫富悬殊有不断扩大的趋势。根据美国人口普查局的调查数据显示，从2007年到2010年是美国贫困人口连续攀升的四年，仅在2010年当年，美国的贫困人口就增加了260万人。低收入阶层的人口比例也从1971年的25%上升至2011年的29%，而最富有阶

---

[1] ［美］C. 赖特·米尔斯：《白领——美国的中产阶级》，杨小东译，浙江人民出版社1987年版，第302页。

[2] 周晓虹：《全球中产阶级报告》，社会科学文献出版社2005年版，第125页。

[3] 蓝建中、李园荣：《国外中产阶层境遇调查》，《国际先驱导报》2011年11月6日。

层的人口比例由 1971 年的 14% 上升至 2011 年的 20%。① 然而过去的 30 年里，美国国民所得虽翻了一番有余，但财富正在向上层富人集中。1979 年 1% 的美国人掌握全国 1/3 的财富，现在 1% 的富豪掌握了 60% 的财富。1950 年企业老总平均的薪酬是普通员工的 30 倍，现在是 300 倍。曾经有一份统计指出，在 30 年间美国中产阶级的收入基本是停滞没有增长的，1978 年平均收入大概 45800 多美元，到 2008 年的时候刨去通胀的部分，真实的收入是 45100 多美元。② 也就是说，社会财富正在向占社会人口少数的高层流去，中产阶级的地位在下降，收入水平也正在滑落到社会下层的水平。

社会流动困难，阶层结构趋向凝固化。社会发展到 20 世纪 50 年代，很多学者研究认为，美国各阶层之间的弹性与以前相比有很大的下降，社会阶层之间流动受限，社会阶层结构趋向凝固化。20 世纪 70 年代，美国大约有 3500 万蓝领工人，他们经济上并不富裕。底层中产阶级主要由体力劳动者和服务性行业从业人员组成，而上层中产阶级主要由专业人员和管理人员构成。近年来，上层中产阶级不但没有和下层中产阶级融为一体，他们之间的差距反而越来越大，下层中产阶级进入上层中产阶级的难度也越来越大。专业人员、管理人员等上层中产阶级却与富人阶级越来越接近。有人认为蓝领阶层工资增长了，生活有了很大的改善，也拥有了更多的教育机会，而实际上蓝领阶层越来越少，白领工人所得到的利益也比期望要少得多。从蓝领到白领的转化也没能改变许多工人的生活状况。本应得益于更多教育机会的蓝领阶层的子女也没有想象的那么成功，于是工人阶级的孩子不得不"继承"其父母的阶层地位。因此，蓝领阶层向白领阶层的流动也变得相当艰难。

总之，随着美国社会的进步和全球化经济市场的日益扩大，美国的中产阶级队伍不但没有扩大，其内部反而呈现出贫富差距拉大的趋势，阶层之间的流动渠道堵塞，阶层之间的利益固化，中产阶级正在走向萎缩。

---

① 蓝建中、李国荣：《国外中产阶层境遇调查》，《国际先驱导报》2011 年 11 月 6 日。
② 《美国中产阶级真的萎缩了吗?》，2010 年 9 月 29 日，新华网（http://news.xinhuanet.com/fortune/2010 - 09/29/c_ 12619730.htm）。

三 北欧福利国家中产阶级的发展经验

北欧指的是丹麦、瑞典、芬兰、挪威和冰岛这五个国家,这些国家在"二战"后长期奉行高工资、高税收、高福利的国家发展战略,成为典型的福利国家。其中,瑞典是最早实行社会福利、全民医疗的国家,是北欧福利国家中的典型代表。在这些国家中,中产阶级一般在全社会总人口中占据很高的比重。

(一)基本状况

瑞典在两次世界大战中均保持中立,是一个具有鲜明民族特性的国家。这种保持中立的文化个性与其中产阶级的形成发展有一定的联系。"二战"后,瑞典进入了黄金发展阶段,并对经济与社会的发展做出了方向性的调整,从而为中产阶级的兴起提供了经济与社会层面的重要保障。"二战"后的30年时间里,瑞典实现了由以渔业、农业为主的传统经济结构向以工业为主体的现代经济结构的转变。20世纪70年代以后,交通、通信、医药保健、信息和环保等高科技产业,以及以服务业为主的第三产业成为瑞典的支柱产业。经济结构的变迁使得社会结构发生了根本性的变化。与此同时,瑞典新中产阶级的主要组成部分,即专业技术人员的比例迅速上升。

瑞典奉行高税收、高福利的经济政策,避免了贫富差距过大的问题,进而促进了中产阶级的形成和壮大。瑞典纳税人所缴纳的平均所得税达到其收入的31%,雇主的税率为33%。大公司经理的个人所得税达到其收入的60%到70%,最高时可达85%。这些较高的税收为各种福利提供了坚实的资金保障。在瑞典,人们享有着各种各样的福利,比如病人津贴、父母津贴、医疗补助、住房补助、未成年人补贴、妻子生活补贴、从小学到大学全部免缴学费等。这些措施使得一些底层的贫民有机会改变自己的社会地位,从而成为中产阶级。[1] 总体上看,瑞典人的经济收入非常平均,这主要得益于高税收、高福利的政策。

(二)发展经验与教训

瑞典中产阶级的形成,得益于整个社会具备中产阶级崛起的思想基础、制度基础和中产阶级的后备军。"二战"后,西欧的社会民主党提出

---

[1] 周晓虹:《全球中产阶级报告》,社会科学文献出版社2005年版,第84页。

"第三条道路",实行社会市场经济体制或模式。20世纪80年代末期,瑞典社会民主党人发展了"第三条道路",实行把市场与社会公正相结合的政策,建立起了典型的福利国家制度。"第三条道路"的理论,为瑞典中产阶级的形成和崛起奠定了思想基础。瑞典建立的福利制度是中产阶级产生的制度基础。瑞典的福利制度改革实际上是建立了一种"劫富济贫"的福利制度。另外,瑞典注重培育中产阶级的后备力量。也就是说,瑞典通过教育的高投入,保证国民接受优质的教育,使得国民具备中产阶级的基本素质,从而在整个国家造就了大量的中产阶级后备军。

虽然瑞典的中产阶级比例一直保持相对稳定的状况,并且处于上升的势头,但是从长远发展的角度来考虑,其前景不容乐观。

福利国家政策给瑞典带来沉重的负担。福利国家一向以名目繁多的福利项目著称,为了维持这种高福利,其财政面临着巨大的压力。近年来,这种压力也有进一步增大的趋势,尤其是人口的老龄化给福利国家的压力和高福利对劳动道德的威胁令人担忧。瑞典的中产阶级总是抱怨政府征收的税款金额过高。据调查显示,瑞典滞留在国外的流动资金大约为5000亿瑞典法郎,合560亿欧元,占瑞典一年国民生产总值的20%,其主要原因就是为了逃避高额的税赋。①

经济上的停滞不前,效率低下。自20世纪80年代以来,北欧国家的经济发展似乎出现了一种停滞不前的状态。这与全球化的进程加速有很大关系。由于长期奉行高工资、高税收的福利政策,福利国家的企业在产品成本方面不具有优势,这直接削弱了福利国家的市场竞争力。福利国家甚至带有一定的平均主义倾向,在某种程度上影响了福利国家的经济效率。另外,信息经济的发展给福利国家的经济布局带来了结构性的危机,影响了福利国家经济的发展。由于在信息经济的大潮中,北欧国家并未占得任何先机,因此其产业部门目前也处于较为激烈的结构调整中,并且其市场竞争力直到目前为止仍然是相当有限的。

瑞典在宏观政策上面临着的危机不可避免地会影响到正在上升的中产阶级。在不久的将来,收入和福利的减少,肯定会使中产阶级家庭的经济状况面临着较大的压力。除非在宏观经济政策上进行结构性调整,迅速提高经济效益和产品竞争力,否则瑞典中产阶级赖以生存的经济前

---

① 杨宜勇:《关于瑞典和德国中产阶级的调研报告》,《北方经济》2004年第4期。

景会十分暗淡。

四 社会转型期俄罗斯中产阶级的发展经验

中国和俄罗斯有着非常相似的发展经历。就目前两国的现实发展状况而言,虽然两国体制和路线不同,但对于我们而言,深入研究转型时期的俄罗斯中产阶级问题具有非常重要的借鉴意义。

(一) 形成历程

俄罗斯中产阶级的发展政策,是作为政治上的战略任务自上而下地提出来的,与俄罗斯国家政策密切相关。倾向于自由主义的政治精英们,企图通过全面私有化等方式确立起以中产阶级新政治制度为主的社会基础。之后,俄罗斯开始了全面私有化改革的进程。经历了十几年市场化改革的磨炼,今天俄罗斯的中产阶级队伍日益壮大起来,它包含了中小企业家、管理人员、专业人员、中层官僚和高中级军官等适应了新的社会发展需要的社会群体。其中,构成中产阶级核心部分的是中小企业家、管理人员、个体经营者等。[1] 他们当中许多人受过高等教育,拥有私人财产,关心政治的稳定和法制的健全,他们是改革的受益者和社会稳定发展的重要基石。这一社会群体基本上类似于西方的"老中产阶级"。

相比之下,转型期俄罗斯的"新中产阶级"无论从数量上还是内部构成上都表现出明显不足。具有专业知识和技能的专家、学者、教师、艺术家与医生等职业群体在改革进程中受到了猛烈冲击,只有少部分人能够及时转型,通过成功经营商业或企业而跻身于中产阶级行列,更多的人则从原有的社会经济地位上跌落到社会下层。发展至今,俄罗斯中产阶级的主体依然是以中小企业家为主的"老中产阶级",他们的力量薄弱,生存和发展环境不佳。[2] 然而,"新中产阶级"中的专业技术人员,尤其是最具有活动能力、最能适应新形势的知识分子,对于中产阶级群体的构成和发展具有重要意义。同时,私有制的改革为中产阶级的先头部队——大量的雇佣劳动者——的形成提供了条件。其中,拥有高级技术等级和受过高等教育的雇佣劳动者占有较大比例,这意味着俄罗斯中产阶级的后备军非常充足,他们所缺少的只是转型的机遇和时间。

---

[1] 周晓虹:《全球中产阶级报告》,社会科学文献出版社2005年版,第297页。
[2] 任开蕾:《关于俄罗斯的中产阶级问题》,《国外社会科学》2002年第4期。

自世纪之交伊始，普京总统上台推行新政，俄罗斯社会秩序日益稳定，金融状况良好，经济走上正轨，后工业化进程不断加速，文化正在恢复过去的辉煌。因此，那些拥有"文化资本"的知识分子逐渐实至名归，正在加入到中产阶级的行列。但是，要使中产阶级真正成为一个稳定的、有广泛影响的独立阶级，俄罗斯还有很长的路要走。

（二）基本特征与状况

经济特征。在今天的俄罗斯社会，用收入和财产来衡量中产阶级是非常困难的，因为居民的收入除了工资、企业经营收入和利息等基本收入外，还有各种隐性收入，包括从苏联社会主义制度中沿袭而来的各种社会福利、优惠政策补贴。中产阶级不仅在动产拥有量上比其他居民多，而且还具有良好的购买力，有一定条件享受生活时尚。他们中的大部分拥有三居室以上的住宅、别墅或带花园的房屋产权。目前，大约90%的中产阶级家庭居住在市政公用设施配套齐全的楼房里，并且三口之家成为中产阶级人群当中最典型的家庭组合。

规模比重。对于中产阶级在全体居民中的比例，俄罗斯多家权威机构都给出了结论。比如俄罗斯科学院居民社会经济研究所指出，俄罗斯中产阶级占全体居民总数的比重为25.6%。2003年，俄罗斯综合问题研究所得出的数据是20.9%。2006年俄罗斯科学院社会学研究所完成的《现代俄罗斯的城市中产阶级》调查报告显示，由于居住地的不同，俄罗斯中产阶级的人数在国家总人口中的比重在20%到28%之间不等。① 据俄罗斯《新闻报》2007年4月19日报道，俄罗斯经济发展和贸易部部长格尔曼·格列夫在发布的社会经济预测报告时指出："到2010年，俄罗斯中产阶级人数在总人口中所占的比重将从现在的20%提高到30%至35%。"② 以上数据在俄罗斯学界都具有较强的权威性，比较客观地反映了当代俄罗斯中产阶级的真实状况。

社会地位。关于转型期中产阶级社会地位变化的决定因素，主要看是否"有能力""努力工作"和有"高学历"三个因素。俄罗斯中产阶级获得成功的主要因素是"个人因素"，而不是制度性因素和某些"与生俱

---

① 王广振：《转型期俄罗斯中产阶级问题研究》，人民日报出版社2013年版，第58页。
② 《俄预测中产阶级人数将猛增，1/3人口将成为富人》，2007年4月23日，东北网（http：//international.dbw.cn/system/2007/04/23/050787922.shtml）。

来"的因素。中产阶级们也普遍认为,要想获得一定的经济地位和社会地位,就必须具备良好的业务能力、必要的社会关系、善于抓住各种机会、努力工作和高水平的专业技能等因素。面对社会转型的现实,俄罗斯中产阶级表现出良好的适应能力,并且由于他们具有了良好的教育水平和出色的专业技能,能够在市场上开始体现出应有的价值,获得相对较高的社会地位。在今天的俄罗斯,如果具备了"有能力""努力工作"和"高学历"这三个因素的话,那么进入中产阶级队伍的概率就会有所提高。

职业构成。俄罗斯中产阶级最具有代表性的职业群体是企业主、中层领导、个体经营者、司法机关工作人员和从业大学生,他们之中有2/3的人属于中产阶级。另外一个比较典型的职业群体是受过高等教育的专家、高级领导人和技术与服务部门的工作人员,他们中各有55%到60%的人进入中产阶级队伍。另外,俄罗斯中产阶级中汇集了拥有大量的权力资源的人,也就是说聚集了大量的高层和中层领导人,这是中产阶级职业构成的一个突出特点。据2007年俄《新闻报》报道,国家公务员已经成为俄罗斯中产阶级的中坚力量,在中产阶级中所占的比例由2003年的49%上升到54%。[①]

(三) 发展趋势

对于正在社会转型期的俄罗斯来讲,中产阶级能否成为"贫富分化的缓冲器、社会秩序的稳定器、经济社会发展的推进器和熟练劳动者再生产源泉",发挥出应有的社会功能,无疑具有重大的现实意义。中产阶级能否成为社会结构的主体,无疑是转型社会和市场经济成熟与否的重要标志。近年来,俄罗斯中产阶级有比较显著的增长,其社会地位、职业构成也有了新的提升。中产阶级在物质、文化和精神领域显现出了诸多优势,这将有助于他们发挥其基本社会功能。尽管俄罗斯中产阶级与其他西方国家中产阶级相比要贫穷得多,但是他们仍表现出巨大的创新精神和努力奋斗的精神,具有积极向上的价值观。

经过十几年的社会动荡与政治变革,俄罗斯已经从低谷走出并越来越展现出现代化发展的良好势头。中产阶级能否承担起俄罗斯民主政治建设的重任,能否成为促进俄罗斯法治建设和多党民主的"保障器",将直接影响到俄罗斯未来经济发展和政治转型。普京上台后,俄罗斯社

---

① 《中产者半数是公务员 西方歧视俄罗斯投资》,《青年参考》2007年2月6日。

会经济发展速度日益加快，中产阶级随之壮大起来，并正在逐渐成为"普京协商一致"的"价值核心"。在俄罗斯中产阶级将来的发展图景中，最有前途、最有价值的特征就是它独立自主和自我组织的特性。如果反映到社会层面上，这种特性体现的是一种自由民主的价值。正是因为中产阶级有这样的民主价值，才使得他们能够免于受到激进主义或极端主义政治运动及意识形态的影响和侵蚀。随着俄罗斯国民经济的快速发展，社会秩序的日益稳定，中产阶级的影响力也将日益加强，并在民主主义前进道路上发挥出重要的推动作用。

从俄罗斯当前的社会大背景看，普京新政表现出一系列新的特征，即在政治上倾向于国家主义、经济上推进自由主义、思想上坚持保守主义、外交上实现现实主义。与过去不同的是，普京时代要建立新的"强权国家"，以国家的主导力量替代过去的利益集团斗争。普京新政无疑为中产阶级的未来发展提供了一个更有希望的发展空间。普京新政是俄罗斯历史发展的必然结果，也符合多数俄罗斯人尤其是底层大众的期望和要求。然而，要在俄罗斯形成一支成熟的中产阶级队伍，普京新政还需要经过一个长期的发展阶段。

当前，俄罗斯中产阶级经济、政治功能的发挥还需要克服一些发展障碍。一方面俄罗斯中小企业发展面临着资金不足、税收繁多、产业结构调整和产业升级等问题，只有克服这些障碍才能够使得企业家群体进一步发展壮大；另一方面俄罗斯"新中产阶级"的结构存在一定的畸形，需要经过一段时间的调整，要更加广泛地吸收专业技术知识分子，尤其是科学、教育、文化工作者。因此，在俄罗斯中产阶级的未来发展中，必须制定有利于促进中小企业发展的合理经济政策，制定大规模投资科技文化教育事业的国家前瞻性战略，恢复正常的社会秩序和社会公正，营造稳定的政治环境和健全对私人财产、公民权利不受侵害的法律保护，只有这样，才能使进入中产阶级行列的人数大大增加。[①]

五　印度中产阶级的发展经验

发展中国家和新兴工业化国家中产阶级的形成和发展，对于我国扩

[①] 王广振：《转型期俄罗斯中产阶级问题研究》，人民日报出版社2013年版，第168—193页。

大中等收入阶层比重具有一定的借鉴意义。目前，印度中产阶级人数大约有1.5亿人，到2020年大约有6亿人会成为中产阶级。① 从中产阶级的形成和发展过程来看，加大改革力度、积极发展高新技术产业、减轻个人税负和加大发展教育等对于印度中产阶级的崛起起到了举足轻重的作用。

推进经济改革，促进中产阶级的形成。1991年下半年印度开始经济改革，促进国家经济自由化、市场化、全球化和私有化，使得印度经济上了一个新台阶，国内生产总值保持较高的年均增长率。如果2020年印度形成近6亿的中产阶级，那么，印度中产阶级消费市场将达到4万亿美元，不仅是扩大内需市场的重要力量，而且将会成为世界上最大的市场之一。

发展高新技术产业。印度加快优势领域如信息技术产业的前进步伐，跨越发展阶段，进而带动其他产业的发展。目前，印度的信息产业已经发展为社会进步的火车头，尤其是它的软件行业，在近几年都保持高速增长的态势，在水平上仅次于美国，软件出口额占全球市场份额的20%。② 依托高新技术产业的迅猛发展，印度产生了一大批专业技术人才和经营管理人才，他们纷纷进入了中产阶级的行列。

改革财税制度，减轻个人负担。比如提高所得税免税额、减轻工薪纳税人的税收负担、享受额外的财富税免税优惠、提高赠与税免税额等。为了促进高科技企业的创办和发展，印度颁布新的《财政法》提供免税优惠；为了支持科研发展，印度政府允许科研经费加数扣除，并且加数扣除的款项将不再进行其他扣除。总之，通过减轻个人税负、促进企业创办和向科研倾斜的税制改革，印度的中产阶级在良好的经济环境中得到快速发展。

大力发展教育，加强了人力资本建设。印度中产阶级迅速崛起的另一个重要原因，是印度政府十分重视教育和科技。印度较早就提出了"科教立国"的发展策略。即使在经济十分落后的情况下，印度政府仍然舍得把大量资金投入教育。所以，印度拥有在亚洲甚至世界上堪称一

---

① [印] 桑伊·瑞迪：《印度中产阶级人数大约有1.5亿》，2012年4月2日，新浪网（http://finance.sina.com.cn/roll/20120402/150211739264.shtml）。

② 袁俊：《印度信息产业的发展及对我们的启示》，《国土资源信息化》2006年第5期。

流的大学，比如印度科学院、德里大学、尼赫鲁大学和加尔各答大学等。在印度，大多数接受过高等教育的人都能够进入中产阶级行列。

六　国外中产阶级的发展对中国的启示

（一）发展经济是扩大中等收入者比重的根本之策

以英美为代表的西方中产阶级发展历程告诉我们，经济越发达，中等收入阶层的比重就越高。可以说，大力发展经济是扩大中等收入者比重的根本之策。当前，我们要在经济整体发展、人们生活水平不断提高的基础上，持续扩大中等收入群体，处理好"调高""扩中""提低"三者之间的关系。这就要求保护高收入者的合法收入，取缔非法收入，保障低收入者的基本生活，通过提高低收入者的收入水平、降低低收入者的比重来不断扩大中等收入者比重。

（二）教育是中等收入阶层发展的决定因素

先进的科技和教育是欧美国家快速发展的基础，尤其是在美国，良好的教育培养出了高素质的人才，为社会发展提供了雄厚的人力资本。在英国，科技和教育一直为人们所重视，较高的文化素质是英国得以保持其国家前列地位的重要原因，也为中产阶级的产生提供了基本条件。可以说，国外中产阶级的形成是基于人力资本的积累。知识是中产阶级的真正力量所在。在我国，需要不断加大对教育的投入力度，不断提高国民受教育程度，对现有的人力资本培育制度进行改革，形成合理的梯度发展的教育结构和人才结构。

（三）合理利用再分配制度

瑞典等北欧福利国家的高税收、高政府开支在一定程度上破坏了自由市场，影响了生产和社会效率，成了经济进一步发展的障碍。这些国家奢侈的社会保障福利待遇需要进一步降低。在英国，虽然福利制度有助于缩小贫富差距、保持社会稳定，但是英国仍然存在着财政负担过重、经济效率低下的弊病。美国的社会保障范围、程度与英国相比，有很大的不同，其主要目标是要保证教育、医疗及食品等的基本生活需要。因而，美国的收入分配制度比较合理，这就避免了福利国家产生的种种"弊病"。

在我国社会主义市场经济体制发展与完善的过程中，我们需要建立与其相适应的一系列社会保障制度，从而为培育壮大中等收入阶层创造良好的社会环境，为他们解除养老、医疗和住房等问题的后顾之忧。比如，需要扩大养老保险尤其是农村养老保险的覆盖率、扩大失业保险的覆盖面、完善非公有制企业和非正规就业者的社会保险制度、完善医疗保险、鼓励各种社会力量和非政府组织发展慈善事业等。

（四）保持政治稳定和经济社会协调发展

在俄罗斯，中产阶级的发展壮大，得益于普京新政为俄罗斯社会和谐发展提供的良好铺垫。从2006年开始，俄罗斯政府开始落实普京提出的"农业、住房、医疗和教育"四大社会优先发展项目。这些项目获得了民众的广泛支持，进一步成为推动经济社会发展、保持社会和谐的重要举措，为俄罗斯中产阶级的继续发育成长提供了保障。印度中产阶级崛起的主要原因是20世纪90年代拉奥政府推动了在经济上的"实质性改革"。这项经济改革使得印度经济得以成功转型，实现了经济的自由化、市场化和国际化，从而大大减少了体制性障碍。诸如此类保持政治稳定和推动经济社会协调发展的重要举措，为这些国家中产阶级的发展壮大提供了良好的环境支持，促进了中产阶级的发育和成熟。

第四节　和谐社会条件下中等收入阶层的培育机制

在西方工业社会，工业化及其向后工业化社会的转变是中产阶级产生的社会历史条件，但是在中国，工业化本身并没有对包括中产阶层在内的中国社会阶层变动产生必然的影响。[①] 现代工业化对中国社会阶层的影响与作用，是在1978年改革开放后才开始显现出来的。与此同时，中产阶层的形成发展与现代工业化以及1978年以后的中国社会转型发生了最为直接和紧密的联系。改革开放以后，中国正在经历着从传统的农业社会向工业社会、从计划经济体制向市场经济体制、从高度中央集权的政治体系向社会主义民主政治体系的转变。与西方中产阶级的成长路径不同，正处在这一社会转型期的中等收入阶层具有自身独特的发展路径和成长机制。

---

① 周晓虹：《中国中产阶层调查》，社会科学文献出版社2005年版，第8页。

一　互动机制：中等收入阶层与和谐社会的互动发展

中等收入阶层的成长壮大，需要保持与和谐社会之间的良性互动。如果和谐社会与中等收入阶层不能实现良好的互动，或者其中一个的发展严重滞后于另一个的发展，那么，就会影响到和谐社会建设的进程以及中等收入阶层的健康发展。

（一）建立中等收入阶层与和谐社会的互动机制

推进中等收入阶层与和谐社会的互动，要求实现和谐社会与中等收入阶层在主体上、功能上、内容上、方法上、目标上的互动与整合。和谐社会与中等收入阶层的互动包括主客体的互动，以及各自内容、方式、目标上的互动。

1. 建立和谐社会与中等收入阶层的平衡协调机制

建立和谐社会与中等收入阶层的平衡协调机制，要求社会阶层结构的变动要以实现"中间大、两头小"的橄榄型结构为目标，从而形成"以中等收入阶层为主导阶层"的和谐社会。一方面要充分利用社会主义和谐社会为中等收入阶层提供的发展平台，把构建社会主义和谐社会的各项要求落到实处；另一方面要从收入、消费、职业、教育和价值观念等方面培育中等收入阶层，从整体上提高他们的群体素质，充实社会主义和谐社会建设的阶层力量，为社会主义和谐社会注入生机活力。

2. 建立和谐社会与中等收入阶层的规范、约束和引导机制

建立和谐社会与中等收入阶层的规范、约束和引导机制，需要做到以下几个方面的工作：一是要用社会主义和谐社会的基本原则对中等收入阶层的思想和行为进行有效的规范、约束和引导，中等收入阶层在发展壮大过程中必须要符合"以人为本、科学发展、改革开放、民主法治"的发展方向；二是形成中等收入阶层自我导向、自我完善、自我教育、自我提升的社会机制，努力增强这一社会阶层的群体素质，提高他们投身和谐社会建设的本领；三是通过核心价值观的凝聚、榜样力量的引领以及各种规章制度对中等收入阶层的思想和行为进行规范、约束和引导，鼓励中等收入阶层为社会主义和谐社会建设作出更大贡献。

3. 建立和谐社会与中等收入阶层的保障机制

建立和谐社会与中等收入阶层的保障机制，要从如下几个方面着手：一是加快推进以民生为重点的社会建设，积极解决好教育、就业、

收入分配、社会保障、医疗卫生和社会管理等直接关系人民群众根本利益和现实利益的问题,为我国中等收入阶层的培育和壮大提供良好的社会环境,从而促进中等收入阶层群体素质的提高和社会功能的发挥;二是结合我国的基本国情和各社会阶层的发展需要,既要保证已有中等收入阶层的稳定发展,又要不断地提高低收入群体的收入水平,增加他们向社会中上层流动的机会,进而培育更多中等收入阶层的后备军;三是有效引导和积极组织中等收入阶层投入到经济社会发展的整个过程之中,在亲身实践中实现自身的发育和成熟。

(二)建立中等收入阶层与和谐社会的同步发展机制

构建社会主义和谐社会是社会主义现代化建设事业的题中应有之义。社会主义和谐社会是国家富强、民族振兴、人民幸福的重要保证。推进社会主义和谐社会建设,是全面建设小康社会和中国未来发展的重要任务,需要全党全社会坚持不懈的努力。持续扩大中等收入群体,是全面建成小康社会的战略措施,在经济社会发展中日益凸显其重要性。从一定意义上讲,作为推动社会经济发展的重要力量,中等收入阶层的成熟状况决定了这个国家社会结构的合理程度。无论是和谐社会建设还是中等收入阶层的成长成熟,都是社会主义现代化建设事业的一个组成部分,都在经济社会发展中发挥着不可替代的作用,并且两者可以相互促进、相辅相成。

社会主义和谐社会和中等收入阶层虽然存在密切的联系和相互作用,但它们之间的相互作用还存在一定的差别。社会主义和谐社会对中等收入阶层的成长更多的是一种指导作用,而中等收入阶层的成长对社会主义和谐社会建设更多的是一种促进作用。"民主法治、公平正义、诚信友爱、充满活力、安定有序、人与自然和谐相处"的本质内涵和内在要求,指引着中等收入阶层沿着社会主义方向成长发育,而中等收入阶层的成长发育则为社会主义和谐社会建设提供了重要的阶层力量。中等收入阶层以其独特的社会功能为社会主义和谐社会建设增添了新的社会基础,有效地促进社会主义和谐社会建设的全面推进。

从社会学角度看,和谐社会是阶层之间关系和谐的社会,它需要具有以中等收入阶层为主导阶层的社会结构,因而构建和谐社会就要构建一个以中等收入阶层为主体的社会。从这个意义上讲,构建社会主义和谐社会与扩大中等收入阶层有许多相通之处,并且能够相互促进、有机结合。然而，在实际工作中，和谐社会与中等收入阶层两者不能偏废，更不能相互替代。和谐社会和中等收入阶层承载着的社会职责是有所不同的。构建社会主义和谐社会是从中国特色社会主义事业总体布局和全面建设小康社会全局出发提出的重大战略任务，而扩大中等收入阶层还没有在中国成为一个大的发展战略。在社会经济发展过程中，两者发挥着各自不同的作用，我们不能以构建社会主义和谐社会代替中等收入阶层比重的扩大，更不能因扩大中等收入阶层比重而忽略了社会主义和谐社会的建设。如果处理不好两者之间的关系，就容易模糊两者的界限，不仅会削弱社会主义和谐社会的作用，还会使中等收入阶层的发展缺失指导方向。

总之，建立和谐社会与中等收入阶层的同步发展机制，应坚持构建社会主义和谐社会与扩大中等收入阶层同时加强、同步推进，通过构建社会主义和谐社会为中等收入阶层的发展提供良好的社会环境，而中等收入阶层的培育壮大反过来又为构建社会主义和谐社会建设增添社会力量。

二 内生动力：市场化改革的动力

中国的改革坚持市场化的方向，走了一条由计划经济向市场经济逐步过渡的道路，最终建立起了社会主义市场经济体制，高度认可了市场对资源配置的决定性作用。自党的十四大提出社会主义市场经济体制改革目标以来，以市场化为取向的改革不断深化，市场在对资源的配置中发挥着越来越重要的作用。2013年11月12日，党的十八届三中全会通过的《中共中央关于全面深化改革若干重大问题的决定》，在总结改革经验的基础上，明确提出了"使市场在资源配置中起决定作用"，是对十四大提出的"市场配置资源的基础性作用"的继承和新发展。

与那种基于行政指令、等级身份的计划经济不同，市场经济以价值规律为圭臬，坚持竞争、效率和要素贡献原则。市场化改革加快了我国社会现阶段社会阶层的分化，日益成熟的市场机制成为我国中等收入阶层发展壮大的社会内在机理和内生动力。其重要作用体现在如下几个方面。

第一，市场经济的利益驱动机制和优胜劣汰机制，不断改变人们的分工和收入状况，拉开了居民收入差距。按照市场经济发展的一般规律而言，在市场经济条件下，市场竞争的结果必然会使得居民收入差距拉大，甚至导致两极分化。市场意味着竞争，企业之间、部门之间、人与人之间都为了获取更多的资源而展开竞争，每个市场主体的竞争能力不同，占有的社会资源也就不同，这必然会导致收入差距的形成。市场经济本身具有一种利益驱动机制，也就是市场机制的内在动力，这是我国城乡居民收入差距形成的客观原因。在社会主义市场经济条件下，资源配置是通过市场来进行的，各种生产要素如劳动力、资本、土地、技术和管理等要获得市场的评价，同时，生产要素都要投入到生产过程中，创造一定的效用。每一个社会成员拥有的生产要素不同，就会形成收入的差别。那些拥有数量多、质量好的生产要素的社会成员，可以凭此获得更好的职业和更高的收入，从而成为社会上的高收入阶层，以此类推，那些基本上没有生产要素的社会成员就可能会成为低收入阶层，而处于中间地位的就是中等收入阶层。另外，在市场经济的发展过程中，由于科学技术日新月异，生产过程日益精细和复杂，现代化的生产过程越来越需要从事技术和管理工作的社会阶层。这些人员从事着复杂的劳动，他们更多的是靠自己的知识和技能获得较高的收入，从而进入中等收入阶层行列。

第二，市场经济体制改革为非公有制经济发展提供了制度条件，进而催生了我国的中等收入阶层。20世纪50年代中后期社会主义改造运动后，中国建立起了公有制一统天下的所有制结构。之后，非公有制经济一直被当作社会主义公有制的对立面，被看作是资本主义的东西。党的十一届三中全会以后，我们认识到发展非公有制经济的必要性，开始改变了有关所有制的意识形态偏好，允许和鼓励非公有制经济的发展。经过改革开放近20年的实践，十五大正式确定了我国的基本经济制度，即"公有制为主体、多种所有制经济共同发展"。随着市场经济的深入发展，各种所有制成分作为独立的市场主体越来越多地参与到市场竞争。同时，以市场化为取向的经济体制改革不断向前推进，使得非公有制经济的发展具有了重要的制度条件，取得了突飞猛进的发展。所有制的制度安排与改革，对中国社会分层产生了重要影响，直接催生了两个新的社会阶层，即个体工商户和私营企业主。随着市场经济体制的完善，个体工商业者、私营企业主等非公有制从业人员日益发展起来，并逐渐成了中等收入阶层的重要组成部分。同时，市场经济发展在客观上刺激了公有制经济的改革,增强了公有制经济的竞争意识和发展能力。在社会主义市场经济条件下,公有制出现了诸如股份制、股份合作制等多种实现形式。一些国有企业、集体企业纷纷改制,主动适应市场经济的发展要求,增强国有经济的经济效益,提高了自身运行能力和控制力。这些国有企业、集体企业的职工有很大一部分已经进入中等收入阶层的行列。

第三,市场在资源配置中发挥作用,改变了我国以权力机制为基础的社会资源分配方式。计划经济条件下,国家用行政力量配置资源,国家权力无所不及,几乎垄断全部社会资源。这种计划经济时代的分配方式与户籍制度、干部人事制度等具体制度密切关联,形成了在干部、工人、农民三个身份群体中等级分明的社会资源再分配。这种非竞争性的分配方式,使得全体社会成员的经济利益几乎是完全一体化,在社会层级之内形成平均主义的分配方式。市场化的经济改革强调市场作为社会资源的配置方式,使得各阶层的人们能够通过公平的竞争获得经济收入和社会地位,从而为中等收入阶层的产生和发展提供了自由的流动空间和自由的流动资源。一方面,市场机制使得那些在资源配置中与行政权力相关联的因素的作用减小;另一方面,人们逐渐从"单位"身份的限制中走出来,可以发挥更大的自主性,凭借对生产要素的占有和对市场机会的把握在市场上获得相应的回报。在市场化推进的过程中,教育、职业、技术、管理等因素与个人社会地位的获得关系越来越紧密,成为社会阶层分化中的重要影响因素,而劳动力市场的建立使得劳动力资源能够在地区之间、行业之间、所有制之间自由流动。这种市场配置资源的方式,在收入分配上是按生产要素贡献和市场效率来进行的,那些拥有较多资本或拥有较高文化素质、技术技能的社会成员,就能够在市场上获得较高的经济地位和较强的市场竞争力,从而进入中等收入阶层。

三 制度变迁:所有制变化和收入分配制度改革

(一)所有制结构的变迁

新中国成立以来,我国所有制结构发生了重大的调整,由改革开放以前单纯的生产资料公有制占据绝对统治地位,转变为"公有制为主体、多种所有制经济并存"的多元化发展。

改革开放之前，在农业方面，以集体经济的人民公社和生产队为主，生产队没有生产自主权和产品支配权，农民没有人身自由，被严重地束缚在土地上。农村的私营经济基本上绝迹，一切土地都归集体所有。在工业方面，1978年，全民所有制工业占工业生产总值的80.8%，集体所有制工业占19.2%，没有私营工业的生存空间。在全社会的零售业总额中，国营商业所占比重为90.7%，集体所有制商业所占比重为7.2%，个体商业仅仅占有0.1%，而农民对非农业居民零售额仅为2%。[①] 在所有制方面，我们国家不断提高公有制比重，而私有制经济却遭到严重削减。

改革开放以后，根据我国生产力比较落后的基本国情，中国共产党对经济政策和所有制结构逐步进行合理调整，改变了长达20多年的生产资料公有制一统天下的局面，认识到个体、私营等非公有制经济在社会主义经济建设中的重要作用，并在此基础上，提出了以公有制为主体、多种所有经济形式并存的重大决策。随着社会主义市场经济改革的深入，我国经济的发展越来越需要多元的所有制主体和利益主体，因为，它们是激发社会主义市场经济活力的关键因素。所有制改革就是要改变原来的单一国家主体，建立起包括个体经济、私营经济、"三资"经济在内的多元经济主体。其中，个体经济、私营经济等非公有制经济已经成为当前社会主义所有制结构中的重要组成部分，为整个国家的社会经济发展作出了重大的贡献。

所有制结构向着多样化的方向发展，各种经济成分越来越多地参与到市场竞争，使得原有的所有制身份越来越淡化。私营经济以及其他多种所有制形式的多元发展，对社会阶层结构造成很大影响。一方面，出现了私营企业主阶层、雇用劳动者、个体工商户、企业白领等新兴社会阶层；另一方面，也使得国有企业的职工发生了分化，有一部分国企员工在竞争中提升了自身素质和竞争能力。正是这些在所有制结构调整过程中成长起来的社会群体构成了我国中等收入阶层的主体部分。从这个意义上讲，所有制结构的变动是我国中等收入阶层形成和壮大的重要制度因素。

---

① 杨继绳：《当代中国社会阶层分析》，江西高校出版社2011年版，第29—30页。

(二) 收入分配制度的改革

马克思认为，生产资料的所有制形式决定着一个社会的产品分配方式，生产资料所有制形式不同，产品的分配方式也就不同。改革开放以来，我国所有制结构由单一的公有制转向公有制为主体、多种所有制长期并存，这就决定了个人收入分配方式由相当固化的单一的收入分配制度逐步转变为"按劳分配为主体、多种分配方式并存"的分配制度。这种多样化的分配方式是由我国社会主义初级阶段的客观经济条件决定的，它必然会造成社会各阶层之间的收入差异或贫富差距，进而导致社会阶层的分化，客观上推动中等收入阶层的形成和发展。

改革开放以来，我国收入分配制度经过了一个长期的改革过程，最终确立了以按劳分配为主体、多种分配方式并存的分配原则。1984年，《中共中央关于经济体制改革的决定》提出要克服平均主义思想，鼓励一部分人先富起来，以先富带动后富，然后实现共同富裕。1987年，党的十三大报告强调，"非劳动收入，只要是合法的，就应当允许。我们的分配政策，既要有利于善长经营的企业和诚实劳动的个人先富起来，合理拉开收入差距，又要防止贫富悬殊，坚持共同富裕的方向，在促进效率提高的前提下体现社会公平"[①]。1992年，党的十四大报告在谈到收入分配制度时，指出"以按劳分配为主体，其他分配方式为补充"，并首次提出"兼顾效率与公平"[②]。1997年，党的十五大报告强调"坚持效率优先、兼顾公平"，并且第一次提出要"把按劳分配和按生产要素分配结合起来"，允许和鼓励一部分人通过诚实劳动和合法经营先富起来，允许和鼓励资本、技术等生产要素参与收益分配。[③] 2002年，党的十六大报告指出，深化收入分配制度改革，要"确立劳动、资本、技术和管理等生产要素按贡献参与分配的原则"，"初次分配注重效率，再分配注重公平"，并且首次明确了收入分配制度改革要"以共同富裕为目标，扩大中等收入者比重，提高低收入者收入水平"[④]。2007年，党的十七大报告进一步指出要"健全劳动、资本、技术、管

---

① 《十三大以来重要文献选编》(上)，人民出版社1991年版，第32页。
② 同上书，第19页。
③ 《江泽民文选》(第2卷)，人民出版社2006年版，第22页。
④ 《江泽民文选》(第3卷)，人民出版社2006年版，第550页。

理等生产要素按贡献参与分配的制度",强调"初次分配和再分配都要处理好效率和公平的关系,再分配更加注重公平",同时提出逐步提高两个"比重",即居民收入在国民收入分配中的比重,劳动报酬在初次分配中的比重,要求"着力提高收入者收入","创造条件让更多群众拥有财产性收入","保护合法收入,调节过高收入,取缔非法收入","整顿分配秩序,逐步扭转收入分配差距扩大趋势"等。① 2012年,党的十八大报告强调要"千方百计增加居民收入","初次分配和再分配都要兼顾效率和公平,再分配更加注重公平",同时在提高两个比重的基础上提出努力实现"两个同步",即居民收入增长和经济发展同步、劳动报酬增长和劳动生产率提高同步,要求完善多种要素按贡献参与分配的初次分配机制,多渠道增加居民财产性收入,进一步规范收入分配秩序。②

"让一部分人、一部分地区先富起来,通过先富带后富,最终实现共同富裕",这是中国收入分配制度改革顶层设计的最初思路。改革开放三十多年来,那些拥有资本、权力、知识技能的人,收入获益多,成为先富起来的社会群体。根据中国社科院社会学研究所当代中国社会结构变迁研究课题组2001年、2005年调查来看,1978年以来,收入上升最快的、排名前五的社会阶层依次是私营企业主、经理人员、国家社会管理者、专业技术人员和个体工商户。而从社会公众主观评价来看,目前无论哪个阶层的主观评价,都认为工人、农民、农民工的获益最少,其评价都排在最后三位。③ 同时,收入分配改革过程中,由于所拥有的社会资源和机会不同,人们收入的获得量就有明显差异,进而造成同一群体内部、不同主体、不同行业、不同地区之间收入差距拉大。近年来,我国城乡居民收入差距、地区收入差距、行业收入差距以及企业内部收入差距等都有不同程度的加剧趋势,这种收入分配差距必然会对我国经济社会发展带来一系列负面影响,进而也会直接制约我国中等收入阶层的进一步扩大。

综观30多年来我国收入分配制度的改革,不难发现,始终是围绕

---

① 《十七大以来重要文献选编》(上),中央文献出版社2009年版,第30页。
② 胡锦涛:《坚定不移地沿着中国特色社会主义道路前进 为全面建成小康社会而奋斗——在中国共产党第十八次全国代表大会上的报告》,人民出版社2012年版,第36页。
③ 陆学艺:《当代中国社会结构》,社会科学文献出版社2010年版,第185页。

"公平""效率""公正"等核心问题来展开的。我国的收入分配制度改革,从打破绝对平均主义、提倡先富带后富,到允许多种生产要素参与分配,从"效率优先、兼顾公平"到"更加注重公平",已经形成一种强调公平的调整方向,这必将会使更多城乡居民收入水平不断提高,进而让更多城乡居民进入中等收入阶层的行列。

四 结构动因:城镇化建设和产业结构升级

(一)城镇化建设加速推进

城镇化,也就是农村城镇化,是指农村人口向城镇迁移以及随之发生的产业与社会结构重组的过程。① 城镇化进程是以工业化和市场化的需要为开端,农村劳动力向城市平缓转移的结果。可以说,城镇化过程是人口从农村向城镇迁移的过程,是非农产业逐步壮大的过程,是农村生产方式、生活方式逐步实现现代化的过程。发达国家的发展经验表明,城镇化进程与中等收入群体扩大的进程密切相关,中等收入群体的形成主要来源于人口城镇化以及经济结构的转型升级。从我国城镇化的历程来看,城市扩张和城镇人口增长为中等收入群体的扩大创造了良好的条件。

1978年以前,我国选择重工业优先发展战略,造成了城乡二元结构形成,导致了农村资源无法向城镇流动,从而严重限制了城镇化的发展水平。这一时期中国城镇化水平十分缓慢,1949年,城镇化水平只有10.64%,到了1978年提高到了17.92%,经过30年的发展,城镇化水平仅仅增加了7.28个百分点。改革开放以后,特别是20世纪末,城镇化加快了发展速度。1978—2000年,城市化水平由17.92%上升到36.22%,平均每年增加0.83个百分点。截至2010年,中国居住城镇的人口接近6.66亿,城镇化率达到了49.68%。② 进入21世纪以来,中国城镇化发展速度又进一步加快。城镇化在推动我国经济社会发展中发挥着越来越重要的作用,也为我国中等收入阶层的集聚和成长提供了发展空间。通过城镇化建设,使更多的农民实现向非农的转变,把

---

① 刘永红:《我国城镇化中的制度变迁研究》,博士学位论文,华中农业大学,2002年。
② 邹东涛:《以民为本:中国社会全面建设小康社会10年(2002—2012)》,社会科学文献出版社2012年版,第98—99页。

更多的农民吸纳到中等收入阶层,是我国经济社会发展的必然要求。

第一,城镇化建设加快了农村劳动力的转移。城镇化的过程就是大批农村劳动力向城市迁移的过程,且两者是互为因果的。城镇化,首先表现为大批农村劳动力进入城市,使得城市人口在全国总人口中的比重逐步提高。从这个意义上讲,城镇化也是人口的城镇化,也就是农民流入城市就业并在城市长期生活,成为城市新市民和逐步融入城市的过程。城镇化进程的加快,使得一大批本来是农民身份的人变成了城市居民。城镇化创造了大量非农就业机会,是农业剩余劳动力的蓄水池。城市规模的扩大,促进了劳动分工的演进,也促进了社会流动。大量农村人口向城市转移,带动了城镇住房、道路、供电、供排水工程、文化教育和医疗卫生等基础公共设施的建设,这些公共服务设施创造了大量劳动力就业岗位。从1978年到2011年,随着城镇化建设的推进,农业就业人员在就业总人数中的比重由70.5%下降到34.8%,同时,城镇就业人员占全国就业人员总量的比重由23.7%上升为47%。[①] 根据有关学者研究,就业增长与城镇化水平之间存在着长期的均衡关系,城镇化水平每提高1个百分点,城镇就业人口就会增长1.267个百分点,从而可以带动2000万农民及其家属进城。[②] 在全国已经转移的农村劳动力中,乡镇企业等县域中小企业吸纳了50%以上的农村劳动力就业,东部经济发达地区农村劳动力在小城镇就地转移的比率高达90%以上。[③]

第二,城镇化建设有利于壮大非农产业。随着城镇人口的逐步增加,人们对服务业的需求也在大幅增加,进而推动了城镇第三产业的发展。一方面,城镇化带来了人口的集聚和产业聚集,不仅仅能够推动商贸、餐饮、旅游等生活性服务业和金融、保险、物流等生产性服务业的发展,而且还能够推动教育、医疗、就业与社会保障等公共服务的发展,从而有效地改变服务业落后的局面;另一方面,伴随着城镇化建设的推进,大量的社会资源,尤其是农村的人力资源和土地资源向城镇流动,继而引起农村

[①] 迟福林:《改革红利:十八大后转型与改革的五大趋势》,中国经济出版社2013年版,第80页。

[②] 汪泓、崔开昌:《中国就业增长与城镇化水平关系的实证研究》,《南京社会科学》2012年第8期。

[③] 陆进:《加强城镇化建设对就业增长的拉动作用》,《中国党政干部论坛》2010年第10期。

的资金、信息等资源向城镇流动，从而为农村的第二产业的发展提供可靠保障。城镇化对于工业结构的转型升级起到重要推动作用，它通过资源整合和优化配置、聚集人力资源等，促使工业企业之间形成充分的市场竞争，极大地提高了生产效率。此外，城镇化程度的不断提高，还能够从根本上改变农村那种靠农业吃饭的传统格局，加速农业经济结构和产业结构的调整，为实现农村规模经营和集约经营创造有利条件。早在1990年，邓小平就讲过，农村改革主要有两个飞跃，第一个飞跃是实行家庭联产承包责任制；第二个是实行土地的规模经营，发展集体经济。[①] 只有实现规模经营，才能为农业现代化机械的大规模利用和投入生产创造条件，才能促进农业的现代化和产业化进程，从而才能更好地提高农业效益，增加农民收入，使更多的农民成为农村中等收入者。

第三，城镇化建设有利于缩小城乡收入差距。事实证明，城镇化水平与城乡收入差距成反比。例如，东欧国家的城镇化水平相对较低，城乡居民人均GDP相差2—3倍；欧美国家城镇化率很高，城乡居民人均GDP相差1—2倍。长期以来，我国城乡居民收入差距不断扩大，但是如果没有城镇化的缓冲，我国城乡居民收入差距可能还会更大。通过城镇化建设，可以大力推进道路、供电、供水和污水处理等基础设施建设，改善农村生产生活条件，提高农村生活质量，进而缩小城乡居民收入差距。在城镇化建设的进程中，大量的城市近郊并入城市的版图，城乡地域之间的差别越来越小，促进了城乡地域的融合发展。同时，城镇化有利于城乡资源的双向流动。当农村人力资源、土地资源和资本等向城市流动的同时，城市也在不同程度上给予农村积极的反馈。城市规模的不断扩大，伴随着各种生产要素的边际效益递减，必然引起城市的资金、信息、科技和人才等资源大量向农村流动。总之，在城乡资源双向流动的过程中，城镇化将会使得城乡居民收入差距缩小。

第四，城镇化建设加快城乡社会文明的相互融合和渗透。在城镇化过程中，城镇生活方式向农村区域渗透，城镇先进的科学技术、信息资源、文化教育、人力资本等向农村不断转移和扩散，城镇的辐射效应将推动农村生活方式和生产方式逐步向着现代化方向发展。可以说，城镇化的过程也是农村和农民生活方式、生产方式不断实现现代化的过程，

---

① 《邓小平文选》（第3卷），人民出版社1993年版，第355页。

是农村社会文明程度不断提高的过程。随着城镇人口的增加,城乡居民收入水平的提高,城镇人口受教育的涵盖范围和接受教育的程度也在不断提升。城镇化带来了社会文明程度的提高,同时也使得城乡居民的整体素质有了较大提高,这就为中等收入阶层的出现和成长提供了文化支持和精神支撑,从而有利于中等收入阶层文化的形成。正如古尔德纳所言,作为一个正在兴起的社会阶层,中产阶层的主要特征应该这样描述:在数量上,他们占有相当多的文化资本份额,并且其收入中相对较大的一部分由此产生;在质量上,从某种程度上来讲,中产阶层的文化是一种特殊的文化。①

第五,城镇化建设带动了消费结构的升级。经济学认为,收入是消费的函数,收入越高,消费就越高。我国城乡居民收入水平不断提高是居民消费结构不断升级的动力。而城镇化建设是缩小城乡差距,提高城乡居民收入,推动产业结构的重要手段。同样,城镇化建设也还能够带动消费结构的升级。城镇化为城乡居民带来更多的经济收入,保证他们具有了现实的购买力,从而使得城乡居民长期压抑的消费需求得以释放。在农村,消费结构升级主要是提高生活质量,推动耐用消费品水平;在城市,则是推动居民消费进一步升级,提高服务性消费质量。随着城镇化的发展,我国开始进入大众消费时代,普通民众的消费需求也逐渐多元化,他们的消费需求不再局限于生存生理需要的满足,享受性的消费越来越受到他们的青睐。总体来看,我国居民消费结构升级经过了一个由生活必需品增长到耐用品增长,再到服务消费增长的过程。当前,我国城乡居民消费结构进入一个新的升级阶段,服务消费成为新的消费热点,住房与汽车在城市消费中也逐渐成为热点,住房、汽车、文化教育、网络信息、保险、休闲娱乐和健康美容等成为拉动经济的新增长点。而我国的中等收入阶层有消费能力,又有强烈的消费欲望,是大众消费的主体人群。近些年住房、汽车、教育和旅游等已经成为中等收入阶层家庭的消费热点,也是中等收入阶层的重要标志。

(二)产业结构的升级

一般而言,产业结构是生产要素各产业部门之间的比例构成以及它

---

① [美]古德纳:《知识分子的未来和新阶级的兴起》,顾晓辉、蔡嵘译,江苏人民出版社2002年版,第32页。

们之间相互依存、相互制约的联系,也就是说,一个国家或地区的资金、人力资源和各种自然资源与物质资料在国民经济各部门之间的配置状况及其相互制约的方式。[①] 其中,产业结构包括三次产业之间的比例关系,即农业、工业、第三产业及其内部各部门之间的比例关系。关于产业结构的变化情况,一般从两个方面来考察,一是各产业在 GDP 中所占比重;二是各产业就业人员的分布情况,即就业结构,可以用各产业就业人数在总就业人数中所占比重来表示。产业结构在优化和升级的过程中,体现出一定的规律性。对于产业结构变化规律,世界各国的经济学家都对其有过科学分析。英国经济学家克拉克在他 1940 年出版的《经济发展条件》一书中,通过对 40 多个国家和地区不同时期三次产业的变动进行分析,指出了在经济发展过程中三次产业比重变化的规律,即由以第一产业为主向以第二产业为主、继而向以第三产业为主转变的规律。同时,这一转变过程中,人均收入变化引起劳动力流动,进而导致了产业结构演进的规律。产业结构在整个经济结构中具有主导地位,产业结构的优化与升级对经济增长起到决定性的作用。因此,产业结构是一个国家经济增长的重要推动力,是反映一个国家生产力发展水平的重要标志。西方发达国家的历史经验证明:中产阶层的发展壮大与产业结构的转型与升级有着密不可分的联系。比如,20 世纪六七十年代以来,随着联邦德国产业结构的调整与升级,其社会阶级结构发生了重大的变化,中产阶层发展壮大并成为社会的主体。其内在机制表现为:随着工业化进程的推进,产业结构发生了根本性的转变,以服务业为主要特征的第三产业在国民生产总值中的比重越来越大,并在国民经济中占据了主导地位,从而发展成为一种主导性产业;与此同时,第三产业领域的就业人数和规模越来越大,一大批专业技术人员、管理人员、办事人员大量增加,他们的收入水平越来越高,逐渐成为一个收入相对较高的社会群体,进而成为中产阶层的重要组成部分。

改革开放之前,我国实行优先发展重工业的道路,建立了比较完整独立的工业体系,但三次产业比重出现了严重失衡,第三产业的发展基本上是停滞不前的。改革开放以后,我国的经济快速发展,同时,产业结构的调整也越来越被重视起来,三次产业结构也有了明显的改善,产

---

① 李京文:《中国产业结构的变化与发展趋势》,《当代财经》1998 年第 5 期。

业结构正在向合理化的方向发展。改革开放 30 多年来,我国第一产业比重明显下降,第二产业比重保持稳步提高,第三产业比重不断上升。三次产业的变化趋势如表 5-1、表 5-2 所示。

表 5-1　　　　　三次产业在国内生产总值中的比重变化　　　　单位:%

年份 项目	1978	1988	1998	2008	2012
第一产业	28.2	25.7	17.6	11.3	10.1
第二产业	47.9	43.8	46.2	48.6	45.3
第三产业	23.9	30.5	36.2	40.1	44.6

表 5-2　　　　改革开放以来从业人员在三次产业中的比重变化　　　　单位:%

年份 项目	1978	1988	1998	2002	2007	2008	2010	2012
第一产业	70.5	59.3	49.8	50.0	40.8	39.6	36.7	33.6
第二产业	17.3	22.4	23.5	22.3	26.8	27.2	28.7	30.3
第三产业	12.2	18.3	26.7	27.7	32.4	33.2	34.6	36.1

从表 5-1 可以算出,在国内生产总值中,30 多年来,第一产业的比重下降了 18.1 个百分点,第二产业的比重下降了 2.6 个百分点,第三产业的比重上升了 20.7 个百分点。从表 5-2 中可以看出,在第一产业中的从业人员的比重下降了 36.9 个百分点,在第二产业中的工作人员的比重增加了 13 个百分点,在第三产业中的从业人员的比重增加了 23.9 个百分点。

就产业结构而言,中等收入阶层产生于传统的第一产业、第二产业向现代的第三产业转型的过程之中。产业结构的调整与升级不仅为中等收入阶层的形成和发展提供了物质基础,同时,也使得现代职业结构取代了传统的职业结构,一个数量规模庞大的、从事非直接性生产劳动的社会阶层开始形成并不断扩大。随着产业结构的调整,传统的农业从业人员大大减少,大量的农村剩余劳动力逐渐从农业中转移出来,纷纷涌入城市从事工业或第三产业尤其是新兴服务业等方面的工作。庞大的就业人群进入新兴第三产业,使得社会就业结构发生显著的变化:一方面,农业劳动者阶层自身规模缩小;另一方面,各种服务行业、高新技术产业等新兴产业迅速发展,新的社会职业逐渐兴起,并出现了以从事教育、金融、保险、销售、地产、文化和传媒等工作的白领阶层为主的现代职业结构。随着我国产业结构的优化升级和经济发展方式的加快转变,第三产业在国民经济中的地位不断上升,从事相关劳动的劳动者人数不断增加。这些新兴社会阶层成为我国中等收入阶层的重要人员构成部分。另外,随着产业升级和科技含量日益增加,产业工人内部也开始出现职业分化,一部分产业工人通过提高自身技术技能,转变成为现代意义上的技术工人,从而实现了向上的社会流动,并有望跻身于中等收入阶层的行列。

五 社会力量:现代社会流动机制的健全

扩大中等收入阶层除了涉及社会资源配置、收入分配改革、城市化和产业结构升级等问题之外,还与社会流动机制之间保持着一种密切的关系。社会流动,指的是社会成员从某一种社会地位转移到另一种社会地位的现象。[①] 从某种意义上讲,一个现代社会发展进步的历史过程,就是社会流动不断扩大的过程。一个社会的流动渠道越畅通,社会阶层之间的流动率就越高,就越能调动社会各个阶层尤其是中低阶层社会成员的积极性,使他们能够通过个人后天的努力奋斗,实现向更高层次社会地位上升流动的愿望。当前我国培育和壮大中等收入阶层,就是要让更多的社会底层人士以及他们的子女能够顺利上升流动到中产阶层的行列。因此,能否构建起公正、合理、开放的现代社会流动机制,是扩大中等收入阶层的至关重要的环节。

改革开放之前,中国社会是一种结构分化程度很低、结构刚性很强的社会,实际上形成了一种以身份为核心的等级体系。那时社会也不是完全平等的,人们还是分为不同的等级,这种等级就是由各种身份来决定的。比如,"以阶级斗争为纲"造就的各种政治身份;城乡户籍制度造就的工人、农民身份;僵化人事制度造就的干部、群众身份和单位身份;一大二公所有制造就的全民所有制和集体所有制身份;就业制度造

---

① 陆学艺:《当代中国社会流动》,社会科学文献出版社 2004 年版,第 1—2 页。

就的干部、工人、农民等就业身份。① 在这一系列的身份属性的限制格局下，每一个人的身份都因这种格局的限制而固定化，进而形成了刚性的社会结构。这种刚性的社会结构，使得不同身份之间社会流动只有在国家行政控制之下才能进行，于是构成社会流动的主要障碍。因此，改革开放之前，整个社会的阶层流动都处在非常低的水平。

改革开放以后，国家的工作中心转到经济建设的轨道上来，开启了一系列以市场经济为导向的改革，使计划经济体制逐步向社会主义市场经济体制转变，推进了中国由农业社会向工业社会的转型。在这一社会转型的背景下，我国的经济结构开始改变，社会结构也随之分化，因此，决定社会分层和社会流动的因素发生了深刻的变化，从而引起了原有社会阶层的分化和重组。同时，那种严格的身份等级体系逐渐被打破，整个社会的结构弹性增强，社会流动的渠道逐渐畅通起来，社会各阶层的流动显著增加。社会成员总体上开始摆脱那种身份限制、工作固定化的僵化局面，整个社会开始有了活力，社会成员的一系列垂直流动、水平流动、结构性流动以及各种自由流动开始大幅增加。先赋性因素对社会流动的制约也逐渐被打破，个人能力和业绩等后致性因素正在成为影响社会流动的主要因素。

总而言之，我国社会经济的发展和社会结构的开放使得社会流动的渠道越来越趋向于多元化发展，从而为社会流动尤其是底层人士向中上层流动提供了广阔空间，并为我国中等收入阶层的形成和发展提供了难得机会和有利条件。

六 教育孵化：中等收入阶层的孵化器

美国社会学家米尔斯指出，"大众教育也是新兴中产阶级职业兴起的一个主要社会条件，因为这些职业需要教育系统提供的技能"，"大学教育实现的职业转变是老式中产阶级的孩子变成新中产阶级。高中教育实现的职业转变主要是技术工人的孩子成为新中产阶级"②。也就是说，教育是促使中产阶级崛起的主要动力，是新兴中产阶级职业兴起的

---

① 杨继绳：《中国当代社会阶层分析》，江西高校出版社2011年版，第105页。
② [美] C. 赖特·米尔斯：《白领——美国的中产阶级》，杨小东等译，浙江人民出版社1987年版，第302—305页。

一个主要社会条件。1978年以后,我国政府对教育事业越来越重视,"尊重知识,尊重人才"的政策得到了很好的贯彻执行,并在社会上形成了良好的社会风尚,我国的教育事业尤其是高等教育取得了前所未有的发展成就。据统计,2010年,全国各类高等教育总规模达到3105万人。全国招收研究生共53.82万人。在学研究生153.8万人,其中在读博士生25.89万,在学硕士研究生127.95万人。普通高等教育本专科共招生661.76万人,在校本科生共2231.8万人。高端人才培养规模快速增大,2002年至2011年,研究生招生和在校生规模分别从20.26万人、50.10万人增加到56.02万人、164.58万人,硕士和博士毕业生人数分别从6.62万人、1.46万人增加到33.46万人、4.90万人。2011年,全国各类高等教育总规模达到3167万人,中国成为世界高等教育大国。①

另外,综观改革开放以来中国教育回报率的变化,不难发现,中国的教育回报率也有了大幅度的提高。在21世纪最初的十几年里,虽然中国的教育回报率增幅度比较平缓,但是这一比率基本保持在9%—10%的水平,已经与全世界的平均教育回报率(全球的平均教育回报率大概是9.7%)基本上处于同一个水平线上。同时,我国高等教育回报率的增长速度非常快。1988年高等教育的回报率是7%。经过20年对教育的大力发展,我国高等教育的回报率到2009年猛增到了49%。教育的回报率最明显地体现为人们经济收入的增长幅度。1988年,在相同性别、工作经验和省份的劳动力中,接受过高等教育的大学生在全国总人口的比重还不是很多,他们的工资水平与高中毕业生相差不大,也就仅仅比高中生高了7%;然而在2009年的时候,具有大学学历的从业人员的年均工资为34654元,具有高中学历的从业人员的年均工资为只有22310元,在这20年里,大学学历从业人员的工资水平要比高中学历从业人员的工作水平高出了近36%。② 如图5-1所示。

---

① 王建:《2012年中国教育的发展和改革》,载汝信、陆学艺、李培林主编《2012年中国社会形势分析与预测》,社会科学文献出版社2013年版,第69、78页。
② 李宏彬:《中国教育回报率》,《决策探索》(下半月)2012年第10期。

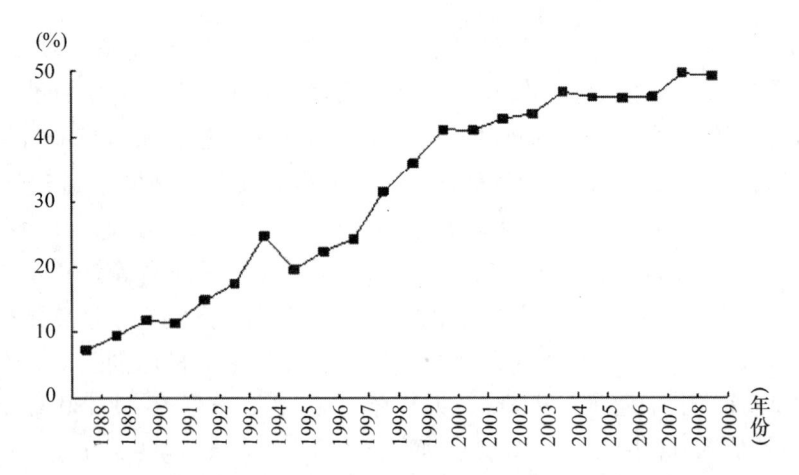

图 5-1 1988—2009 年大学专科以上学历与高中文凭相比的教育回报率

来源：笔者根据国家统计局相关数据的计算。

21世纪以来，伴随着经济社会的快速发展和转型，中国教育实现了跨越式的发展，教育的普及程度持续提升，教育公平建设取得显著进步，教育的投入大幅度增加，教育对整个国家人口素质的提高、经济社会的发展作出突出贡献，从而实现了从人口大国向人力资源大国的转变。随着教育事业的持续发展，人们的受教育程度不断提高，教育尤其是高等教育成为中等收入阶层发育的必要条件，对于造就一个庞大的中等收入阶层具有重要的孵化作用。培育和壮大中等收入阶层，需要大力发展教育，加大人力资本特别是对中低收入阶层的人力资本的投资，促使低收入阶层逐渐向中等收入阶层转化发展。

这就需要大力发展高等教育，提高高等教育质量，使其"中产阶层孵化器"的功能更好地发挥出来。良好的教育背景或者接受高等教育是中等收入阶层的重要衡量标准。一般来说，大学生是潜在的中等收入阶层，大学毕业生进入中等收入阶层的比例较高。通过发展高等教育，提高大学生的综合素质及其在社会上的创业就业能力，是将大学生群体培养成中等收入阶层的重要途径。为此，要完善高等教育的保障机制，为家庭经济困难的大学生接受高等教育提供完善的多种形式的资助政策；进一步改革高等教育人才培养模式，使人才培养规格目标与全面建成小康社会需要的人才需求相吻合，采用研究型和职业型双轨制均衡发展的思路提高高校毕业生的就业能力。此外，农村教育落后使广大农民的社会竞争力低下，缺少向中等收入阶层跃升的机会。要高度重视农村教育事业，加大对农村教育的投入，让农民接受更多的教育，改善其就业状况，增强其就业能力，使其在市场竞争中具备平等的择业机会。只有提高农村居民的教育水平，才能使广大农民能够更多地依靠劳动技能成为农村中的先富人群，进而跻身于农村中等收入阶层的行列。

附录　关于中等收入阶层基本问题的调查问卷

关于中等收入阶层基本问题的调查问卷

年龄____职业_____文化程度____职务

1. 党的十六大提出"扩大中等收入者比重"的战略任务。十多年来，我国中等收入群体发展较快，您认为中国中等收入群体的发展对中国未来的影响？

  A 很大　　　　　　B 一般　　　　　　C 无关紧要

2. 中国的改革和发展目前到了一个重要关口，处在全面深化改革的阶段，您寄希望于？

  A 顶层设计　　　　B 精英集团　　　　C 中等收入阶层

3. 您认为党的十八大提出2020年全面建成小康社会的宏伟目标，未来八年党和政府最应该：

  A "提低"　　　　　B "扩中"　　　　　C "限高"

4. 您认为"中等收入阶层"与"中产阶层"的提法有区别吗？

A 有　　　　　　B 无

5. 您认为中等收入阶层的名称最好为：

  A 中产阶级　　　　B 中产阶层　　　　C 中等收入阶层

  D 中等收入群体　　E 无关紧要

6. 您认为中等收入阶层的划分标准是？

  A 收入　　　　　　B 财产　　　　　　C 职业

  D 文化程度　　　　E 社会声望

7. 您认为中等收入阶层划分的第一个标准是？

A 持续稳定的收入　　　B 人均收入

C 家庭收入　　　　　　D 人均收入线的 2.5—5 倍

8. 您认为中等收入阶层的划分标准应该考虑

A 以城市居民人均收入为标准

B 以农村居民人均收入为标准

C 分别划分城市居民人均收入和农村居民人均收入

D 说不准

9. 您的月平均收入是？

A 1500 元以下　　　B 1500—4000 元　　　C 4000—8000 元

D 8000—12000 元　　E 12000 元以上

10. 您认为您自己中等收入阶层吗？

A 是　　　　　　　B 不是　　　　　　C 说不准

11. 以我国城市居民人均收入为标准的话，我国目前中等收入群体约占整个有劳动能力人群的 37%，你认为这一比重：

A 偏大　　　　B 适中　　　　C 偏小　　　　D 说不准

12. 您认为中产阶层壮大的速度近年来：

A 很慢　　　　B 平稳　　　　C 迅速　　　　D 萎缩

13. 您认为高等教育群体就业难是否会影响中产阶层的扩大？

A 有点影响　　　B 影响很大　　　C 没影响

14. 您认为，收入分配关系调整对中产阶层有什么影响？

A 有利于扩大中等收入阶层

B 有负面影响　　　C 没有影响

15. 您认为目前我国中等收入阶层包括以下哪些群体？（可多选）

A 公务员　　　　　　B 经理阶层　　　　C 私营企业主

D 专业技术人员　　　E 办事人员　　　　F 个体工商户

G 商业服务业人员　　H 产业工人　　　　I 效益好的企业职工

J 农村先富人群、种养殖大户、农业合作社成员等

K 新生代农民工　　　L 大学生创业群体

16. 按照目前的状况，您认为自己的社会地位如何？

A 一般　　　　　　B 有些低

C 非常低　　　　　D 很高

17. 您认为中等收入阶层在我国经济社会发展中的作用是：

A 经济社会的推动力量

B 社会稳定的中坚力量

C 大众消费的主体力量

D 生活方式和文化观念的领导力量

E 社会不稳定的因素

18. 您认为以下哪些词语比较恰当地描绘了中产阶层的状态？（可多选或添加）

  A 工作紧张 B 房奴 C 时尚

  D 小资 E 其他

19. 按照目前的状况，您认为自己的生存压力有多大？

  A 很大 B 一般 C 非常大

  D 很小 E 非常小

20. 您感觉最大的生活压力是：

  A 买房 B 生病 C 养老

  D 教育 E 日常生活花销

21. 住房、医疗、教育成本的上升是否影响您其他方面的消费？

  A 有很大影响 B 有点影响 C 没影响

22. 您认为中等收入阶层目前存在的主要问题是：

  A 经济地位下降 B 阶层认同度不高

  C 偷税漏税、不诚信、制造网络谣言等不道德行为

  D 发展太慢 E 人数太少

23. 您对中国中等收入阶层未来发展的建议是？

  _____。

参考文献

一　经典著作和党的文献

《邓小平文选》（1—3卷），人民出版社1993、1994年版。
《江泽民文选》（1—3卷），人民出版社2006年版。
《列宁全集》（4卷），人民出版社1984年版。
《列宁全集》（32卷），人民出版社1985年版。
《列宁全集》（34卷），人民出版社1985年版。
《列宁全集》（35卷），人民出版社1985年版。
《列宁全集》（36卷），人民出版社1985年版。
《列宁全集》（39卷），人民出版社1986年版。
《列宁全集》（42卷），人民出版社1986年版。
《列宁选集》（3卷），人民出版社1995年版。
《列宁专题文集》（1—5卷），人民出版社2009年版。
《马克思恩格斯全集》（1卷），人民出版社1995年版。
《马克思恩格斯全集》（11卷），人民出版社1995年版。
《马克思恩格斯全集》（21卷），人民出版社2012年版。
《马克思恩格斯全集》（26卷），人民出版社1973年版。
《马克思恩格斯全集》（33卷），人民出版社2004年版。
《马克思恩格斯全集》（34卷），人民出版社2008年版。
《马克思恩格斯全集》（40卷），人民出版社1982年版。
《马克思恩格斯文集》（1—10卷），人民出版社2009年版。
《马克思恩格斯选集》（1—4卷），人民出版社2002年版。
《毛泽东文集》（1—8卷），人民出版社1993、1999年版。
《毛泽东选集》（1—4卷），人民出版社1991年版。

《毛泽东选集》（5卷），人民出版社1977年版。
《十二大以来重要文献选编》（中、下），人民出版社1986、1988年版。
《十六大以来重要文献选编》（上、中、下），中央文献出版社2005、2006、2008年版。
《十七大以来重要文献选编》（上、中、下），中央文献出版社2009、2011、2013年版。
《十三大以来重要文献选编》（上），人民出版社1991年版。
《十四大以来重要文献选编》（上、中），人民出版社1996年版。
《十一届三中全会以来重要文献选读》（上），人民出版社1987年版。
《斯大林全集》（5卷），人民出版社1957年版。
《新时期统一战线文献选编》，中共中央党校出版社1985年版。
薄一波：《若干重大历史决策与事件的回顾》（上、下卷），中共中央党校出版社2008年版。
胡锦涛：《论构建社会主义和谐社会》，中央文献出版社2013年版。
习近平：《赶在实处 走在前列——推进浙江新发展的思考与实践》，中共中央党校出版社2006年版。
习近平：《之江新语》，浙江人民出版社2013年版。

二　国内学术著作

陈冠任、易杨：《中国中产者调查》，团结出版社2004年版。
陈曙红：《中国中间阶层教育与成就动机》，中国大百科全书出版社2007年版。
陈新年：《中等收入者论》，中国计划出版社2005年版。
陈义平：《分化与组合——中国中产阶层研究》，广东人民出版社2005年版。
程丽香：《中等收入阶层实证研究——以福建省东南沿海县域为例》，社会科学文献出版社2012年版。
迟福林：《改革红利：十八大转型与改革的五大趋势》，中国经济出版社2013年版。
刁鹏飞：《中产阶级的社会支持网：北京和香港的比较》，社会科学文献出版社2010年版。

刁永祚：《北京市中等收入群体消费问题研究》，首都师范大学出版社 2007 年版。

段若鹏：《中国现代化进程中的阶层结构变动研究》，人民出版社 2002 年版。

方莹：《焦虑的中产》，东方出版社 2013 年版。

郭红梅：《新社会阶层与党的执政基础建设研究》，中国社会科学出版社 2011 年版。

何晶：《大众传媒与中国中产阶层的兴起：报刊媒介话语中的中产阶层》，中国社会科学出版社 2009 年版。

胡鞍钢：《2020 中国全面建成小康社会》，清华大学出版社 2012 年版。

胡鞍钢：《2030 中国迈向共同富裕》，中国人民大学出版社 2011 年版。

胡占凡：《数字 10 年》，中国广播电视出版社 2012 年版。

黄立茀：《苏联社会阶层与苏联剧变研究》，社会科学文献出版社 2006 年版。

黄庐进：《转型时期中国中产阶层消费行为研究》，华东理工大学出版社 2011 年版。

江山：《中产路线图》，长江出版社 2005 年版。

金冲及：《二十世纪中国史纲》（第 1—4 卷），社会科学文献出版社 2009 年版。

李春玲：《比较视野下的中产阶级形成过程、影响以及社会经济后果》，社会科学文献出版社 2009 年版。

李春玲：《断裂与碎片：当代中国社会阶层分化实证分析》，社会科学文献出版社 2005 年版。

李琳：《政治哲学视阈中的中产阶层》，中国社会科学出版社 2011 年版。

李培林：《和谐社会十讲》，社会科学文献出版社 2006 年版。

李培林：《中国新时期阶级阶层报告》，辽宁人民出版社 1997 年版。

李培林、陈光金：《当代中国和谐稳定》，社会科学文献出版社 2013 年版。

李培林、张翼：《阶级冲突与阶级意识》，社会科学文献出版社 2005 年版。

李强：《当代中国社会阶层：测量与分析》，北京师范大学出版社 2010

年版。

李强:《转型时期中国社会分层》,辽宁教育出版社2004年版。

李拓:《和谐的音符:中国新兴社会阶层调查与分析》,中国方正出版社2008年版。

李拓:《和谐与冲突:新时期中国阶级阶层结构问题研究》,中国经济出版社2002年版。

李友梅:《上海调查:新白领生存状况与社会信心》,社会科学文献出版社2013年版。

连连:《萌生:1949年前的上海中产阶层》,中国大百科全书全书出版社2009年版。

卢春龙:《中国新兴中产阶级的政治态度与行为倾向》,知识产权出版社2011年版。

卢汉龙、杨雄:《社会阶层构成的新变化》,上海社会科学院出版社2002年版。

陆学艺:《当代中国社会阶层研究报告》,社会科学文献出版社2002年版。

陆学艺:《当代中国社会结构》,社会科学文献出版社2010年版。

陆学艺:《当代中国社会流动》,社会科学文献出版社2004年版。

陆学艺、李培林:《2013年中国社会形势分析与预测》,社会科学文献出版社2012年版。

陆学艺、宋贵伦:《2013北京社会建设分析报告》,社会科学文献出版社2012年版。

吕书正:《新世纪全面建设小康社会》,中央文献出版社2000年版。

秦言:《中国中产阶级:未来社会结构的主流》,中国计划出版社1999年版。

汝信、陆学艺、李培林:《2012年中国社会形势分析与预测》,社会科学文献出版社2012年版。

沈晖:《当代中国中间阶层认同研究》,中国大百科全书出版社2008年版。

沈瑞英:《矛盾和变量:西方中产阶级与社会稳定研究》,经济管理出版社2009年版。

沈瑞英:《转型期中国中产阶层与社会秩序问题研究》,上海社会科学院出版社 2012 年版。

孙立平:《转型与断裂:改革以来中国社会结构的变迁》,清华大学出版社 2004 年版。

孙永芬:《当前中国社会阶层政治心态与和谐社会的建构》,中国社会科学出版社 2011 年版。

王广振:《转型期俄罗斯中产阶级问题研究》,人民日报出版社 2013 年版。

王建平:《中国城市中间阶层消费行为》,中国大百科全书出版社 2007 年版。

王开玉:《中国中部省会城市社会结构变迁——合肥市社会阶层分析》,社会科学文献出版社 2004 年版。

王开玉:《中国中等收入者研究》,社会科学文献出版社 2006 年版。

王伟光:《社会主义和谐社会理论基本问题》,人民出版社 2007 年版。

魏城:《所谓中产——英国〈金融时报〉中文网对中国中产阶层的调查》,南方日报出版社 2007 年版。

翁定军、何丽:《社会地位与阶层意识的定量研究——以上海地区的阶层分化为例》,上海人民出版社 2007 年版。

新周刊杂志社:《向中产看齐:一个阶层和它引领的生活》,广东人民出版社 2004 年版。

许宝建:《中国中小企业生存报告 2012》,中国发展出版社 2012 年版。

许荣:《中国中间阶层文化品位与地位恐慌》,中国大百科全书出版社 2007 年版。

严泉、陆红梅:《台湾的中产阶级》,九州出版社 2009 年版。

严行方:《中等收入陷阱》,山西经济出版社 2012 年版。

杨继绳:《中国当代社会阶层分析》,江西高校出版社 2011 年版。

俞可平、李慎明:《马克思主义视域中的和谐社会建设》,重庆出版社 2007 年版。

张瑞敏:《执政新理念:从阶层和谐走向社会和谐》,人民出版社 2010 年版。

张伟:《冲突与变数:中国社会中间阶层的政治分析》,社会科学文献出版社 2005 年版。

赵瑞政:《阶层关系和谐发展之路》,人民出版社 2012 年版。

郑杭生：《走向更讲治理的社会：社会建设与社会管理》，中国人民大学出版社 2006 年版。

中华工商联合出版社《民营企业家与中国梦》，中华工商联合出版社 2013 年版。

周天勇：《中国梦与中国道路》，社会科学文献版社 2011 年版。

周晓虹：《全球中产阶级报告》，社会科学文献出版社 2005 年版。

周晓虹：《中国中产阶层调查》，社会科学文献出版社 2005 年版。

朱耀群：《中产阶层与和谐社会》，中国人民公安大学出版社 2005 年版。

宗寒：《两只眼看中国资产层》，红旗出版社 2012 年版。

邹东涛：《以民为本：中国全面建设小康社会 10 年（2002—2012）》，社会科学文献出版社 2012 年版。

三 国外学术著作和外文文献

［德］格奥尔格·齐美尔：《社会学：关于社会化形式的研究》，林荣远译，华夏出版社 2002 年版。

［法］保罗·福赛尔：《格调：社会等级与生活品味》，梁丽真等译，世界图书出版社 2011 年版。

［法］托克维尔：《旧制度与大革命》，冯棠译，商务印书馆 1992 年版。

［法］托克维尔：《论美国的民主》，董果良译，商务印书馆 1989 年版。

［古希腊］亚里士多德：《政治学》，吴寿彭译，商务印书馆 1965 年版。

［美］C. 赖特·米尔斯：《白领：美国的中产阶级》，杨小东译，浙江人民出版社 1987 年版。

［美］埃里克·奥林·赖特：《后工业社会中的阶级》，陈心想等译，辽宁教育出版社 2004 年版。

［美］丹尼尔·贝尔：《后工业社会的来临：对社会预测的一项探索》，高铦等译，新华出版社 1997 年版。

［美］丹尼斯·吉尔伯特、约瑟夫·卡尔：《美国阶层结构》，彭华民等译，中国社会科学出版社 1992 年版。

［美］凡勃伦：《有闲阶级论》，蔡受百译，商务印书馆 1997 年版。

［美］古德纳：《知识分子的未来和新阶级的兴起》，顾晓辉、蔡嵘译，

江苏人民出版社 2002 年版。

［美］李成：《中产中国：超越经济转型的新兴中国中产阶级》，许效礼、王祥钢译，上海译文出版社 2013 年版。

［美］罗尔斯：《政治自由主义》，万俊人译，译林出版社 2002 年版。

［美］塞缪尔·亨廷顿：《变革社会中的政治秩序》，李盛平、杨玉生译，华夏出版社 1988 年版。

［美］塞缪尔·亨廷顿：《第三波：20 世纪后期民主化浪潮》，刘军宁译，上海三联书店 1998 年版。

［美］斯梅尔：《中产阶级文化的起源》，陈勇译，上海人民出版社 2006 年版。

［美］西莫·马丁·李普赛特：《政治人：政治的社会基础》，张绍宗译，上海译文出版社 2008 年版。

［瑞典］奥维·洛夫格伦：《美好生活：中产阶级生活史》，赵丙详、罗阳译，北京大学出版社 2011 年版。

［希腊］尼克斯·普兰查斯：《政治权力与社会等级》，叶林等译，中国社会科学出版社 1992 年版。

［意］古格利尔莫·卡切迪：《关于新中间阶级的性质》，赤宇译，《国外社会科学》1982 年第 3 期。

［意］加塔诺·莫斯卡：《统治阶级》，《政治科学原理》，贾鹤鹏译，译林出版社 2002 年版。

［英］安东尼·吉登斯：《社会学》，赵旭东等译，北京大学出版社 2003 年版。

［英］菲尔·赫斯：《"自在"还是"自为"：工人阶级的阶级意识瓦解了吗》，罗丽平译，《马克思主义研究》2009 年第 10 期。

［英］亚当·斯密：《国民财富的性质和原因研究》（上下卷），郭大力、王亚南译，商务印书馆 2008 年版。

Brown, Emily Ann, *Panel: Improve Education, Boost Middle Class*, Education Daily, 2012, Vol. 45, No. 47.

Carchedi G., *On the Economic Identification of Social Class*, London: Routledge, 1977.

Eric Wright, *Class, Crisis and the States*, London: New Life, 1978.

Fidler, *The British Business Elite: it Attitude to Class, Status and Power*, London: Routledge Paul, 1981.

Kirk J. Stark, Eric M. Zolt, *Tax Reform and the American Middle Class*, PLR, 2013, Vol. 40, No. 5.

Lipset, *Political Man: the Social Bases of Political*, Baltimore: Johns Kopkins University Press, 1981.

Poulantzss N., "On Social Class", in A. Giddens and D. Held (eds.): *Classes, Power and Conflict*, Berkeley: University of California Press, 1982.

四 学术论文

白杨：《社会分层理论与中国城市的类中间阶层》，《东方论坛》2002年第3期。

曹明、郭栋：《构建和谐社会与扩大中等收入者群体比重》，《中州学刊》2005年第5期。

陈永杰、卢施羽：《大学生就业困难与"蚁族"：一个社会政策的视角》，《公共行政评论》2011年第3期。

程新征：《现阶段中国农民工阶层形成与发展的理论思考》，《马克思主义研究》2009年第7期。

樊红敏：《城镇化进程中的社会风险》，《人民论坛》2011年第14期。

龚志宏：《扩大中等收入者比重与构建和谐社会》，《河南师范大学学报》（哲学社会科学版）2007年第3期。

顾纪瑞：《界定中等收入群体的概念、方法和标准之比较》，《现代经济探讨》2005年第10期。

桂家友：《扩大中等收入者比重，构建社会主义和谐社会》，《湖北社会科学》2005年第7期。

郭晓萌：《改革开放以来我国产业结构变化研究》，《产业经济》2010年第10期。

郭榛树：《邓小平理论与当代中国的社会分层》，《中共云南省委党校》2002年第5期。

哈伯先、刘士卓：《新社会阶层：社会中间阶层的主体》，《河北师范大学学报》（哲学社会科学版）2008年第5期。

何军明:《城乡中等收入阶层的划分》,《发展研究》2009年第6期。

何立平、沈瑞英:《"亚健康":当前中国中产阶层发育问题析论》,《河南社会科学》2010年第4期。

何立平、沈瑞英:《对中国模式的挑战:"纵向民主"与中产阶层发育问题》,《社会科学研究》2010年第4期。

胡联合:《政治学最高法则下的中产阶层稳定器建构战略——兼与张翼先生商榷》,《社会科学》2009年第1期。

胡联合、胡鞍钢:《中产阶层:"稳定器"还是相反或其他——西方关于中产阶层社会政治功能的研究综述及其启示》,《政治学研究》2008年第2期。

孔德永、王存福:《"中产阶级"的历史发展及概念辨析》,《社会主义研究》2006年第1期。

李炳炎:《将工人阶级的主体培育成中等收入阶层》,《学习论坛》2009年第5期。

李春玲:《寻求变革还是安于现状——中产阶级社会政治态度测量》,《社会》2011年第2期。

李春玲:《中产阶层的现状、隐忧及社会责任》,《人民论坛》2011年第5期。

李春玲:《中国中产阶层的发展状况》,《黑龙江社会科学》2011年第1期。

李春玲:《中国中产阶级的增长及其现状》,《江苏社会科学》2008年第5期。

李春明:《当代中国中产阶层的政治文化发展功能及其实现机制》,《山东大学学报》2005年第1期。

李宏彬:《中国教育回报率》,《决策探索》2012年第10期。

李京文:《中国产业结构的变化与发展趋势》,《当代财经》1998年第5期。

李琳:《壮大中产阶层:和谐社会公平正义的重要价值取向》,《湖南工业大学学报》(社会科学版)2009年第2期。

李培林、张翼:《中国中产阶级的规模、认同和社会态度》,《社会》2008年第2期。

李强:《关于中产阶级的理论与现状》,《社会》2005年第1期。

李强:《关于中产阶级与中产阶层》,《中国人民大学学报》2001年第2期。

李强:《市场转型与中国中产阶层的代际更替》,《战略与管理》1999年第3期。

李强:《怎样看待中国当前的中产阶层》,《领导文萃》2007年第9期。

李青宜:《"西方马克思主义"的"新中间阶级"论述评》,《马克思主义与现实》1997年第4期。

李实、岳希明:《中国城乡收入差距调查》,《乡镇论坛》2004年第8期。

李新芝:《改革开放30年来当代中国社会分层理论的发展》,《四川师范大学学报》(社会科学版)2008年第6期。

李新芝:《论胡锦涛同志对中国特色社会主义分层理论的新发展》,《西南民族大学学报》(人文社会科学版)2013年第8期。

李新芝:《毛泽东、邓小平、江泽民社会分层理论研究》,《四川师范大学学报》(社会科学版)2006年第3期。

廖永红:《论先富群体与农村科学发展》,《消费导刊》2010年第8期。

林庭芳、卢军:《毛泽东阶级分析思想及其现实指导意义——纪念〈中国社会各阶级的分析〉发表80周年》,《探索》2006年第1期。

刘长江:《中产阶级研究:疑问与探源》,《社会》2006年第4期。

刘长江:《中产阶级研究的三个问题》,《唯实》2006年第7期。

刘建伟:《争论中的中国中间阶层:问题与焦点》,《天府新论》2011年第4期。

刘明纲、宋开文:《试论毛泽东对民族资产阶级认识之演变》,《江汉大学学报》1994年第2期。

卢汉龙:《"中产阶级"与小康社会》,《社会观察》2005年第1期。

卢汉龙:《转换中国社会发展的研究路径——以"小康阶层"取代"中产阶级"为尝试》,《探索与争鸣》2011年第11期。

卢铿:《中产引领生活方式变迁》,《商周刊》2010年第12期。

陆进:《加强城镇化建设对就业增长的拉动作用》,《中国党政干部论坛》2010年第10期。

陆梅:《中产阶级的概念及理论回顾》,《南通师专学报》(社会科学版)1998年第3期。

陆学艺：《调整社会结构才能真正解决当前的发展问题》，《中国党政干部论坛》2010年第2期。

陆学艺：《培育形成合理的社会阶层结构是构建和谐社会的基础》，《中国党政干部论坛》2005年第9期。

陆学艺：《协调各社会阶层的关系构建和谐社会》，《科学决策》2006年第9期。

陆学艺：《中国社会阶级阶层结构变迁60年》，《北京工业大学学报》（社会科学版）2010年第6期。

罗忠勇、陈琦：《转型期青年工人的阶层意识研究——以10家企业青年工人为例》，《青年研究》2002年第11期。

马丽娟、李小凤：《关于中产阶级的理论回顾》，《西北第二民族学院学报》2006年第3期。

马钊：《从列宁到毛泽东对民族资产阶级概念的使用》，《毛泽东思想研究》1985年第3期。

糜海波：《关于"新中间阶级"的理论探讨》，《山西师范大学学报》（社会科学版）2012年第4期。

任开蕾：《关于俄罗斯的中产阶级问题》，《国外社会科学》2002年第4期。

邵巍：《国内中国中产阶层研究：近二十年回顾及相关问题探析》，《常熟理工学院学报》（哲学社会科学版）2009年第5期。

邵耀占：《扩大中等收入者群体比重是建构和谐社会的需要》，《科技情报开发与经济》2006年第15期。

沈瑞英：《中产阶级"稳定器"理论质疑》，《学术界》2007年第4期。

师凤莲：《培育中产阶级构建和谐社会》，《济南职业学院学报》2008年第4期。

史为磊：《中等收入阶层与小康社会》，《中共中央党校学报》2013年第2期。

史为磊、杨玲玲：《中等收入者阶层与构建和谐社会研究述评》，《天津行政学院学报》2013年第2期。

宋元梁、肖卫东：《中国城镇化与农民收入增长关系的动态计量经济分析》，《数量经济技术经济研究》2005年第9期。

孙斌：《中国中产阶层的发展及其问题论述》，《理论导刊》2009年第

10 期。

孙立平：《中产阶层与和谐社会》，《新经济》2011 年第 1 期。

童小琴：《小微企业发展的要素瓶颈及其突破》，《成都理工大学学报》（社会科学版）2013 年第 1 期。

万良杰：《破解小微企业发展的困境》，《盐城师范学院学报》（人文社会科学版）2012 年第 3 期。

汪泓、崔开昌：《中国就业增长与城镇化水平关系的实证研究》，《南京社会科学》2012 年第 8 期。

王存福：《扩大中等收入者比重对党执政基础的影响及其对策分析》，《天津行政学院学报》2010 年第 3 期。

王建平：《"品味阶层"：现实抑或表象？》，《学术论坛》2007 年第 1 期。

王建平：《中产阶层：社会和谐的积极力量》，《天津社会科学》2008 年第 4 期。

王建平、马林芳：《新社会阶层的构成、特征及其政治参与》，《学术交流》2009 年第 5 期。

王珊：《以胡锦涛同志为总书记的党中央"促进阶层关系和谐"思想的基本内涵》，《中央社会主义学院学报》2011 年第 5 期。

王珊：《以胡锦涛同志为总书记的党中央"促进阶层关系和谐"思想的理论与实践》，《中央社会主义学院学报》2012 年第 5 期。

王珊：《以胡锦涛同志为总书记的党中央"促进阶层关系和谐"思想的实现路径》，《中央社会主义学院学报》2012 年第 2 期。

王珊：《以胡锦涛同志为总书记的党中央"促进阶层关系和谐"思想的重要意义》，《中央社会主义学院学报》2011 年第 3 期。

王永年：《马克思的"中间阶层"理论及其在我国社会主义市场经济条件下的意义》，《当代经济研究》2004 年第 10 期。

温飞、李强：《如何实现"优化社会结构"和"扩大中等收入者比例"的战略》，《新视野》2007 年第 3 期。

文尚卿、陈文兴：《论邓小平的阶级观》，《江西教育学院学报》（社会科学版）2003 年第 2 期。

吴清军：《市场转型时期国企工人的群体认同与阶级意识》，《社会学研究》2008 年第 6 期。

吴文华:《列宁对马克思主义阶级阶层理论的运用实践》,《西南大学学报》(社会科学版)2011年第2期。

萧灼基:《扩大中等收入者人群 维护社会平衡发展》,《中外企业家》2005年第9期。

肖文涛:《中国中间阶层的现状与未来发展》,《社会学研究》2001年第3期。

谢俊春、彭孝、张涛:《论毛泽东关于民族资产阶级理论的形成》,《西北师大学报》(社会科学版)1992年第6期。

徐红明、王军:《论我国中产阶层标准与和谐社会建设》,《天津社会主义学院学报》2009年第4期。

许璇、邢来顺:《联邦德国产业结构转型与中间阶层的变化》,《华中科技大学学报》(社会科学版)2007年第2期。

薛绍斌:《论"资源配置"与我国社会主义市场经济体制的抉择》,《党史博采》2007年第5期。

杨黎源:《从先赋到后致:新中国60年社会流动机制嬗变》,《浙江社会科学》2009年第11期。

杨玲玲:《"中等收入群体"概念辨析》,《理论建设》2013年第1期。

杨玲玲:《当代中国的中等收入群体探析》,《中共中央党校学报》2013年第2期。

杨宜勇:《关于瑞典和德国中产阶级的调研报告》,《北方经济》2004年第4期。

余文烈:《西方马克思主义的中间阶级理论》,《政治学研究》1996年第2期。

袁俊:《印度信息产业的发展及对我们的启示》,《国土资源信息化》2006年第5期。

曾昱:《中国中产阶层问题研究综述》,《湖南文理学院学报》(社会科学版)2007年第9期。

张爱华:《我国中产阶层的培育与和谐社会的建构》,《中共福建省委党校学报》2007年第7期。

张明军、陈朋:《2011年中国社会典型群体性事件的基本态势及学理沉思》,《当代世界与社会主义》2012年第1期。

张水辉:《浅析马克思、毛泽东的中产阶级理论》,《毛泽东思想研究》

2006 年第 2 期。

张宛丽：《当代中国社会流动机制探讨》，《中国党政干部论坛》2004 年第 8 期。

张宛丽：《对现阶段中国中间阶层的初步研究》，《江苏社会科学》2002 年第 4 期。

张宛丽、李炜、高鸽：《现阶段中国社会新中间阶层的构成特征》，《江苏社会科学》2004 年第 6 期。

张伟：《中间阶层界定的一种》，《东岳论丛》2005 年第 6 期。

张兴茂：《坚持与发展马克思主义的阶级划分理论——兼论"中产阶级"的阶级属性》，《社会主义研究》2008 年第 2 期。

张滢：《论扩大中产阶层与和谐社会构建》，《消费导刊》2007 年第 4 期。

章子合、王士元：《略论毛泽东对民族资产阶级的认识及其策略》，《党史博采》1995 年第 10 期。

赵炜：《国有企业职工阶层意识研究——对一家国有企业阶层关系的调查与分析》，《工会理论与实践》2002 年第 5 期。

赵效萍：《构建和谐社会背景下扩大中产阶层的对策》，《理论界》2006 年第 7 期。

赵延东：《"中间阶层认同"缺乏的成因及后果》，《浙江社会科学》2005 年第 2 期。

郑逸芳、刘淑兰：《理性看待先富阶层》，《福建师范大学学报》（哲学社会科学版）2004 年第 1 期。

周晓虹：《扩大中等收入者的比重是保证社会和谐发展的不二法则》，《学习与探索》2005 年第 6 期。

周晓虹：《社会建设应从扩大中等收入者群体入手》，《湖南师范大学学报》2010 年第 5 期。

周晓虹：《中产阶级：何以可能与何以可为》，《江苏社会科学》2002 年第 6 期。

周晓虹：《中产阶级与中国社会的改革开放》，《探索与争鸣》2008 年第 7 期。

朱春玉、马锐锋：《江泽民新社会阶层理论及其实践价值》，《郑州大学学报》（哲学社会科学版）2002 年第 3 期。

朱丽:《"中产"主导未来消费文化》,《东方企业文化》2008年第9期。

祝永安:《论中间阶层在我国和谐社会中的建构功能》,《南方论坛》2007年第1期。

五 学位论文

曹宪忠:《后工业社会进程中的中产阶层研究》,博士学位论文,山东大学,2003年。

崔树义:《当代英国社会阶层结构研究》,博士学位论文,山东大学,2005年。

邓谨:《社会转型期中国农民中等收入研究》,博士学位论文,西北农林科技大学,2012年。

胡西苓:《新农村建设进程中的农民中等收入者培育研究》,硕士学位论文,西北农林科技大学,2010年。

贾可好:《当代中国中产阶层研究》,硕士学位论文,山东师范大学,2005年。

姜迪武:《转型期我国扩大中等收入者阶层的理论与实证研究——基于城乡统筹的视角》,博士学位论文,西南财经大学,2011年。

刘永红:《我国城镇化中的制度变迁研究》,博士学位论文,华中农业大学,2002年。

王虹:《和谐社会视域下的中产阶层培育研究》,硕士学位论文,华东政法大学,2011年。

杨艳泓:《中产阶层与和谐社会的建构》,硕士学位论文,中共中央党校,2005年。

六 报纸文章

《11起恶意拖欠农民工工资案件已移交公安司法部门》,《新文化报》2013年1月24日。

《2010北京社会建设分析报告:北京中产阶层540万人》,《京华时报》2010年7月18日。

《北京72%医院发生过"医闹"事件》,《新京报》2012年5月3日。

《北京有500万中产阶级,月收入6000元算中产?》,《新京报》2010年7月23日。

《北京约8万名房屋中介经纪人半数无资格证书》,《北京晚报》2011年3月30日。

《工薪阶层个税占比超过50%》,《杭州日报》2012年9月1日。

《关注小微企业系列报道之一:小微企业怎么样?》,《光明日报》2012年2月27日。

《湖北官方出台"蚁族"报告:八成系"穷二代"》,《长江日报》2010年5月26日。

《九成农民工劳动时间超过劳动法规定》,《北京商报》2010年3月22日。

《南京收入6—50万元的中产阶层占45.7%》,《现代快报》2010年5月18日。

《全国"中产"家庭10年后过一半?》,《财富周刊》2010年11月9日。

《社科院专家揭秘行业协会"非典型腐败"》,《中国青年报》2010年6月14日。

《史上最难就业季或再持续五年》,《京华时报》2013年6月18日。

《中国0.4%的人掌握了70%的财富 有钱人都是谁》,《时代周报》2009年6月26日。

《中石油案是史无前例"老虎"窝案》,《光明日报》2013年9月3日。

《中石油下属企业高管纷纷落马 窝窜案浮出水面》,《检察日报》2010年10月12日。

常兴华:《界定中等收入者》,《国际金融报》2003年12月30日。

从亚军、李长久:《收入分配失衡带来社会风险 需遏制政府与民争利》,《经济参考报》2010年5月21日。

邓海建:《外逃贪官究竟卷走了多少钱》,《新民晚报》2010年4月26日。

狄煌:《合理界定中等收入者》,《经济参考报》2003年2月18日。

韩长赋:《新生代农民工融合是个重大问题——关于新生代农民工问题的调查与思考》,《光明日报》2012年3月16日。

雷宗叶、铁桥：《五大后勤部窝案的腐败生态》，《中国青年报》2010年12月13日。

李青宜：《"新中间阶级"论和"专业——管理阶级"论》，《学习时报》2001年10月15日。

林衍：《个体户忧思》，《中国青年报》2002年4月25日。

苗树彬、方栓喜：《扩大中等收入群体是个大战略》，《光明日报》2013年4月23日。

杨宜勇：《对扩大中等收入者比重的十点认识》，《中国经济时报》2005年8月23日。

杨宜勇：《如何稳定和扩大中等收入者群体》，《北京日报》2010年8月2日。

张茉楠：《飞跃"中等收入陷阱"——人均GDP超4000美元后需转变国家盈利模式》，《中国经济周刊》2011年9月14日。

七　电子文献

《俄预测中产阶级人数将猛增，1/3人口将成为富人》（http：//international. dbw. cn/system/2007/04/23/050787922. shtml，2007－4－23）。

《国家统计局首次公布2003年至2012年中国基尼系数》（http：//politics. people. com. cn/n/2013/0118/c1001－20253603. html，2013－1－18）。

《美国中产阶级真的萎缩了吗》（http：//news. xinhuanet. com/fortune/2010－09/29/c_ 12619730. htm，2010－9－29）。

《您对自己的收入满意吗?》（http：//news. sina. com. cn/o/2010－03－08/074517182466s. shtml，2010－3－8）。

《首次中国城市居民家庭财产调查总报告》（http：//finance. sina. com. cn/roll/20020927/0922261071. html，2002－9－27）。

《浙江今年9个月288名老板逃逸员工欠薪7593万》（http：//news. sina. com. cn/c/2011－10－11/035123281984. shtml，2011－10－11）。

《中国贫困人口1.28亿 占全国总人口近十分之一》（http：//www. 022net. com/2012/10－17/473824273113864. html，2012－10－17）。

胡锦涛：《胡锦涛在省部级干部落实科学发展观研讨班上讲话》（http：//

politics. people. com. cn/GB/1024/10923860. html，2010 -2 -3）。

刘永福：《到2012 年底贫困人口仍有近1 亿人》（http：//www. china-news. com/gn/2013/12 -25/5664032. shtml，2013 -12 -25）。

［印］商贾伊·瑞迪：《印度中产阶级人数大约有1.5 亿》（http：//finance. sina. com. cn/roll/20120402/150211739264. shtml，2012 -4 -2）。

后　记

改革开放30多年来，随着中国经济、社会领域的市场化和现代化改革的深入推进，中等收入阶层逐渐形成、发展和壮大，并因其独特的社会功能有着重大的社会影响力。从社会学理论角度看，中等收入阶层不仅是大众消费的主体人群和经济增长的重要推手，还是稳定社会结构、化解社会矛盾、促进社会和谐的阶层基础。这一阶层的不断发展壮大引起了学界、商界、媒体乃至官方的关注与重视。自党的十六大提出"扩大中等收入者比重"的战略以来，中等收入阶层的研究经久不衰并不断出现新的关注点。

社会主义和谐社会条件下我国中等收入阶层研究，对我来说是一个全新的课题。之所以选择这个题目作为我博士毕业论文的选题，主要是因为恩师杨玲玲教授对我的学术启迪和关心支持。每当感觉自身理论水平有限而怯于深入研究这一领域时，恩师常常以睿智的语言鼓励我，以深邃的思想启发我，让我重拾信心，勇敢而坚定地将这一研究进行到底。从论文题目的斟酌、写作提纲的推敲、篇章结构的布局到文字语言的调整等，恩师都从她本已繁重的课题研究以及课程教学中抽出宝贵的时间来给我以精心的指导。

目前，学术界关于中等收入阶层的研究已经取得了大量成果，前辈们的研究主要集中在社会学、经济学、政治学领域，且经验型的归纳分析较多，定量实证研究较少。这使得当前中等收入阶层的研究遭遇瓶颈，很难有新的突破。因此，如何在现有研究的基础上有所创新和不同，是本研究的着力点和努力方向。恩师为我指明了一条创新的研究之路：将中等收入阶层的研究纳入科学社会主义特别是中国特色社会主义理论和实践的研究范畴，建构起"扩大中等收入者"的群体谱系，促进中等收入者从"自在"向"自为"的发育成熟，为党的"扩中"战略提供理论支撑，充实和完善中国特色社会主义依靠力量的基本理论。在恩师的指点下，我明确了专业研究的兴趣点，找准了理论分析工具，然后从发展变迁、现状与特征描述、障碍机制与原因分析、发展理念与培育机制入手，构建起了关于和谐社会条件下中等收入阶层研究的分析框架。在确立了分析框架之后，我全心投入了论文的写作。在写作过程中，每逢遇到思路闭塞的时候，恩师总能以宏观的学术视野、前瞻性的学术预见力使我备受启发，豁然开朗，让我如沐春风，茅塞顿开。可以说，我的博士学位论文从始至终都凝聚着恩师的心血，在此，我对恩师表示深深的感谢。

经过反复打磨和深入思考，本书的分析框架越来越完善，理论深度也日益增强，总体上已经形成一篇比较完整的博士学位论文。然而，由于本人理论水平和研究条件的限制，本书仍然存在一些粗浅和不成熟之处，恳请各位专家老师不吝赐教，批评指正！

致 谢

随着毕业论文写作的完成，我的博士求学生涯即将画上圆满的句号。回想这三年的美好时光，脑海中浮现出一幅幅图画，有艰辛、有喜悦、有努力、有收获。

在求学的道路上，我遇到了和蔼可亲的恩师杨玲玲教授，实乃我一生的荣幸。恩师教会我治学之道、处事之理、为人之礼，是我人生航程的"领路人"。恩师严谨的治学态度、敏锐的学术洞察、勤于思考的专业素养和对学术孜孜以求的敬业精神，在潜移默化中深深地影响着我。2011年，博士入学之初，恩师就将我领入学术研究的大门，对我进行悉心的培养和指导，带我参与国家社会科学基金等重要课题的研究。恩师为我提供了广阔的学术平台，使我的学术潜力得以发挥，科研水平有了很大提高，为我将来的学术之路奠定了坚实基础。恩师不仅在学术上引领我前行，给我以思想和智慧的启迪，还教会了我许多为人处世的道理。恩师就像母亲呵护孩子一样关心自己的学生，她时常叮嘱我要热爱生活，增强体魄，充实精神。2012年冬，我颈椎偶感不适，恩师得知后将她的一条围巾送给我，让温暖融入我的心底。恩师的一言一行中都流露着对我的关爱，引领着我在人生的道路上努力奋斗。

在这三年的博士求学生涯中，有许多老师给予了我热心的帮助和支持。感谢胡振良教授、韩云川教授、孟鑫教授和武晓超老师。老师们渊博的学识、深厚的理论功底、儒雅的学者风范和谆谆教诲令我受益匪浅。胡振良教授高屋建瓴、思维缜密，在论文开题和写作过程中给我提出了很多指导意见，使得本书的逻辑结构和理论体系得以进一步完善。韩云川教授思想深刻、见解独到，对本书进行了字斟句酌的"诊断"，使全书观点更为丰富和充实，字里行间更为流畅。难忘孟鑫教授严谨的治学态度和充满热情的敬业精神，她仔细审阅我的论文，提出了许多宝贵的修改建议，使本书的分析论证更为充分。老师们的关心和指导，使我不断成长和进步。得遇良师，我心存深深的感激。

感谢2011级博士生全体同学。感谢卢旭东博士。从硕士阶段至今，卢旭东与我一直是好同学、好朋友、好邻居。我们一起备考博士研究生，那段共同奋斗、相互切磋的考博时光至今难忘。感谢王欣媛博士。我们在学习生活中结下了深厚的友谊，收获了美好的爱情。生活中我们相依相伴，彼此关心和照顾；学习上我们能够深入交流，相互学习，共同进步。我们俩彼此见证了各自博士论文的顺利答辩，还在艰辛的求职过程中，相互支持，相互鼓励，并且都找到了各自理想的工作。正是有王欣媛博士的陪伴，我的博士求学生涯才会如此圆满！

感谢我的师弟师妹们，尤其是王运征、胡进考、刘新磊。通过王运征的引荐，承蒙恩师的厚爱，我得以进入恩师门下，成为恩师带的第一个博士学位研究生。胡进考为我的论文提供了研究资料，帮我分析处理调查数据，为论文的早日完成争取了时间。师门之谊是我此生永恒的人生财富。

在论文即将完稿之际，我还要感谢周晓虹、李春玲、李培林、李强、张宛丽、程丽香、王开玉、卢汉龙等相关领域的众多专家学者，正是你们的专著、文章给了我很多启发和可供引用的资料数据，我力求在文章中一一标注，但唯恐有疏漏之处，预表歉意！

在致谢的最后，我要特别感谢我的父母、弟弟和妹妹。我的父母是普普通通的农民。父母一辈子在家乡务农。父母任劳任怨，勤俭节约，善良朴实，把毕生心血都倾注在儿女们的成长成才上。父母在他们那个年代上不起学，但父母下决心要让我们兄妹仨人上学，并且如愿以偿地把我们兄妹三人培养成了大学生。父母的辛苦和恩情，深深地印刻在我心中。我的每一个阶段的求学之路，都饱含着父母的心血和汗水。如今博士生涯即将结束，新的生活即将开始，我一定会通过自己的努力让父母过上更美好的生活，尽早报答父母的养育之恩。为了减轻家庭负担，弟弟于大学四年级那一年放弃攻读研究生的机会，毅然选择了参加工作。弟弟坚持每个月都把挣的工资寄给父母，同时还清了大学阶段的助学贷款。弟弟勇于担当的责任心和回报亲恩的孝心，令我十分感动和敬佩，给我以莫大的激励。妹妹通过努力也考上了一所重点大学，并继续深造拿到了硕士学位，找到了满意的工作。她没有让父母失望。我们兄妹三人能够学有所成，并拥有各自的事业和家庭，这是父母心中最美好的期望和最由衷的欣慰。如果没有父亲母亲、弟弟妹妹的关心和支持，就不会有我今天的博士学业。

博士学位论文的顺利完成，标志着我 20 多年求学生涯的圆满结束，也预示着新的人生旅程的起航。在未来人生之路上，我将继续努力奋斗，满怀信心，充满希望，向着更美好的未来和梦想勇敢前进。

史为磊
二零一四年三月中共中央党校自得园

博士在读期间科研成果说明

一 代表性学术论文

1. 《中等收入阶层与小康社会》,《中共中央党校学报》2013年第2期。

2. 《当前"中国梦"的研究综述》,《社会主义研究》2013年第4期。

3. 《马克思恩格斯"中间阶级"思想述论——基于马克思主义经典文本的考察》,《求实》2014年第2期。

4. 《论扩大中等收入阶层与实现中国梦》,《中国党政干部论坛》2013年第7期。

5. 《中等收入者阶层与构建和谐社会研究述评》,《天津行政学院学报》2013年第2期。

6. 《践行"中国梦"与中等收入阶层的现实境遇》,《重庆社会科学》2013年第7期。

7. 《社会主义协商民主的价值、原则与实现路径》,《天津行政学院学报》2014年第2期。

8. 《论作为社会主义核心价值观的"自由"》,《中共福建省委党校学报》2013年第4期。

9. 《中等收入阶层是实现中国梦的积极力量》,《理论建设》2013年第3期。

10. 《论实现中国梦的路径选择》,《理论研究》2013年第3期。

二 参与课题研究

1. 参与2013年国家社科基金一般项目"全面建成小康社会与我国中等收入者培育和壮大研究"(编号:13BKS029)。

2. 参与2011年国家开发银行资助、中央党校一般科研项目"构建和谐社会条件下我国中等收入阶层研究"(编号:000146)。